广西师范大学博士科研启动基金项目："行政人的非理性世界——行政决策的非理性维度研究"。

高校社科文库
University Social Science Series

教育部高等学校
社会科学发展研究中心

汇集高校哲学社会科学优秀原创学术成果
搭建高校哲学社会科学学术著作出版平台
探索高校哲学社会科学专著出版的新模式
扩大高校哲学社会科学学科科研成果的影响力

苏曦凌 / 著

行政人的非理性世界
——行政决策的非理性维度研究

The lrrational World of Administration Men:
A Research on Irrationality Dimension of
Administrative Decision-making

光明日报出版社

图书在版编目（CIP）数据

行政人的非理性世界：行政决策的非理性维度研究 ／
苏曦凌著 . -- 北京：光明日报出版社，2013.7（2024.6 重印）

（高校社科文库）

ISBN 978－7－5112－5060－5

Ⅰ.①行… Ⅱ.①苏… Ⅲ.①行政管理—决策学—研究
Ⅳ.①D035

中国版本图书馆 CIP 数据核字（2013）第 162714 号

行政人的非理性世界：行政决策的非理性维度研究

XINGZHENGREN DE FEILIXING SHIJIE：XINGZHENG JUECE DE FEILIXING
WEIDU YANJIU

著　　者：苏曦凌

责任编辑：祝　菲　李艳芳　　　　　责任校对：傅泉泽

封面设计：小宝工作室　　　　　　　责任印制：曹　净

出版发行：光明日报出版社

地　　址：北京市西城区永安路 106 号，100050

电　　话：010-63169890（咨询），010-63131930（邮购）

传　　真：010-63131930

网　　址：http：//book. gmw. cn

E － mail：gmrbcbs@ gmw. cn

法律顾问：北京市兰台律师事务所龚柳方律师

印　　刷：三河市华东印刷有限公司

装　　订：三河市华东印刷有限公司

本书如有破损、缺页、装订错误，请与本社联系调换，电话：010-63131930

开　　本：165mm×230mm

字　　数：225 千字　　　　　　　印　　张：14.25

版　　次：2013 年 7 月第 1 版　　　印　　次：2024 年 6 月第 2 次印刷

书　　号：ISBN 978－7－5112－5060－5－01

定　　价：68.00 元

CONTENTS 目 录

第 1 章

导论

　　事物的发展总是呈现出多面性的特征。为了表征事物的不同方面在发展变化过程中的具体情态，人们往往使用"维度"（dimesion）这一概念予以描述、度量、分析。所谓"行政决策的非理性维度"，是指行政决策的非理性方面的问题及其理解。在本章中，笔者力图在分析这一研究的选题背景、研究意义、研究现状的基础上，从宏观层面提出关于这一研究的基本框架的理论构想，从而为全文确立逻辑线索与技术路线。

1.1　选题背景及意义

1.1.1　选题来源

　　公共行政学的研究，不仅需要着眼于体制、制度、技术、方法等"物"的因素，而且需要充分重视需要、情感、意志、利益等"人"的因素。由于各种"物"的因素总是由"人"来发明、创造、使用和控制的，因而相对于"物"的因素而言，"人"的因素是行政生活中更为能动的主体性构成要素。可以说，"人"的因素的活动状态与功能形态从根本上决定了公共行政的成败。所以，对"行政人"的研究应当成为公共行政学研究的基本内容和重要方面。然而，由于深受政治学、行政学的传统研究方法的影响，"差不多所有研究政治的人都分析体制而避免分析人"①，对"行政人"的研究一直未能引起学界足够的重视，相关的研究成果有如凤毛麟角，十分匮乏。同时，在十分有限的关于"行政人"的讨论中，研究者又往往将"经济人"分析框架套用

---

① ［英］格雷厄姆·沃拉斯：《政治中的人性》，朱曾汶译，商务印书馆 1995 年版，第 9 页。

到"行政人"的身上，将"行政人"简单、抽象地规定为能够趋利避害的、追求效用最大化的理性行为主体。

在《1844年经济学哲学手稿》中，马克思明确指出："人以一种全面的方式，就是说，作为一个总体的人，占有自己的全面本质。人对世界的任何一种人的关系——视觉、听觉、嗅觉、味觉、触觉、思维、直观、情感、愿望、活动、爱，总之，它的个体的一切器官，正像在形式上直接是社会的器官一样，是通过自己的对象性关系，即通过自己同对象的关系而对对象的占有，对人的现实的占有；这些器官同对象的关系，是人的现实的实现"。① 可见，马克思并不同意把人的本性仅仅归结为理性，而是认为直观、情感、愿望等非理性因素也是人性的重要组成部分。纯粹以理性维度来界定和分析"行政人"不仅是一种人性假设的片面，而且必然会无法解释形形色色的、丰富多彩的行政生活实践，更无法客观地描述行政主体的行为活动规律。

康德（Immanuel Kant）有一句名言："感性无理性则盲，理性无感性则空"。② 人的精神世界是由理性因素与非理性因素共同组成的有机整体。人的精神世界不仅包含着具有自觉性、逻辑性、抽象性的理性逻辑思维，从而具有规范性、自觉性和秩序性等理性行为特征，也包含着需要、情感、意志、信念、直觉、灵感等非理性因素，从而具有非理性行为倾向。同样的，就其精神世界的结构而言，"行政人"不仅具有理性的逻辑思维，而且具有丰富的非理性因素；就其行为方式的表现而言，"行政人"不仅具有理性行为特征，而且具有非理性行为倾向。所以，对"行政人"的分析与界定，不仅应当既看到其合逻辑的理性层面，而且应当重视由直觉、经验、情感等因素主导的非理性层面。行政决策是决策主体"基于决策实践而预先以观念的方式对行政决策成果所作的把握"③。在这一过程中，决策主体需要对各种决策信息予以查知、认识、分析和判断，因而这一过程能够充分展现出"行政人"的各种非理性因素、非理性行为的活动状态，为"行政人"的非理性层面的界定与分析提供现实的、具体的研究领域。由此，我选择以行政决策行为作为突破口，试图探索"行政人"的各种非理性因素与非理性行为在行政决策过程中的活动

① ［德］马克思：《1844年经济学哲学手稿》，人民出版社2000年版，第85页。
② ［德］康德：《纯粹理性批判》，蓝公武译，商务印书馆1960年版，第14页。
③ 颜佳华：《行政哲学研究》，湘潭大学出版社2009年版，第230页。

规律。

党的十六届四中全会通过的《中共中央关于加强党的执政能力建设的决定》中提出，要"改革和完善决策机制，推进决策的科学化、民主化"。从当今中国的行政决策实践来看，实现行政决策的科学化和民主化仍然是一项有待完成的历史任务。在现实的行政决策活动中，有的决策者囿于自身的经验，奉行"拍脑袋决策"，在决策时既不作深入细致的调查研究，也听不进专家和群众的不同意见；有的决策者仅从自身的需要和情感出发，以一己之好恶作为选择决策方案的唯一标准，大搞形象工程、政绩工程、面子工程；有的决策者将个人意志凌驾于集体意志之上，施行"一言堂"式的专断，罔顾民主集中制原则，从而使得决策集体内部群体极化现象严重。对于以上所列种种现象，单纯的理性维度不仅无法予以解释，亦无法找到行之有效的消解路径。行政决策实践过程中的这些现象不仅印证了本书选题的科学性，而且为本书的研究提供了机遇和动力。

1.1.2　选题背景

与行为主体精神世界的理性与非理性二分相对应，对于行政决策的研究，可以因循两个并行不悖的基本分析维度：一个是行政决策的理性维度研究，一个是行政决策的非理性维度的研究。所谓行政决策的理性维度的研究，是指着眼于主体的理性认知能力，以数理统计、运筹学为研究工具，以理性的备选方案设计为研究内容，以建立理性决策模型为研究结果的规范性研究形式。行政决策的非理性维度的研究则是指着眼于主体的非理性倾向，以社会学、心理学为研究工具，以主体的非理性因素和非理性行为作为研究内容，以归纳主体的行为特征、合理调适非理性因素与非理性行为为研究结果的描述性与规范性相结合的研究形式。

本研究课题的提出具有独特的思想背景与实践背景，既离不开"有限理性"的理性观所提供的思想基础，亦离不开认知心理学的发展所提供的研究方法，同时也是应对本学科知识增长的要求而引发的理论自觉，更是提高我国行政决策的民主化、科学化水平的现实需要。

1. "有限理性"的理性观所奠定的思想基础

大约在20世纪50年代以前，即西蒙（Herbert Simon）的"有限理性"学说提出以前，全面理性的理性观在管理哲学中长期占据着主导地位。从古希腊时代起，哲学家们就认为人是全面理性的，其行为是由理性驱使的，只有在特殊情况下，如疲劳、醉酒或愤怒时，人们的思维分析与选择活动才是非理性的。在全面理性观看来，理性具有至高无上的地位和价值，它不仅是人类认识世界与改造世界的能动力量，而且是度量事物的价值与意义的基本标准和尺度，"一切都必须在理性的法庭面前为自己的存在做辩护或者放弃存在的权利。思维着的知性成为了衡量一切的尺度"。① 所以，全面理性观认为情绪、直觉等非理性因素常常会劫持、裹挟、误导主体的思维活动，使其无法在决策中作出正确的判断和推理。于是，受全面理性观的影响，人们在研究决策问题的过程中一直在设法回避非理性因素、非理性行为对于决策活动的影响，甚至认为理性的、理想的决策活动就是排除非理性因素、非理性行为的干扰。因此，全面理性的理性观将非理性因素从主体的精神世界中剥离出去，将主体的本质简单地归结为包含逻辑推理能力和功利目标诉求的理性。同时，它过分强调主体理性推理能力的绝对性和无限性，并假定主体具有完备的知识，明确的价值序列，能够全知全能地进行成本与收益的推理和算计，从众多备选方案中选择出收益最大化的方案。然而，在现实的行政决策过程中，主体的认知和判断总是受到各种非理性因素和非理性行为的影响，而且主体的理性推理能力也是十分有限的。这样，全面理性的理性观与现实的行政决策发生了严重的悖离。

"有限理性"的理性观发轫于哲学家康德的研究。在批判英国的经验主义者的过程中，他曾经提出过关于人类理性的"有限性"的观点。康德认为，人的理性只能认识经验世界的事物，而对于超验的或者先验的事物人的理性认识能力是有限的，一旦如经验主义一般试图运用理性去认识超验的或者先验的存在，就必然会引致怀疑论和不可知论。所以，康德写作《纯粹理性批判》的目的即在于为人的认知理性确立一个基本的界域，从而既能保证人类知识的可靠性，又能为"上帝"、"实体"这些先验的存在保留存在的空间。事实上，人的理性认识能力的有限性不但在于它不仅难以认识超验或者先验的存在，而且对于纷繁复杂的经验世界而言，理性的认识能力仍然是有限的。

集管理学家、经济学家、心理学家于一身的西蒙不仅展开了对全面理性观的批判与反思，而且明确提出"有限理性"概念，使得"有限理性"逐渐成为管理哲学中占据主流地位的理性观。西蒙指出："不应该因为对人类行为理

---

① 《马克思恩格斯选集》（第3卷），人民出版社1995年版，第355页。

性层面的特别关注，就断言人类永远或一般都是理性的"。① 行政决策主体并不是全知全能的，其心智资源总是有限的，"有限理性"是主体的基本特征。在西蒙看来，行政决策主体的理性主要受到三个方面的限制，"第一方面，个人受到无意识的技能、习惯和反射动作的限制"，"第二方面，个人受到影响其决策的价值观和与目的有关的诸概念的限制"，"第三方面，个人受到有关其工作事务的知识水平的限制"。② 作为一种理性观，"有限理性"具有两个方面的意蕴：其一，相对于行政决策主体的整个精神世界而言，行政决策主体的理性能力的发挥往往面临着非理性因素的限制和制约。其二，相对于复杂的行政决策环境而言，行政决策主体的理性认知和推理的能力是有限的。

"有限理性"的理性观的提出，使得行政决策的非理性维度研究成为一种必要，为这一研究奠定了坚实的思想基础。行政决策主体的理性能力的有限性，受到情感、意志等非理性因素的制约，为了描述、解释、预测现实的行政决策行为就必须重视对行政决策过程中非理性因素与非理性行为的研究，而不是理想化地、简单化地将它们排斥于行政决策的研究领域之外。

2. 现代心理学的发展所提供的研究方法

现代心理学的发展，为行政决策的非理性维度研究提供了分析的工具和方法，使得这一研究成为可能。心理学是以人类心理现象及其规律作为研究对象的科学。自 1879 年德国的莱比锡大学成立世界上第一个正式的心理学实验室从而标志着现代心理学正式诞生以后，经过多年的发展，至 20 世纪中叶，心理学呈现出爆炸式发展的态势。一方面，通过与具体的研究领域相结合，心理学的学科结构日益复杂，具体化为政治心理学、决策心理学等专业心理学门类。一方面，构造主义与格式塔学派之间、行为主义与现代认知学派之间通过学术争鸣，从不同的角度提出了研究人类心理现象的思想方法，极大地推动了心理学的发展。心理学的这种发展，从研究成果与研究方法两个方面为行政决策的非理性维度研究提供了丰厚的滋养，有助于探索、揭示行政决策主体各种非理性因素、非理性行为的发生、发展和变化的内在原因和规律，为分析、描述、解释行政决策非理性提供了重要的分析工具。

---

① ［美］赫伯特·A. 西蒙：《管理行为》，詹正茂译，机械工业出版社 2007 年版，第 66 页。
② ［美］赫伯特·A. 西蒙：《管理行为》，詹正茂译，机械工业出版社 2007 年版，第 38～39 页。

3. 公共行政学学科知识增长的要求

1887 年，伍德罗·威尔逊（Thomas Woodrow Wilson）在《政治学季刊》上发表了《行政学研究》一文。在该文中，威尔逊提出了建立一门独立的行政科学的构想，从而使得公共行政学作为一门独立的学科获得了应有的位置。然而，在人文社会科学的学科体系中，公共行政学只是一门较为年轻的学科。尽管自其诞生一百余年来，已经获得了长足的发展和进步，但公共行政学的一些基础领域存在着薄弱环节，特别是对于"行政人"的研究，对"行政人"的非理性因素与非理性行为的研究长期处于边缘性位置，未能取得较大的突破与进展。

尼古拉斯·亨利（Nicholas Henry）认为，早期的公共行政研究者以行政效率为价值诉求，以科学管理为手段，大多"忽视组织成员个性的社会和心理变量，而强调他们的理性和外在方面"。① 在公共行政学发展的科学管理时期，以威尔逊、古德诺（Frank J. Goodnow）、韦伯（Max Weber）等为代表的一批公共行政学家，主要以 X 理论的人格模型为指导，为了实现公共行政活动的高效率，过分强调工具理性化的、非人格化的公共行政系统的建构，而忽视了主体的非理性因素和非理性行为的影响。早期行政学家所主张的工具理性化的、非人格化的研究范式不仅是一种与客观现实存在巨大差距的理论空想，而且是一种忽视人的价值与尊严的、与人本主义精神背道而驰的不合时宜。随着公共行政学的演进与发展，西蒙、梅奥（Elton Mayo）、巴纳德（Chester I. Barnard）、麦格雷戈（Douglas M. McGregor）等公共行政学家以 Y 理论的人格模型为指导，将自身的研究聚焦于主体的各种心理因素和心理过程，并取得了引人瞩目的研究成果。所以，为了推动本学科知识的增长，公共行政的研究视野不应再局限于制度、计划、技术、时间等外在于主体的物质性因素，而是应当延伸和拓展到主体的内在精神世界，重视从非理性维度来研究行政行为，以把握主体的各种非理性因素、非理性行为的活动规律。

4. 提高我国行政决策的民主化、科学化水平的现实需要

行政决策的科学化是指行政决策主体在科学理论的指导下，按科学决策原则和程序以及科学决策方法来分析事物，作出决定。行政决策的民主化则是指主体在行政决策过程中采取各种民主化措施，广泛听取公民、社会团体的意

---

① ［美］尼古拉斯·亨利：《公共行政与公共事务》，项龙译，华夏出版社 2002 年版，第 104 页。

见，充分反映广大人民群众的利益诉求。行政决策的民主化和科学化的实现，离不开体制建设与主体能力两个方面的条件，即不仅需要建立和完善保障行政决策民主化和科学化的体制，而且需要行政决策主体具有较强的决策能力。这些都需要深化对行政决策的非理性维度的研究。一方面，通过研究行政决策的非理性维度，有利于探索行政决策主体的需要、情感、意志等心理过程的活动规律，从而构建一整套顺应这一规律的、具有较强的可执行性的行政决策体制。另一方面，行政决策主体的能谋善断、有勇有谋、有胆有识实质上是在主体的精神世界中实现了理性与非理性的功能耦合。因此，研究行政决策的非理性维度，有利于从微观视角探讨对行政决策非理性予以合理调适的可行路径，从而为提高行政决策主体的决策能力提供理论指导。

1.1.3 选题意义

恩格斯指出："人的行为的一切动力，都要经过他的头脑，一定要转变为他的愿望与动机才能使他行动起来"。① 深入地研究行政决策中的非理性因素与非理性行为，有助于全面、真实地了解行政决策主体的愿望、动机等心理因素的活动规律，从而有助于构建一套科学的、契合其行为活动规律的行政决策模式。本书选题的学术意义集中体现为这一研究是对行政决策的理性维度研究的重要补充。因此，在阐述本书的研究意义之前，有必要对行政决策的理性维度研究的优点与不足之处作出一番梳理。

1. 行政决策的理性维度研究的优点

如前所述，行政决策的理性维度的研究，是指着眼于主体的理性认知能力，以数理统计、运筹学为研究工具，以理性的备选方案设计为研究内容、以建立理性决策模型为研究结果的规范性研究形式。这样一种具有高度抽象性、精确性、逻辑性的研究路径具有多方面的优点，主要表现为如下三个方面：

（1）扩大了程序化决策的适用范围。对于大量的程序化决策，理性维度的研究能够根据既定的信息建立数学模型，把决策目标和约束条件统一起来，进行优化。所以，常规型、确定型的行政决策皆可交由理性决策模型处理，从而解放了行政决策主体，使他们能够将注意力集中在关键性、全局性、战略性的决策问题上。

---

① 《马克思恩格斯全集》（第21卷），人民出版社1965年版，第345页。

（2）提高了行政决策的可靠性与准确性。理性决策模型设计是建立在计算机根据程序与数据进行操作的基础之上的，使得行政决策活动由单纯依赖主体的经验和知识，变成建立在严格论证基础之上的科学，有效地排除了主体的各种主观心理因素的干扰，有效地克服了行政决策的主观随意性，因而能够有效提高行政决策的可靠性和准确性。

（3）节约了行政决策的时间。由于理性决策模型的构建，行政决策主体便可以将大量繁杂的数据处理和常规决策提高到自动化、模式化的水平之上，将这些复杂的数据处理与分析转化为简单的决策模型操作，从而大大地节约了决策主体的时间资源。

2. 行政决策的理性维度研究的不足

第二次世界大战以后，随着信息技术的飞速发展，数字化的理性决策模型获得了越来越广泛的应用，而且在解决许多问题时确实有效。但是，由于理性决策模型与决策现实之间永远存在不完全弥合，从理性维度来研究行政决策始终只是一种"应当如何作决策"之类的规范性研究，而不是"实际如何作决策"的描述性研究。所以，行政决策的理性维度研究虽然有利于为人们指出一个在理性意义上最为合理的行政决策过程，但是不能描述现实的行政决策行为。行政决策理性维度的研究不可避免地存在如下几个方面的不足之处：

第一，行政决策所面临的往往是一个异常复杂的决策环境。对于许多重大的行政决策，所涉及的决策变量往往十分广泛，不仅包括能够予以量化、精确化的各种技术性因素，而且包括难以反映到数学模型中去的情感、意志、愿望等非理性因素。所以，单纯依靠理性模型设计往往难以驾驭复杂的行政决策环境。

第二，有些简单的决策问题，反而被理性决策模型搞复杂了。对于一些重复性极强的日常决策项目，理性决策模型往往仍会计算出一大堆决策方案，使得行政决策主体无所适从，更加难以作出决策。

第三，理性决策模型的操作需要决策信息的精确、详实。所以，对于行政决策主体遇到的情况不明、信息不全面又需要在短时期内作出决定予以解决的决策问题，理性决策模型往往是乏力的。

第四，建立理性决策模型需要耗费大量的时间、人力和物力。对于重大的、决策者的能够予以量化、精确化的决策问题的分析可以采取此种方法，而对于一般性的日常决策问题，从经济角度来看，采用理性模型的决策方法反而是不划算的。

　　3. 行政决策的非理性维度研究对理性维度研究的补充

　　通过建构理性决策模型来实施行政决策具有一定的积极作用，但又存在着多方面的局限性，这就需要从非理性维度来分析现实的行政决策行为。对行政决策非理性的考察和分析，有利于从主体的微观心理因素出发来解释、描述和预测主体的行为，有利于概括主体的行为特征，提炼行为变量，并将其运用到理性维度研究的分析框架中去，以此作为对理性维度研究的补充。所以，行政决策的理性维度研究与非理性维度之间，既存在着研究内容、研究工具、研究属性的差异性，又存在着研究结果的互补性，如下图所示：

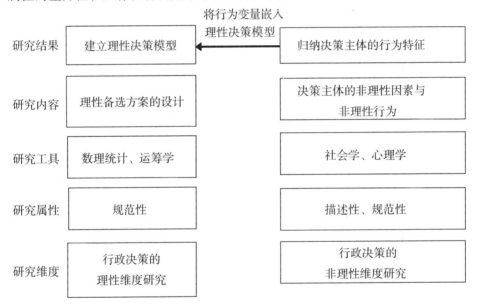

图 1 - 1　行政决策的非理性维度研究对理性维度研究的补充

　　行政决策的非理性维度研究对于理性维度研究具有如下四个方面的补充作用：

　　首先，行政决策的非理性维度研究，为理性备选方案的设计提供了重要的评价尺度。行政决策主体需要、情感、意志、信仰等非理性因素具有较强的意向性、目的性，表征着行政决策对于主体的意义和价值。因此，对各种非理性因素的研究有利于确立评价备选方案的主体性尺度，从而使行政决策在主体需要与客观现实之间保持必要的张力，实现行政决策活动的合目的性与合规律性的统一。

其次，行政决策的非理性维度研究，为理性备选方案的设计提供了重要的分析变量。行政决策的理性维度的研究聚焦于决策问题、决策环境、决策手段等物质性因素，相对忽视了主体的精神状态和心理因素对于决策过程与结果的重要影响。行政决策的非理性维度的研究则可以弥补这一缺陷，它通过对于行政决策过程中非理性因素、非理性行为的活动规律的探索，有利于概括和提炼主体的行为特征，为行政决策研究提供除客观物质因素之外的主体行为变量。

再次，行政决策的非理性维度研究，为理性备选方案的设计提供了全新的研究方法。在行政决策的理性维度研究过程中，主要使用数理统计、运筹学等数学方法。这些运用数学方法的理论模型只能近似地反映着行政决策现实，因为数学模型对行政决策现实的把握总是有条件的、相对的。而行政决策的非理性维度研究十分强调实验研究方法，注重在实验室中测试实验对象的各种非理性因素、环境特征和非理性行为之间的互动关系。因此，行政决策的非理性维度研究所提倡的实验研究方法有助于获得对于行政决策现实的感性认知和描述，揭示行政决策活动的客观规律，是对理性维度研究中片面强调数学方法的重要补充。

最后，行政决策的非理性维度的研究，为理性备选方案的设计提供了重要的决策方法。"直觉、无意识、灵感、顿悟等非理性因素具有认知功能，在行政决策过程中能够通过简化决策逻辑思维程序、创造性地设计备选方案从而弥补理性因素的不足，为行政决策提供智力支持"。[1] 对这些非理性因素的研究，有助于开发快速、简捷、聪明的决策策略，帮助行政决策主体利用较少的信息和资源作出准确判断，从而为理性备选方案设计提供除逻辑推理、概率判断等理性方法之外的非理性决策方法。

---

[1]　颜佳华，苏曦凌：《非理性因素影响行政决策的作用机制分析——以理性因素与非理性因素的功能耦合为视角》，载《中国行政管理》2010 年第 4 期。

1.2   国内外研究文献述评

1.2.1   国外研究综述

国外的研究者对行政决策非理性的探讨肇始于心理学的研究成果开始向公共行政学的研究领域渗透之时。自格雷厄姆·沃拉斯（Graham Wallas）、凡勃仑（Veblen Thorstein）、巴纳德（Chester I. Barnard）等人强调本能、习惯、情感、意志、信念等非理性因素对决策行为的影响以来，对于行政决策非理性维度的研究日益引起人们的重视。1987 年，西蒙在一篇论文中指出，决策技术今后的研究重点应当是直觉、情感等非理性因素在决策中的角色，并认为："理性决策指的是分析，非理性决策指的是直觉"。[①] 随着这一研究的深入，特别是卡尼曼（Daniel Kahneman）将心理学的研究成果与经济学融合到一起，创立了用于分析人类决策行为的前景理论（prospect theory），并获得了 2002 年的诺贝尔经济学奖以后，肯定非理性因素和非理性行为对于行政决策的作用与影响的观点已经赢得了广泛的承认，从非理性维度来分析行政决策已经成为国外研究者们关注的热点问题。

1. 国外对行政决策的非理性维度研究的基本论域

何谓"行政决策非理性"？其实质上是行政决策主体精神世界中的非理性因素与外在的非理性行为的统一体。国外研究者对于行政决策非理性维度的研究基本上是围绕内隐的非理性因素与外显的非理性行为展开的。

（1）对行政决策主体的非理性因素进行研究与探索

非理性因素是主体的精神世界中除理性的逻辑思维以外的各种心理现象和思维形式的统称。非理性因素本身就是一个十分庞杂的、由多种心理因素构成的复杂系统。国外研究者从单个心理因素出发分门别类地对各种非理性因素在行政决策中的功能与影响展开了研究，比较有代表性的是对直觉、情感、决策风格等非理性因素的研究。

第一，对行政决策主体的直觉的研究。首先，研究者们分析了直觉决策的本质与内涵。他们大多认为，依直觉而进行方案建构和判断选择是一种重要的

---

① Herbert A. Simon. Making Management Decision：the Role of Intuition and Emotion ［J］. Academy of Management Executive，1987（2）：57 ~ 64.

决策形式和途径，直觉决策的实质是主体依据经验作出决策，正如爱泼斯坦所说的："对直觉而言，一切都只是经验系统的运作"。① 其次，研究者们还详细阐述了直觉决策的基本特征。在系统地比较直觉决策与理性决策的应用范围和认知特点之间的差异的基础上，哈蒙德（Hammond, K. R.）提出了直觉决策的任务特点和认知特点。② 最后，研究者们还对直觉在决策中的功能进行了分析。有研究者认为，直觉在战略决策中占据着主导地位，大多数战略决策都是在直觉的引导下做出的，直觉能够帮助决策主体在很短的时间内完成决策以适应外界环境的迅速变化。同时，直觉决策本身也存在着一定的弱点和局限，如何认识这些导致直觉决策出现偏差的弱点和局限是有效地驾驭、引导、调适直觉的关键所在。③

第二，对行政决策主体的情绪的研究。研究者们认为，作为一种重要的心理过程，情绪对行政决策主体的决策行为具有着重要的影响。勒温斯坦（Loewenstein, G. F.）等人指出，决策过程中不仅存在受认知评估影响的预期情绪，还存在不受认知评估影响的即时情绪。④ 研究者们分别对预期情绪与即时情绪对行政决策的影响展开了深入的探讨。在预期情绪研究方面，卢姆斯（Looms）、萨格登（Sugden）等人提出的后悔理论⑤ 和迈勒斯（Mellers, B. A.）等人提出的主观预期愉悦理论⑥ 最具代表性，他们都通过相应的理论模型描述了情绪以认知作为中介，通过影响主体的认知而影响决策的作用机理和过程。在即时情绪研究方面，研究者们已经看到即时情绪不仅会影响决策主体对决策信息的加工选择，而且会影响主体对决策问题的认知策略与风格，甚至有可能直接决定主体决策过程之中的决策行为方式。

① Epstein, S. Intuition from the Perspective of Cognitive – Experiential Self – Theory ［A］. In 5th Heidelberg Meeting on Judgement and Decision Processes, 2004.

② Hammond, K. R. Human Judgement and Social Policy: Irreducible Uncertainty, Inevitable Error, Unavoidable Injustice. New York: Oxford University Press, 1996.

③ Chet Miller, R. Duane Ireland. Intuition in Strategic Decision – Making Friend or Foe in the Fast – Paced 21s' Century ［J］. Academy of Management Exexutive, 2005. 19（1）: 19~30.

④ Loewenstein, G. F., Weber, E. u., Hsee, C. K. & Welch, E. S. Risk as Feelings ［J］. Psychological Bulletin, 2001. 127（2）: 267~286.

⑤ Looms, g. & Sugden, R. Regret Theory: An Alternative of Rational Choice under Uncertainty ［J］. Economic Journal, 1982（92）: 805~824.

⑥ Mellers, B. A., Schwartz, A., K. & Ritov, I. Elation and Disappointment: Emotional Responses to Risky Options ［J］. Psychological Science, 1997（8）: 423~429.

第三，对行政决策主体的决策风格的研究。决策风格是主体在行政决策过程中所具有的比较稳定的决策倾向、习惯与偏好的统一体，是主体的个性、人格的集中体现。对决策风格的研究依赖于对人格类型的界定。荣格（Carl Gustav Jung）提出了人格结构的类型理论，将内倾与外倾两种态度类型与思维、情感、感觉、直觉四种功能类型结合起来，构成了八种人格类型。① 纳特（Paul C. Nutt）在荣格研究的基础上系统地提出了决策风格理论。他将决策过程分为选择阶段与执行阶段，在不同的阶段、在不同的任务情境下决策主体将会具有不同的风格。他将决策风格概括归纳为程序风格等 16 种，并具体分析了每一种决策风格的涵义和特征。②

国外的研究者大多认为，行政决策主体的非理性因素在具有一定的消极作用的同时，亦具有一定的积极功能。这是因为，理性的逻辑思维在行政决策过程中具有一定的局限性，即完整的逻辑思维过程不仅是需要充足的时间资源，而且还意味着主体心智资源的大量耗费。这就需要借助于非逻辑性的认知形式予以补充。德国心理学家吉格伦尔（Gerd Gigerenzer）所领导的 ABC（Adaptive Behavior and Cognition）研究小组指出，在日常生活中我们常常利用"适应性工具性"（adaptive toolbox）作出决策，无需做复杂的理性计算，以直觉决策为特征的快速节俭启发式能够"利用最低限度的时间、知识和运算能力作出现实环境中的适应性选择。"③

（2）对行政决策中非理性行为进行考察与分析

国外研究者对非理性行为的基本表现、生产原因以及群体层面的非理性行为进行了卓有成效的探讨。

第一，行政决策主体的非理性行为的表现。行政决策中非理性行为主要表现为主体对决策信息的判断并没有依据严格的概念、判断、推理等逻辑思维步骤，而是具有非逻辑性特征。卡尼曼与其合作者通过实验证明，人们在不确定条件下并不能收集所有的信息进行理性的、合逻辑的概率统计判断，而是依据有限的直觉启发原则实施非逻辑的简捷化处理，这四种重要的启发式包括代表性（representative）、易得性（availability）、锚定（anchoring）以及小数法则

---

① ［美］伯格：《人格心理学》，陈会昌等译，中国轻工业出版社 2004 年版，第 93 页。
② 黄孟藩，王凤彬：《决策行为与决策心理》，机械工业出版社 1995 年版，第 283～297 页。
③ ［德］歌德·吉戈伦尔等：《简捷启发式——让我们更精明》，刘永芳译，华东师范大学出版社 2002 年版，第 17 页。

(the law of smallnumber)。依据卡尼曼所创立的前景理论，主体在对政策问题和决策方案作出判断时，往往是依据"框架"和"参照点"来对决策信息进行的编码、化简、归并等加工处理，因而具有较强的非逻辑性。①

第二，行政决策主体的非理性行为的产生原因。巴纳德（Chester I. Barnard）明确指出："这种非逻辑决策过程的源泉，或者来自于生理条件或因素，或者来自于物质环境或社会环境"。② 主体精神世界中的非理性因素是引致非理性行为的生理基础。同时，"每一心理事件，都取决于其人的状态及环境"③，行政决策环境是引致非理性行为的社会条件。

第三，对群体层面的非理性行政决策行为的分析。从行政决策群体层面来分析非理性行为，实际上就是分析引致非理性行为的人际关系、社会心理、群体氛围等环境因素。斯通纳在研究中发现，集体决策中主体在参与讨论以后，似乎更愿意提倡或拥护冒险行为④，这实际上是群体决策中普遍存在的群体极化现象。阿希（Asch, S. E.）通过实验证明了群体决策中从众效应的存在⑤，即个体由于客观存在或主观臆想的群体压力在决策时不由自主地与群体保持一致。贾尼斯（Janis, I. L.）深刻分析了群体决策中的群体盲思现象，所谓群体盲思是指决策群体中"心理活动的效率、对现实的检验以及道德判断的退化"。贾尼斯还分析了群体盲思的八个主要特征，并认为群体盲思的存在极易导致群体决策产生偏差。⑥

2. 国外对行政决策的非理性维度研究的基本特点

国外研究者对行政决策非理性维度所进行的研究和探讨，有利于从微观心理因素出发来解释行政决策活动过程中主体行为的多样性和复杂性，有利于推进行政决策的研究从规范性理论向规范性与描述性相结合的理论转变，有利于

① Kahneman, D. & Tversky, A. Prospect Theory: An Analysis of Decision under Risk [J]. Econometrica, 1979 (47): 263~291.

② ［美］巴纳德：《经理人员的职能》，王永贵译，机械工业出版社2007年版，第200页。

③ ［德］库尔特·勒温：《拓扑心理学原理》，高觉敷译，商务印书馆2003年版，第14页。

④ Stoner, J. A. F. A Comparison of Individual and Group Decisions Involving Risk [M]. Unpublished master's thesis, Masachusetts Institute of Technology. 1961. 193~217.

⑤ Asch, S. E. Effect of Group Pressure upon the Modification and Distortion of Judgment. In H. Guetzkow (Eds.), Groups, Leadership and Men [M]. Pittsburgh: Carnegie Press. 1951. 183~209.

⑥ Janis, I. L. Group Think: Psychological Studies of Policy Decisions And Fiascoes (2nd ed.) [M]. Boston: Houghton Mifflin. 1982. 247~269.

从全知全能的理性人的单一分析模式向"理性—非理性"的复合分析模式拓展。综览国外学者这一领域的研究成果，这些研究呈现出如下三个方面的特点：

首先，在人性假设上，国外学者的研究过分强调人类行为的普遍性和共性，忽视了人类行为在不同领域的差异性和个性。这些研究往往将经济决策、社会决策中关于非理性因素、非理性行为的研究成果嫁接于行政决策领域，忽视了行政决策环境的特殊性，缺乏对于行政决策非理性相对于其他决策活动中的非理性因素、非理性行为的差异性的分析，因而也就很难获得关于行政决策非理性的特殊活动规律的客观认识。

其次，在致思取向上，这些研究深受逻辑实证主义思潮的影响，大多主张在研究过程中实现事实与价值的分离，重事实分析、轻价值判断。"本研究的基本假设前提就是，道德术语不完全能还原成事实术语。这里不打算说明关于道德命题观点的正确性，逻辑实证主义者以及其他相关人士已经就此提出了正当理由"。① 所以，国外学者力求对行政决策非理性的实然状态作出描述与解释，忽视了将非理性因素、非理性行为与行政决策价值观结合起来，未能对它们的应然状态作出理想化的诠释。

最后，在研究思路上，国外学者的研究往往是偏分析、轻综合，偏重于对某一种非理性因素、某一方面的非理性行为的分析，而忽视了对各种非理性因素、各种非理性行为予以整体的综合。所以，这些研究成果往往给人以只见树木、不见森林之感。例如，国外研究者们倾向于分别从情绪、直觉、决策风格等方面来分析行政决策的非理性因素，而往往忽视了对它们共同的本质与特征的概括与总结，没有将它们有机地结合成统一的整体予以研究。实际上，情绪、直觉、决策风格等非理性因素具有共同的精神品质，即它们都是区别于理性的逻辑思维的心理因素、认识能力和认识形式，具有不自觉性、突发性和非逻辑性等共同特征。

3. 未来研究的改进思路

展望未来，为了进一步推动对行政决策非理性维度的研究，需要在人性假设、致思取向、研究方法等方面完善、深化和拓展国外研究者们现有的研究。

第一，在人性假设上，应当在看到人类行为的共性的基础上，着眼于行政

① ［美］赫伯特·A. 西蒙：《管理行为》，詹正茂译，机械工业出版社 2007 年版，第 49 页。

决策环境的特殊性，分析行政决策非理性相对于其他决策活动中的非理性因素、非理性行为的差异性。马克思曾经明确指出："人的本质并不是单个人所固有的抽象物。在其现实性上，它是一切社会关系的总和"。①因此，要探寻行政决策的非理性维度必须将行政决策主体置身于现实的行政环境中予以考察，在主体与环境之间的互动中把握其非理性因素和非理性行为。

第二，在致思取向上，应当实现实证的致思取向与诠释的、批判的致思取向的结合。所谓"实证的致思取向"，是指在行政决策非理性维度的研究中致力于事实描述，力图发现和记录行政决策活动中非理性因素与非理性行为的客观活动规律。所谓"诠释的致思取向"，是指行政决策的非理性维度的研究致力于价值分析，力图对理想状态下的非理性因素与非理性行为作出价值陈述。所谓"批判的致思取向"，是指在行政决策非理性维度研究的行动取向上，试图构建促成行政决策非理性的理想形态向现实转化的实践路径。以上三种致思取向都是认识、理解、改造行政决策过程中的非理性因素与非理性行为的一个阶段和环节，只有将这三种致思取向有机结合起来，才能实现行政决策非理性维度研究的事实分析与价值分析相结合、理论研究与实践指向相结合。所以，在行政决策非理性维度的研究中，应当在客观描述行政决策非理性活动规律、厘清其积极功能与消极影响的前提下，诠释行政决策非理性的应然状态，努力寻求促使行政决策非理性由应然向实然转换的有效途径，建构对行政决策非理性予以合理调适的行动模式。

第三，在研究思路上，应当努力实现个别分析与整体综合的有机统一。在对行政决策非理性的个别分析中，可以从全体中分出类别、从整体中分出部分、从系统中分出因素，即采用类别分析、结构分析、有机分析的研究思路。在对行政决策非理性的整体综合中，通过对行政决策非理性各个类别、各个部分、各个因素的研究成果的整理，获取对行政决策非理性的整体结构方式和功能认识的理解。在个别分析与整体综合这两种不同方向的研究思路的交互作用下，推动行政决策非理性维度的研究。在未来的研究中，应当在现有的对各种非理性因素、非理性行为的个别分析的基础上，努力将它们整合起来予以综合把握，整体地研究行政决策非理性的作用机制和运作原理。

①《马克思恩格斯选集》（第 1 卷），人民出版社 1995 年版，第 60 页。

1.2.2 国内研究综述

早在 20 世纪上半叶，国内的一部分学者即已开始重视非理性因素对于决策行为的影响，如梁漱溟关于中国人讲"情理"和西方人讲"物理"的差异的论述，费孝通关于差序格局和熟人社会的论述。只不过他们没有提出"非理性"的概念，同时亦不是专用于分析行政决策行为的，因而并未能够引起足够的重视。1978 年以后，国内哲学社会科学界在认识论、心理学、教育学、文艺学等学科内，对人类在一般领域的非理性问题进行了富有成效的探讨。受此影响，研究者们日益重视对行政决策的非理性维度的研究，并且初步分析了情感、意志、习俗、直觉等非理性因素对行政决策的重要影响，推出了不少有分量的成果。① 这些研究成果在观点、材料和方法等方面为本文的研究奠定了良好的研究基础。

随着我国行政改革实践的不断深入以及人们对公共行政运行规律认识的不断深化，行政决策的非理性问题逐渐成为理论和实践工作者十分关注的热点问题。在实践的推动下，学术界从行政决策非理性的含义、行政决策非理性的功能、对行政决策非理性予以合理调适的对策和思路等方面展开了研究和讨论。

---

① 例如，王科编著的《政治心理学》（四川人民出版社 1988 年版）、夏军撰著的《非理性的世界》（上海三联书店 1993 年版）、冯玉珍撰著的《理性的悲哀与欢乐——理性非理性批判》（人民出版社 1993 年版）、胡敏中撰著的《理性的彼岸——人的非理性因素研究》（北京师范大学出版社 1994 年版）、张雄撰著的《市场经济中的非理性世界》（立信会计出版社 1995 年版）、陈庆云编著的《公共政策分析》（中国经济出版社 1996 年版）、陈振明主编的《政策科学》（中国人民大学出版社 1999 年版）、吴宁撰著的《社会历史中的非理性》（华中理工大学出版社 2000 年版）、马涛撰著的《理性崇拜与缺憾——经济认识论批判》（上海社会科学院出版社 2000 年版）、何颖撰著的《非理性及其价值研究》（中国社会科学出版社 2003 年版）、薛求知等编著的《行为经济学——理论与应用》（复旦大学出版社 2003 年版）、汪丁丁与叶航编著的《理性的追问——关于经济学理性主义的对话》（广西师范大学出版社 2003 年版）、俞文钊撰著的《当代经济心理学》（上海教育出版社 2004 年版）、刘少杰撰著的《经济社会学的新视野——理性选择与感性选择》（社会科学文献出版社 2005 年版）、项保华与李绪红撰著的《管理决策行为——偏好构建与判断选择过程》（复旦大学出版社 2005 年版）、庄锦英撰著的《决策心理学》（上海教育出版社 2006 年版）、何大安撰著的《选择行为的理性与非理性融合》（上海三联书店、上海人民出版社 2006 年版）、李爱梅撰著的《心理账户与非理性决策行为研究》（经济科学出版社 2007 年版）、孙绍荣等编著的《理性行为与非理性行为——从诺贝尔经济学奖获奖理论看行为管理研究的进展》（上海财经大学出版社 2007 年版）、郑丽勇撰著的《广告决策的理性与非理性》（社会科学文献出版社 2007 年版）、路杰撰著的《决策——定战略的胆与识》（中国发展出版社 2007 年版）、王春福撰著的《有限理性利益人与公共政策》（中国社会科学出版社 2008 年版）、刘金平与王金娥等编著的《公务员决策心理学》（南开大学出版社 2008 年版）、颜佳华撰著的《行政哲学研究》（湘潭大学出版社 2009 年版）。

这些研究介绍了国外的既得研究成果，拓展了行政决策学的研究领域，提升了人们对行政决策主体的心理活动规律的认识，必将对推进我国行政决策的民主化和科学化水平产生积极影响。为了进一步推进行政决策的非理性维度的研究，这里从三个方面对国内已有的相关成果进行概括和分析。

1. 关于行政决策非理性的含义的研究

"行政决策非理性"是一个由"行政决策"与"非理性"共同构成的偏正式短语。正确理解行政决策非理性，必须以正确把握人类生活中的一般非理性现象为逻辑前提，同时考虑行政决策区别于其他决策活动的特殊性。因此，科学地定位与思考行政决策非理性应当以哲学中对人类生活中的一般非理性现象的研究为研究基础、以经济学中对人类经济选择的非理性现象的研究为参考，以行政决策非理性的研究作为最终落脚点。

胡敏中认为，"我们理解非理性，应该从因素和特征两个方面进行，从而就有因素非理性和特征非理性之分"。[①] 他认为，从因素非理性方面说，非理性主要是指人的无意识、直觉、情感等，从特征非理性方面说，非理性主要是指不自觉性、突发性、瞬时性、非逻辑性、非语言性和创造性等行为特征。胡敏中所提出的关于非理性有因素非理性和和特征非理性之分的观点对于确定行政决策非理性的基本维向具有重要的借鉴意义，即可以从内隐的非理性因素与外显的非理性行为两个基本维向来分析行政决策的非理性问题。就内隐于行政决策主体精神世界中的非理性因素而言，学术界已经基本达成共识，基本同意夏军先生所给出的定义[②]。实际上，非理性因素具有两方面的内容：一方面是属于主体的心理结构的非理性因素，它包括人的意志、欲望、习俗、情绪、无意识等心理现象；另一方面是属于人的认知结构的非理性因素，它包括人的直觉、灵感和顿悟等思维形式。对于行政决策主体外显的非理性行为如何予以界定的问题在学界仍然存在着较大的分歧，以下是几种颇为有代表性的观点。

有研究者认为，纯粹的非理性行为是指人们在直觉、本能、信念，情感等非理性的驱动下（而不是在逻辑思维的基础上）对环境的反映[③]。这样一个定义看到了引致非理性行为的物质基础——非理性因素，却忽视了引致非理性行

① 胡敏中：《非理性辨正》，载《学术月刊》1999 年第 6 期。

② 夏军：《非理性世界》，上海三联书店 1993 年版，第 13 页。

③ 张雪峰：《论管理中的理性与非理性》，载《中国劳动关系学院学报》2005 年第 5 期。

为的社会条件，因而这一定义无法对群体极化、群体盲思等群体决策中的非理性现象予以解释。同时，这样一个定义仅仅是从原因上来分析非理性行为，并没有涵括非理性行为的本质属性和外在特征，因而在用于描述行政决策的非理性行为时不具备很强的可操作性。

有研究者依据对历年诺贝尔经济学奖得主有关人类行为研究结论的梳理，提供了三条划分非理性行为的基本依据，即"一些非理性行为表现为不能精确地计算成本——收益以及概率"，"一些非理性行为是有悖于'经济人'的效用最大化原则的行为"，"一些非理性行为具有利他动机"。[①] 这样的一个对于非理性行为的界定在外在表现上描述了某些非理性行为的基本特征，因而具有积极意义。然而，这一界定实际上是从非理性行为对理性行为悖离的角度予以界定的，而且其判定行为理性与否的标准是依据经济学关于理性的经典定义。所以，这一界定的问题在于，倘若经济学关于"理性行为"的定义本身是存在偏颇的，又如何保证"非理性行为"这一概念界定的科学性呢？

有研究者认为，"如果人在处理信息和环境时没有充分发挥认知，其行为主要依据依据直觉、经验、外部刺激等，那么选择行为便是非理性的"。[②] 这是一个从行为过程来描述和概括非理性行为的定义，其思路与西蒙所主张的决策理性是过程理性的观点是基本一致的。然而，我们无法对决策主体充分发挥认知应当达到的程度给出明确而具体的标准。因此，以决策主体是否充分发挥认知作为评价行为理性与否的尺度是一个很模糊的定义，缺乏可操作性。

2. 关于行政决策非理性的功能定位的研究

学者们一般都认为，非理性因素与非理性行为对于行政决策具有双重效应，因而研究者们都是从积极与消极两个方面来定位非理性的功能的。

一方面，从行政决策非理性的积极作用方面来看，研究者们都注意到了行政决策非理性对于主体问题认知、方案建构、方案抉择方面的积极功能。有研究者撰文指出："非理性因素在行政决策过程中对理性因素有着重要的、不可缺少的补充作用"，并分别探讨了情感、意志、习俗和无意识等非理性因素在行政决策中的重要作用。[③] 有研究者认为，在行政决策过程中，非理性因素会

---

① 孙绍荣等：《理性行为与非理性行为——从诺贝尔经济学奖获奖理论看行为管理研究的进展》，上海财经大学出版社 2007 年版，第 156 页。

② 何大安：《选择行为的理性与非理性融合》，上海三联书店，2006 年版，第 31 页。

③ 颜佳华：《充分发挥非理性因素在行政决策中的作用》，载《江西行政学院学报》1999 年第 1 期。

自觉不自觉地介入政策问题确认、政策目标选择、政策方案设计和抉择的过程，并起到非常重要的作用。非理性因素通过类型化、直观化和整体化的方式介入，弥补了理性的不足。① 而有研究者则在总结中国社会转型期公共政策的成功经验时认为，非理性因素的作用是与中国转型时期政策决策的非逻辑性、非程序化和非模式化等超常性特征联系在一起的，表现为动力作用、调控作用和创新作用，既是对理性不足的弥补，又与理性相互作用，共同推动了中国改革政策的发展。

另一方面，从行政决策非理性的消极影响来看，行政决策非理性的负面后果集中体现为它可能导致决策主体的认知偏差。有研究者认为，非理性因素在认识过程中的片面性、或然性和抑制性构成了一种惰性和阻碍作用，它阻碍了认识的发展，影响了认识结果的真理性。② 正是因为行政决策主体片面性和随意性认识未能客观地反映决策对象，"在决策上，非理性的消极作用导致人们不切实际的主观决策，造成实践上的失败"。③ 有研究者更是将依据经验等非理性因素而施行决策的经验决策模式的局限性概括为决策的重复性、认识的表面性、观察的局限性、分析的非定量性、直观感知性等五个方面。④

同时，研究者们已经注意到非理性因素、非理性行为在行政决策中的作用，不仅表现在个体层面的决策者身上，而且在群体决策中也有所表现。研究者们认为，群体决策由于非理性因素和非理性行为的影响，可能导致群体决策中出现极端化倾向和平均化倾向。所谓极端化倾向是指："由于非理性因素的作用，这种选择并不是建立在对不同方案的理性分析的基础上，而是在两个极端的意见中进行选择，最后把一个极端的意见作为选择方案，从而造成失误"。⑤ 所谓平均化倾向是指："在有些情况下，争执双方各执己见，互不相让，谁也不愿意接受别人意见中的合理成分，为了维持群体自身的平衡，不得不照顾双方的情绪，所以做出带有折中倾向的公共政策选择。"⑥

① 陈绍芳：《公共政策决策中的非理性因素》，载《中国行政管理》2001年第2期。
② 何颖：《非理性及其价值研究》，中国社会科学出版社2003年版，第272页。
③ 吴宁：《社会历史中的非理性》，华中理工大学出版社2000年版，第133页。
④ 李伯文：《现代领导知识手册》，黑龙江人民出版社1989年版，第261~262页
⑤ 王春福：《有限理性利益人与公共政策》，中国社会科学出版社2008年版，第161页。
⑥ 王春福：《有限理性利益人与公共政策》，中国社会科学出版社2008年版，第162页。

3. 对行政决策非理性予以调适的手段和对策的研究

正是因为行政决策非理性双重效应的存在，为了在行政决策过程中最大限度发挥其积极功能，规避其负面效果，一部分研究者尝试着对行政决策非理性予以一定程度的调适，并从制度建设和方法选择等方面提出了一些调适的手段和对策。在制度建设层面，有研究者提出，应当通过行政决策过程的法制化、行政决策行为的规范化、行政决策责任的定型化形成科学化、民主化的行政决策机制，避免非理性决策的主观性和随意性，为调适行政决策非理性提供制度保障。① 在决策方法的选择上，有研究者提出在行政决策过程中应当依据具体的决策情境采取合适的非理性行政决策方法，这些方法包括渐进决策方法、政治协调决策方法、领导者或领导集体决策方法等。② 有研究者在深刻分析突发事件过程中个体与群体的行为偏差的基础上，提出了应对社会公共危机时合理调适各种非理性因素与非理性行为的"以人为本"模式，即树立以人为本的新理念、构建以人为本的社会公共危机应对策略体系，包括以人为本的应急快速反应策略、危机沟通策略、公众恐惧管理策略、群体行为应对策略、应急资源保障策略、应急救助网络构建策略、危机教育培训策略等七个方面。③

从目前行政决策非理性的研究成果来看，国内学者对人类一般行为中的非理性现象进行了较为深入的分析，并开始将这些成果用于分析行政决策情境中的非理性因素与非理性行为。这些研究为推进我国行政决策的民主化、科学化进程提供了有益的参考，也为后续的研究奠定了理论基础。但由于本课题的研究仍处于起步阶段，因而还存在着一些亟待解决的重大问题。具体体现在：

第一，学界对于"行政决策非理性"这一基本概念尚未达成基本的共识。"行政决策非理性"的提法虽然已经广泛而频繁的出现在人们的视野中，但是大部分人并未能够对"行政决策非理性"予以规范使用，甚至有研究者将"行政决策非理性"与"行政决策无理性"混为一谈。概念的不规范使用使得学术研究缺乏基本的分析工具，同时在这样一种语言环境下，学术对话缺乏最基本的知识平台，有关行政决策非理性维度的学术争鸣也就难以实现。

第二，对行政决策非理性的功能的研究有待于深化。研究者们虽然已经看

---

① 王军：《健全我国行政决策机制的若干问题》，载《中共中央党校学报》2006 年第 1 期。

② 兰秉洁、刁田丁：《政策学》，中国统计出版社 1994 年版，第 137～144 页。

③ 孙多勇：《突发事件与行为决策》，社会科学文献出版社 2007 年版，第 347～373 页。

到了非理性因素和非理性行为对行政决策的双重效应，但是这些研究并未能看到行政决策非理性双重效应的情境规定性，同时这些研究很少涉及非理性因素影响行政决策的作用机制问题，因而也就无法客观地描述出行政决策非理性的活动规律。

第三，对行政决策非理性予以调适的手段和对策的研究有待于系统化。对行政决策非理性的调适是一个复杂的系统工程，它不仅需要决策体制的完善、决策技术的科学，而且需要行政伦理的内化、良好组织氛围的培育。单纯从体制层面和技术层面来调适行政决策非理性是难以获得问题的解决方案的。

1.3　本文研究的基本框架

行政决策的非理性维度研究的根本目标，在于探索行政决策领域的非理性因素和非理性行为的活动规律，针对我国行政决策实践中存在的现实问题，确立对非理性因素和非理性行为予以合理调适的基本思路，从而最大限度发挥其积极功能，规避其负面效果。

1.3.1　本文研究的逻辑起点

波普尔（K. Popper）认为，科学知识的增长总是从先前的理论所面临的问题开始的，"观察和实验检验的基本作用在于显示我们的一些理论是假的，从而激发我们提出更好的理论"。[①] 在科学观察和实验检验面前，全面理性的理性观以及以此为哲学根基而构建的全面理性行政决策模式"仅仅有很少的有价值的应用经受住了经验的仔细检验"。[②] 全面理性行政决策模式与现实存在着巨大的偏离，这就为行政决策的非理性维度的研究提供了很好的突破口。所以，系统地展开对全面理性行政决策模式的批判与反思，是行政决策非理性维度研究的逻辑起点。对全面理性行政决策模式的思维方式、人性假设、决策目标等方面的偏颇展开批判与反思，有利于从反面揭示行政决策过程与非理性因素、非理性行为的不可分割性，进一步阐释本研究的学术价值，从而为整个研究体系奠定牢固的理论基石。

---

① ［英］卡尔·波普尔：《猜想与反驳》，傅寄重等译，上海译文出版社2001年版，第270页。
② ［美］格林、沙皮罗：《理性选择理论的病变——政治学应用批判》，徐湘林、袁瑞军译，广西师范大学出版社2004年版，第14页。

1.3.2 本书研究的理论假说

恩格斯指出："只要自然科学运用思维，它的发展形式就是假说"。① 猜测性、假定性、试探性的假说是建构理论体系的基本工具和手段，而对假说的验证又是研究的价值所在。本文研究的理论假说有三个。

1. 理性因素与非理性因素的功能耦合是主体实现有限理性的必要条件。

在给定的约束条件下，为了实现对于行政决策问题的有效感知、审慎思考、合理规划，行政决策主体精神世界中的理性逻辑思维与非理性因素之间必须形成良好的功能互补与协调关系。西蒙指出："情感与理智并非天生对立，情感是动机的主要来源，它让我们把注意力集中到特定目标上。而且情感会有助于对其激起的目标进行积极的相关思考"。② 理性因素与非理性因素的功能耦合表现为两个方面。一方面，理性因素居于主导地位，对非理性因素发挥着支配和控制的重要作用，统驭、支配和制约非理性因素。另一方面，非理性因素亦发挥着不可或缺的重要作用，它诱导、调节、补充理性因素，为理性因素功能的发挥提供动力源泉、心理基础和补充性的认知途径。以此假设为根据，本文将会确立对行政决策非理性予以合理调适的价值目标，并结合实证分析结论来构建实现这一价值目标的行动方案。

2. 行政决策既具备一切人类决策行为的共性，同时亦具有自身的特殊性。

就行政决策与其他决策行为的共性而言，行政决策与其他一切决策行为一样，都是主体在约束条件下作出的对有关决策信息予以加工的认知过程。因此，本研究中将会大量借鉴哲学、心理学领域有关人类一般决策活动中的非理性因素、非理性行为的研究成果。就行政决策区别于其他决策的特殊性而言，行政决策之所以有别于其他决策行为，根源于行政决策环境的特殊规定性。因此，本文将会鉴别行为经济学、行为决策理论中关于非理性研究的成果对于行政决策领域的适用性问题，如设计实验来检验前景理论对于行政决策的适用性，以实现研究语境的转换。

3. 行政决策主体的非理性因素与非理性行为是内容与形式的关系。

行政决策主体精神世界的非理性因素是引致非理性行为的心理基础，而非理性行为则是非理性因素活动状况的外在表现。单纯从非理性因素方面分析行

---

① 《马克思恩格斯选集》（第 4 卷），人民出版社 1995 年版，第 336 页。
② ［美］赫伯特·A. 西蒙：《管理行为》，詹正茂译，机械工业出版社 2007 年版，第 80 页。

政决策非理性不能够具体而直观地展现出非理性的行为特征，而单纯从非理性行为方面分析行政决策非理性则忽视了引致非理性行为的心理基础。所以，本书将力争把非理性因素和非理性行为这两个分析向度有机结合起来，系统而客观地描述出行政决策非理性的全貌。

1.3.3　本书的研究方法

"工欲善其事，必先利其器"，正确的、可行的研究方法是科学研究取得成效的基本前提和重要手段。唯物辩证法是本文研究中遵循的基本方法论原则，即在本文的研究中笔者将始终坚持以辩证的、发展的、联系的观点看待行政决策非理性问题。在唯物辩证法的方法论原则指导下，笔者在具体的研究过程中主要采用规范研究与经验研究法、文献研究与理论演绎的方法、系统分析法、比较研究法等研究方法：

1. 规范研究与经验研究法

规范研究和价值相关，偏重于价值判断和逻辑推理，更多地使用定性分析和演绎的方法，它所关注的是"应当是什么"或"应该怎样"等"应然"层面的问题。经验研究是同事物相关的分析，强调可观察到的事物根据和经验材料，它关注问题"是什么"的"实然"层面的问题。在本书的研究过程中，笔者将采取规范研究与经验研究相结合的方法。在规范研究过程中，本书主要按照行政决策民主化与科学化的要求，确立对行政决策非理性予以合理调试的价值目标，即要从学理层面上解决行政决策非理性"应当是什么"的问题，这是必不可少的。在经验研究中，笔者将采取问卷调查方法、实验研究方法、访谈法对中国行政决策过程中的非理性现象进行描述和分析，以便实事求是地揭示现实中的行政决策非理性的"事实是什么"的问题。在规范研究与经验研究相结合的基础上，笔者将最终提出合理调适行政决策非理性的基本思路和对策建议。

2. 文献研究与理论演绎的方法

正如大多数研究都要采用文献分析一样，本书也不例外。本书对国内外以非理性行为与非理性因素为主题的学术专著、期刊论文、博硕论文、研究报告和实证资料等进行系统梳理，以此作为本书研究的理论基础。在此基础上，本书试图以实验心理学、行为经济学、公共行政学等学科中相对成熟的成果和观点作为理论工具，结合行政决策的具体社会心理环境进行理论的演绎，力求推演出一个理想的用于分析行政决策非理性的理论框架。

3. 系统分析法

系统分析方法本质上是一种根据客观事物所具有的系统特征，从事物的整体出发，着眼于整体与层次、整体与结构、整体与功能、整体与环境的相互联系、相互作用、相互制约的关系的角度，对研究对象进行综合考察的方法。按照系统方法的要求，研究行政决策非理性时，笔者将把行政决策主体置身于行政决策系统中予以考察，充分重视由决策主体、决策文化、决策体制、决策技术构成的行政决策系统对主体精神世界和行为方式的重要影响。

4. 比较分析法

比较分析法是在共同规律起作用的事物之间、渊源上相联系的事物之间、相互有影响的事物之间进行比较，从而发现不同事物的特殊性的研究方法。按照比较分析方法的要求，在本书的研究中笔者将着眼于行政决策环境的特殊性、行政决策与人类其他决策行为之间的差异性，力求分析出非理性因素与非理性行为在行政决策领域的独特性。

1.3.4　本书的基本内容

从行政决策非理性维度研究的理论基础出发，分别从非理性因素和非理性行为两个向度来分析行政决策非理性的基本内容，实证分析我国行政决策实践中非理性因素与非理性行为的现实活动状态，在理论研究与经验研究相结合的基础上提出合理调适行政决策非理性的基本路径。本研究的具体内容如下：

第一，行政决策非理性维度研究的理论基础。在对全面理性行政决策模式展开批判与反思的基础上，采用文献分析法，从哲学认识论、心理学、前景理论等不同的学科领域中撷取相对成熟的、适用于研究行政决策非理性的观点和方法，作为整个研究的理论基础。

第二，行政决策主体的非理性因素分析。在对非理性因素的性质、特征、功能进行阐释的基础上，分析行政决策主体的非理性因素的自组织作用和功能形态。

第三，行政决策主体的非理性行为分析。在严格界定非理性行为内涵的基础上，分别从个体层面和群体层面来分析行政决策过程中非理性行为的层次结构，结合认知心理学的研究成果分析它的基本行为特征。

第四，行政决策非理性的实证分析。采用实验研究方法，通过被试人员全部选取行政人员、问题情境转换为行政决策情境的方式，检验前景理论对于行政决策活动的适用性。采取问卷调查方法、访谈法对行政决策主体的认知偏差、行为模式进行描述和分析。

第五，合理调适行政决策非理性的路径分析。通过建立和完善科学的行政决策制度、培育良好的行政组织气氛、促进行政伦理的内化、科学地运用行政决策技术构建一套系统的、可行的合理调适行政决策非理性的路径。

第 2 章

行政决策非理性维度研究的理论基础

任何研究的开展都必须建立在一定的理论依据和知识平台之上。一方面，新的研究肇始于原有的理论模式的阙失，它需要通过对原有理论模式存在的理论缺陷予以学理层面的批判来印证自身的正当性、合理性、必要性。另一方面，新的研究又必须依赖于已有的研究成果所提供的丰厚理论的滋养，它需要借助于已有研究成果中的较为成熟的思想观点和研究方法来武装自己、提升自己。本章需要探讨的正是行政决策非理性维度研究的理论依据和知识平台问题，力争在对全面理性行政决策模式展开批判与反思的基础上，分别探讨哲学认识论、心理学、前景理论等领域的研究成果对于本研究的启示意义，为全书的研究奠定理论基础。

2.1 对全面理性行政决策模式的批判与反思

波普尔（Karl Popper）认为，科学发展的道路就是原有的理论"被一个可更好检验的、并且此外包含旧的、得到充分检验的理论（或至少很接近于它的理论）来代替"。① 所以，在总结原有理论的基本观点和思想方法的基础上，对原有理论的有益成果和理论阙失展开辩证的批判与反思是新的理论、新的研究得以展开的必要前提。行政决策的非理性维度的研究就是在对其"原有理论"——全面理性行政决策模式的批判与反思的基础上发展起来的。全面理性模式往往只能作为抽象的规范性理论模型，并不能很好地解释现实。全面理性模式与行政决策实践的矛盾，为行政决策非理性维度的研究提供了良好的突

---

① ［英］卡尔·波普尔：《科学发现的逻辑》，查汝强等译，中国美术学院出版社 2008 年版，第 249 页。

破口。以西蒙、阿莱斯（Maurice Allais）、卡尼曼等人为代表的一部分学者由于研究兴趣"不再满足于'应当如何作决策'之类的研究，开始重视经验性的实证研究，将研究的兴趣转向决策者的实际行为，试图对决策者'实际如何作决策'进行深入的探讨"①，因而他们从不同的视角展开了对全面理性行政决策模式的批判与反思。对全面理性行政决策模式的批判与反思，实质上就是对原有的研究范式的"理论硬核"提出追问与质疑，有利于深刻地论证行政决策过程中理性与非理性之间的不可分割性，有利于揭示对行政决策非理性维度研究的必要性，有利于实现对行政决策研究的思维层次的跃迁，因而它构成了本研究的逻辑起点。

2.1.1　全面理性行政决策模式概说

20 世纪中叶以前，人们对于行政决策的研究与分析大多运用的是全面理性模式。行政决策的全面理性模式（comprehensive – rational model），又名纯粹理性模式（pure – rational model）、理性选择模式（rational choice model），它是指"决策者能够依据完整而综合全面的资料作出合理性的决策"。② 很难确定最初是由谁提出了这一决策模式，但它在经济学、管理学、公共行政学等学科中都获得了广泛的运用，如冯·诺依曼（Von Neumann）和摩根斯坦（Morgenstern）所提出的预期效用理论（expected utility theory）③ 与萨维奇（Savage）所提出的主观预期效用理论（subjectively expected utility theory）④ 即是这一模式的典型代表。

在其名著《政策过程》一书中，林德布洛姆描述了一个"经典的"全面理性模式的运作模型：（1）决策主体面对的是一个既定的决策问题；（2）决策主体能够明确自身的各种价值目标，并能够予以排列价值序列；（3）决策主体能够列出所有可行的备选方案；（4）决策主体能够明确各个备选方案的可能后果；（5）这时他就能将每个备选方案的后果与目的进行比较；（6）因

---

① 徐玖平、陈建中：《群决策理论与方法及实现》，清华大学出版社 2009 年版，第 89 页。

② 陈振明：《公共政策学——政策分析的理论、方法和技术》，中国人民大学出版社 2004 年版，第 49 页。

③ Von Neumann J. Morgenstern O. Theories of Games and Economic Behavior［M］. Priceton：Priceton University press，1947.

④ Savage L. J. The Foudations of Statistics［M］. New York：Wiley，1954.

而选出其后果与目的最为相称的政策。① 在全面理性的行政决策模式中，主体是完全理智而且符合逻辑的，他会认真确定问题并有一个明确、具体的目标，其决策过程的各个步骤会始终瞄准选择使目标最大化的备选方案。全面理性模式之所以是"理性"的，是因为它规范了决策的过程，这一过程有利于选择达到决策目标的最为有效的方法。

在行政决策的研究中，全面理性模型植根于公共行政学发展早期阶段的行政学家们关于建立一门行政科学的尝试。这一模式的有关内容能够在法约尔（Henri Fayol）、古利克（Luther Gulick）、厄威克（Lyndal Urwick）等人的著作之中发现。例如，古利克就认为："通过科学和科学精神，人类至少在物质生活方面摆脱了习惯的完全控制"。② 古利克深信，由于科学方法的运用，行政决策活动的每一个环节和因素都必然会成为可测量项。以法约尔对19世纪末20世纪初法国煤矿工业的研究为基础，古利克与厄威克提出了一种自认为能够付诸实施的最为理想的决策模式，即被称为PODSCORB的决策模型，它表明组织能够通过系统、科学的计划（planning）、组织（organising）、人事（staffing）、指挥（directing）、协调（coordinating）、报告（reporting）以及预算（budgeting）来最大化程度实现组织目标。③

2.1.2 全面理性行政决策模式的理论硬核

当代科学哲学家伊姆雷·拉卡托斯（Imire Lakatos）在他的科学研究纲领方法论的哲学理论中指出，任何一门科学的研究纲领都是由其方法论的规则体系所构成的。这些方法论的规则体系由两个部分构成：其一是"反面启发法"，即将该研究所应当避免的途径告诉人们；其二是"正面启发法"，即将该研究所应因循的途径告诉人们。科学研究纲领中的反面启发法，就是关于不得摒弃或修正的该纲领所依据的基本假定——"理论硬核"。所谓"理论硬核"，就是由许多辅助性的理论假说和条件预设作为"保护带"而予以保护，是该研究纲领的一系列相互联系的核心观点和基本理论。通过对全面理性行政决策模式的思想渊源、精神气质、现实表现的归纳和整理，笔者认为，作为一

---

① Charles E. Lindblom. The Policy – Making Process［M］. Englewood Cliff, NJ: Prentice – Hall Inc., 1968: 13.

② 丁煌：《西方行政学理论概要》，中国人民大学出版社2005年版，第81页。

③ ［加］豪利特等：《公共政策研究：政策循环与政策子系统》，庞诗等译，读书·生活·新知三联书店2006年版，第244页。

种行政决策研究的模式、范式、纲领，全面理性行政决策模式的理论硬核包括如下三个方面。

1. 客观世界确定论的思维方式

客观世界确定论认为，客观世界是确定的、必然的，一切不确定的偶然性因素均来自于人类的心灵。如果人们能够获得一切必要的信息，并知道如何运用这些信息，就可以预知事物发展的一切结果，也就可以排除所有的不确定性因素。法国数学家、天文学家、物理学家拉普拉斯（Pierre Simon de Laplace）即是这一观点的典型代表。他认为，若科学研究达到一定程度，就可以得出一组包罗万象的公式，由此可推知过去和未来。例如，如果能够明晰所有的物理事实，就可以准确地预知每片雪花降落的位置。客观世界决定论的主旨在于力图用精确的公式来描述、表征整个客观世界，从而将纷繁复杂的世界简约化、将变动不居的世界稳定化、将零散多样的世界结构化。

全面理性决策模式所秉持的思维方式就是客观世界确定论。它试图通过获得充分、全面的信息、明确自身的决策目标，排除决策活动中的一切不确定性因素，从而选择使目标最大化的备选方案。霍格思（Hogarh，R. M.）就明确宣称："认识到我们居住在一个概率的环境中是非常重要的，但是环境有其自身的特点，它并不是一种概率，仅仅是因为我们对环境的表征不完美，才造成环境的概率性。因此，不确定性是由我们自己造成的，而不在于环境"。[1] 由于决策环境是确定的，所以决策问题的解决应该致力于通过搜集所有与问题有关的信息以及可供选择的解决问题的方法，然后选择一个最佳方法，从而"科学地"、"理性地"解决问题。行政决策主体的任务就是发现问题、采取最有效的手段解决问题，即运用自身的理性认知能力，占有充分的决策信息，分析这些决策信息，获得各种备选方案的预期结果，作出准确的决策。

2. 经济人的人性假设

行政决策活动是由行政决策主体操作的目标规划、方案设计和方案抉择活动。构建任何一种关于行政决策的理论模式就不能不考虑人性因素，对人性的本质和发展规律的界定必然会在很大程度上决定该理论模式的基本属性。全面理性行政决策模式所依据的是经济人的人性假设。按照通行的观点，经济人的

---

① Hogarh, R. M. Judgement and Choice: The Psychology of Decision（2nded.）［M］. Chichester, UK: Wiley, 1987: 27.

人性假设最初是由亚当·斯密（Adam Smith）在其名著《国富论》中提出来的，他曾明确指出："我们期望的晚餐并非来自屠夫、酿酒师和面包师的恩惠，而是来自他们对自身利益的关切。我们不是向他们乞求仁慈，而是诉诸他们的自利心；我们从来不向他们谈论自己的需要，而只是谈论对他们的好处。除了乞丐之外，没有人主要依靠同胞们的仁慈来生活。即使是乞丐，也并不完全依靠他人的仁慈"。① 经济人是指行为主体"有一个很好定义的偏好，在面临给定的约束条件下最大化自己的偏好"。② 经济人的人性假设由三个紧密相关的理论假设构成。

（1）自利假设。人是自利的，行为主体的动机是为了追逐和实现自身的利益。行为主体所追逐的利益并非是单纯的经济利益，而是包括各种物质与非物质的收益和效用。布坎南（James M. Buchanan）曾经说过："无论在其市场活动还是政治活动中，人都是追求效用最大化的人"。③ 利益是行为主体从事各项活动的目的、内容和本质，也是激励和支配他们行为选择的能动因素和真实动机。

（2）理性假设。人是理性的，人的理性集中表现为能够在各项利益的比较中获得自身的最大利益。法国经济学家保罗·阿尔布（Paul Albou）将经济人的这一特征形象地描述为："经济人只服从理性：他不会想入非非和心血来潮，'他只想以最小的牺牲换取最大的收益'"。④ 英国经济学家马歇尔（Alfred Marshall）在继承边沁（Jeremy Bentham）的功利主义伦理学思想，引入实证主义思想中的"行为"概念的基础上，将经济人的这一特征抽象化为"极大化原则"。行为主体趋利避害、趋乐避苦，对自身最大"幸福"的追求，或等价地追求最小的"痛苦"，导致形式逻辑上的"极大化原则"。这一原则假定，经济人的理性选择将幸福扩展到"边际"平衡的程度，即"个体为使'幸福'增进一个边际量所付出的努力，等于这一努力所带来的'痛苦'。"⑤

---

① ［英］亚当·斯密：《国富论》，唐日松等译，华夏出版社2005年版，第14页。

② 张维迎：《博弈论与信息经济学》，上海三联书店、上海人民出版社2004年版，第1页。

③ ［美］詹姆斯·M. 布坎南、戈登·塔洛克：《同意的计算——立宪民主的逻辑基础》，陈光金译，中国社会科学出版社2000版，第25页。

④ ［法］保罗·阿尔布：《经济心理学》，符锦勇译，上海译文出版社1992年版，第103页。

⑤ 汪丁丁、叶航：《理性的追问——关于经济学理性主义的对话》，广西师范大学出版社2003年版，第5页。

（3）一致性假设。每一个人的自利行为与群体内其他成员的自利行为之间并不存在矛盾。尽管行为主体在社会活动中，追求的是个人利益的最大化，通常并没有增进公共利益的主观动机，但是，在一切听任其自然发展的情境中，行为主体追求个人利益最大化的自由行动，将会无意识地、卓有成效地导致增进公共利益的客观效果。

3. 收益最大化的决策目标

决策目标的设定是主体基于对决策环境的认知、对自身决策能力的评价，而预先以观念的形式对决策活动未来发展方向所作的观念把握。既然全面理性行政决策模式坚持客观世界确定论的思维方式，认为行政决策环境是确定的，同时又秉持经济人的人性假设，假定行政决策主体具有无懈可击、完美无缺的理性认知能力，那么将决策目标设定为收益最大化也就是题中应有之意了。正如戴伊（Thomas R. Dye）所指出的，在全面理性的行政决策模式中，"一项理性的政策之所以是理性的，是因为它以'社会收益最大化'为目标，即政府应当选择给社会带来的收益最大限度超过所付成本的政策"。①

社会收益最大化的决策目标具有两条基本准则：第一，如果支出大于收益，这项决策方案就不能予以采用。第二，在备选方案的抉择中，决策主体所选择的备选方案的预期收益必须大于支出。换句话说，一项备选方案所实现的与所牺牲的价值之差是正数，而且这一差额比其他备选方案与所牺牲的价值之差都要大，那么选择这项备选方案就是实现收益最大化的决策。

2.1.3 对全面理性行政决策模式的追问与质疑

按照拉卡托斯的科学研究纲领方法论的哲学理论，如果对某种科学思想的反思与批判仅仅是指向作为"保护带"的"辅助性假说"，那么，它就仍然是以既有的"理论硬核"去思考问题和进行科学研究，它还属于原有科学思想的延伸、拓展和深化，尚未实现科学研究中逻辑层次的跃迁。要促成科学的研究纲领的转换，实现科学研究中逻辑层次的跃迁，就必须将科学思想的反思与批判指向并修正原有科学理论的"理论硬核"。所以，为了奠定行政决策非理性维度研究的理论基石，必须针对全面理性行政决策模式的"理论硬核"的偏颇，提出有价值的追问与质疑。

---

① ［美］托马斯·R. 戴伊：《理解公共政策》，彭勃等译，华夏出版社 2004 年版，第 15 页。

1. 行政决策环境是确定的吗？

客观世界是确定的还是不确定的？这是一个长期困扰着人类的重大问题。牛顿、伽利略等人开创的近代物理学试图将不确定性驱逐出自然界，并给人们描绘了一幅完全确定的宇宙图景。然而，客观世界决定论的思维方式既无法回答客观世界中复杂性、多样性、奇异性、流变性从何而来的问题，也没有为人的能动性和创造性预留足够的施展空间。因此，不仅应当看到客观世界的确定性，而且应当看到这一确定性是相对的、有条件的。休谟（David Hume）曾经说过："确立普遍的政治准则应当慎之又慎；在精神领域和物质世界中经常可以发现无规律的和异常的现象"。① 普利高津（Ilya Prigogine）则指出："这需要一种新自然法则表述，它不再基于确定性而基于概然性。承认未来不被确定，我们得出确定性终结的结论"。② 所以，人类所面临的客观世界是确定性与不确定性的统一，"事实上，我们努力要走的是一条窄道，它介于皆导致异化的两个概念之间：一个是确定性定理支配的世界，它没有给新奇性留有位置；另一个则是由掷骰子的上帝所支配的世界，在这个世界里，一切都是荒诞的、非因果的、无法理喻的。"③

行政决策主体所面临的决策环境同样是确定性与不确定性的统一。就其确定性而言，行政决策主体可以通过搜集、分析有关的环境信息，而获得对决策问题、决策手段、作用对象等环境变量的一定要发生的、确定不移的趋势的规律性认识。就其不确定性而言，行政决策主体难以把握各环境变量中并非一定要发生的、可以这样发生也可以那样发生的各种偶然性因素。由于行政决策环境中确定性的存在，行政决策主体是能够实现行政决策活动的优化的；由于行政决策环境中不确定性的存在，行政决策主体无法预知事物发展的一切结果，也就无法构建所有可能的备选方案，因而完全理性行政决策模式是难以实现的。

① ［英］休谟：《关于某些异常惯例》，载《休谟政治文选》，张若衡译，商务印书馆 1993 年版，第 109 页。

② ［法］伊利亚·普利高津：《确定性的终结——时间、混沌与新自然法则》，湛敏译，上海科技教育出版社 1998 年版，第 147 页。

③ ［法］伊利亚·普利高津：《确定性的终结——时间、混沌与新自然法则》，湛敏译，上海科技教育出版社 1998 年版，第 150 页。

2. 行政决策主体符合"经济人"的各项假设吗？

如前所述，经济人的人性假设包括自利假设、理性假设、一致性假设三个方面。所以，要探讨人的现实状态与"经济人"的理论形态之间是否具有直接同一性的问题，就必须回答如下三个与之相对应的问题：

（1）行政决策主体是完全自利的吗？答案是否定的。马克思说："人们努力所奋斗的一切，都同他们的利益有关"。① 毫无疑问，追求自我利益的满足在人类的行为动机占据着主导地位。但是，行政决策主体除了具有利己的动机外，还具有利他的情感倾向，如对友情的珍视、对弱者的怜悯、对国家的热爱、对信仰的坚守等方面。所以，自利性并非行政决策主体的行为动机的唯一属性，利他性也是其行为动机的重要特征。正是由于自利性和利他性同时存在于主体的行为动机中，其行为动机往往具有多种面相，从而相互纠结、斗争、融合成为复杂的动机模式。按照冯友兰先生的人生境界论，若人在社会活动中认识到"他所做的事，对于他，有功利意义"，则此时人处于功利境界；若人在社会活动中认识到他在"为社会利益做各种事"，则此人处于道德境界。② 道德境界与功利境界的差别仅仅在于人能否"觉解"到利他行为对于人生的意义，而绝不是人是否存在利他行为倾向的问题。所以，绝对的、完全的自利的行政决策主体是不存在的。

（2）行政决策主体是完全理性的吗？答案是否定的。正如西蒙所指出的，"经济学家不合理地赋予经济人无所不知的理性"，"它具有巨大的智力和美学魅力，但是与现实中人的真实或可能行为之间几乎没有多大关系"。③ 无数的事实一再证明，人的理性认知能力是有限的。行政决策主体的有限理性表现为两个方面：其一，相对于无限的客观世界而言，其理性认知能力是有限的。所以，"我们可以努力寻求绝对正确的真理，但不能发现这种真理"，我们的目标不是获得真理，而是"通过批判找到越来越接近真理的真理"。④ 其二，相对于整个精神世界而言，其理性认知能力要受到非理性因素的限制。"人类理性是在心理环境的限度内发挥作用的。这个环境迫使个人不得不选择一些要

① 《马克思恩格斯全集》（第 1 卷），人民出版社 1956 年版，第 82 页。

② 冯友兰：《冯友兰选集》（上卷），北京大学出版社 2000 年版，第 380 页。

③ ［美］赫伯特·A. 西蒙：《管理行为》，詹正茂译，机械工业出版社 2007 年版，第 77 页。

④ 全增嘏：《西方哲学史》（下册），上海人民出版社 1985 年版，第 698 页。

素，作为个人决策必须依据的'给定条件'。"①

（3）不同行政决策主体的自利行为之间是完全兼容的吗？答案仍然是否定的。"囚徒困境反映了一个很深刻的问题，这就是个人理性与集体理性的矛盾"。② 既然人人都是自利的、追求个人效用最大化的个体，那么又有谁会愿意去承担公共生活的成本？又有谁会愿意去节约有限的公共资源？最终，在自利动机的驱使下，个人或者是"搭便车"从而逃避自身的公共责任，或者是过度使用公共资源从而酿成"公有的悲剧"，最终损害了公共利益和其他人的利益。因此，在自然状态下，不同行政决策主体的自利行为之间并不是完全兼容的。

总之，经济人对人性的描述和概括，尽管有效地反映了人类生活的某些方面的特征，但忽略了人类社会生活的其他面相，因而这一人性假设只能是一种与客观现实之间存在着难以逾越的鸿沟的理论悬设，它所概括的只能是抽象的、规范化的人性，而不是人的具体、现实、鲜活的生活状态，更不是行政决策主体的现实状态。恰如保罗·阿尔布所指出的那样，"经济人是一般意义上所说的笼统的人"，"经济人没有历史，只有现在，没有过去和未来"，"经济人完全是孤立和自由的，他独立于任何其他人：可以说是生活在孤岛上的鲁宾逊"。③

对经济人假设的质疑与批判，为行政决策的非理性维度研究提供了重要的启示，即行政决策主体并不是全知全能的，其心智资源总是有限的，"有限理性"是主体的基本特征。西蒙说过："不应该因为对人类行为理性层面的特别关注，就断言人类永远或一般都是理性的"。④ 罗斯（Roth）等人所操作的"最后通牒"博弈实验⑤证明，个体行为并不是完全理性的。不仅决策个体层面存在着各种非理性现象，同时在决策群体、组织行为层面亦存在着各种非理性因素和非理性行为。正如金登（John W. Kingdon）所指出的："尽管这个过程的某些个别角色在很多时候都可能会很理性，但是当涉及许多角色并且他们在这一过程中'漂进漂出'的时候，这种可以描绘一个一元决策的理性就躲

---

① ［美］赫伯特·A. 西蒙：《管理行为》，詹正茂译，机械工业出版社2007年版，第101页。
② 张维迎：《博弈论与信息经济学》，上海三联书店、上海人民出版社2004年版，第1页。
③ ［法］保罗·阿尔布：《经济心理学》，符锦勇译，上海译文出版社1992年版，第103～104页。
④ ［美］赫伯特·A. 西蒙：《管理行为》，机械工业出版，2007年版，第66页。
⑤ Roth A, V Prasnikar, M Fujiwara, S Zamir. Bargaining and Market Behavior in Jerusalem, Pittsburgh and Tokyo［J］. American Economic Review, 1991（81）：68～95.

避开了"。① 行政决策主体理性能力的有限性，既是指主体的理性能力在面对决策环境时的有限性，又是指主体精神世界中的理性逻辑思维受到非理性因素的限制和制约。所以，不仅应当从理性维度来研究行政决策行为，而且应当深入分析主体的非理性因素与非理性行为对行政决策的重要影响，从而避免重蹈全面理性模式的覆辙。

3. 什么是收益最大化的行政决策？如何实现收益最大化？

如前所述，收益最大化的决策是"收益最大限度超过所付成本的政策"，这似乎是一个操作性很强的、表述清晰的明确概念。然而，倘若作进一步深究的话，我们就很容易发现，由于公共行政活动的特殊性，界定某一项政策的成本和收益本身就是一件非常困难的事，遑论将收益与成本、以及不同备选方案的收益之间进行比较了。同时，行政决策的作用对象是复杂的、多元的社会，而人们在社会利益上往往难以达成一致，只能在针对某一特定团体或针对特定个人的利益上达成共识，而这些团体或个人的利益之间又往往是相互冲突的。所以，"这些冲突的收益和成本不能相互比较和衡量，例如我们不能在个人尊严和税收增长之间进行比较和衡量。"②

不仅收益最大化的界定是困难的，而且收益最大化的实现面临着多方面的现实障碍。除了前文所提的行政决策环境的不确定性和行政决策主体理性的有限性两个方面的因素外，妨碍收益最大化实现的现实障碍还包括：（1）搜集决策信息的困难。在现实的行政决策情境中，决策主体搜集、占有完备的决策信息往往是十分困难的，往往受到信息搜集的成本、信息的有效性等多方面因素的制约。（2）决策时间的约束。行政决策主体往往需要在较短时间内针对决策问题作出决断，并不具备充分的理性分析所必须的时间资源。（3）政治因素的考量。行政决策主体所作的决策不仅需要在成本和收益之间进行考量，更需要在不同的政治力量、派别、团体之间进行协调和平衡，因此决策主体所选择的政策方案往往不是社会收益最大化的方案，而是最有利于平衡和协调各方面的政治利益的方案。

由于收益最大化界定的困难和实现的困难，全面理性模式所预定的决策目

---

① ［美］约翰·W. 金登：《议程、备选方案与公共政策》（第二版），丁煌、方兴译，中国人民大学出版社 2004 年版，第 98 页。

② ［美］托马斯·R. 戴伊：《理解公共政策》，彭勃等译，华夏出版社 2004 年版，第 16 页。

标只能是一种理论的空想。因此，应当将收益最大化的决策目标调整为"令人满意"的决策目标，即"寻找一种令人满意或'足够好即可'的行动方案"。①西蒙所提出的这一决策目标对于行政决策的非理性维度的研究具有两个方面的启示性意义：一方面，应充分重视非理性因素在行政决策评价中的重要作用，应当看到行政决策的评价不仅是一个理性的逻辑思维过程，也是一个情感、需要、意志等非理性因素的活动过程。另一方面，由于决策主体所追求的是"满意"而非"最优"，现实的行政决策过程中主体往往并不需要经历一个完整的概念、判断、推理的逻辑思维过程，而是可以通过直觉、无意识、灵感、顿悟、经验等非逻辑的、快捷的、灵活的非理性认知形式对理性的逻辑思维予以补充，从而快速、便捷地获得"满意"的决策。

2.2 哲学认识论与行政决策的非理性维度研究

从广义上来说，一切哲学体系实质上就是一个认识论体系，因为所有的哲学最终都是致力于研究如何使人们获得关于客观世界的正确认识以保证实践活动的有效开展。从狭义来说，"认识论所关心的是合理的认知以及我们怎样能够知道我们想知道的事情"②，它是指哲学中直接关于主体的认识问题的理论，其内容涉及到认识的来源、动力、目的、检验标准等诸多方面。本书选择狭义的理解，即哲学认识论就是以人类认识作为研究对象，研究其本质与发展规律的理论。认识论的研究内容可以概括为两个方面：其一对作为认识主体的人的认识能力的探讨，其二是对人的认识方法的探讨。

行政决策主体的认识活动是其整个行政决策行为过程的重要组成部分，认识活动的结果直接影响到决策方案设计、决策方案选择。因此，一切对于行政决策活动的研究都必须以某种认识论作为理论根据。同样地，行政决策的非理性维度研究既涉及到行政决策主体认识能力的界定，又离不开对行政决策主体认识方法的探讨。所以，哲学认识论的思想、观点和方法是本研究理论基础的重要组成部分。概而言之，哲学认识论对于本文研究的理论支撑作用主要表现为两个方面，即认识论的流变彰显了行政决策非理性维度研究的必要性，认识

① ［美］赫伯特·A. 西蒙：《管理行为》，机械工业出版，2007 年版，第 102 页。
② ［美］约翰·彼洛克、乔·克拉兹：《当代知识论》，陈真译，复旦大学出版社，第 189 页。

论的成果论证了行政决策非理性维度研究的可行性。

2.2.1 认识论的流变彰显了行政决策非理性维度研究的必要性

自文艺复兴以来，哲学认识论的发展经历了理性主义认识论向非理性主义认识的流变，这一流变过程既是一部人类的理性能力不断得到尊重、弘扬的历史，也是一部非理性因素由被压抑、受禁锢走向受重视、求解放的历史。与这一历史进程相对应，非理性因素、非理性行为在行政决策的研究中也经历了一个由被忽视、受排斥到逐渐被接纳、被重视的历史性转变过程。将行政决策的非理性维度研究这一课题置身于认识论的流变过程中，以历时态的方式予以把握，就可以清晰地看到，这一研究课题的提出是哲学认识论的流变、发展的必然结果。

理性主义认识论滥觞于意大利的文艺复兴运动。在其发展的早期阶段，理性主义所倡导的是以人性取代上帝的"神性"，其实质就是证明和探求人的本质的存在，反对和剔除上帝的存在。人性的复兴实质上就是理性的复兴，即对人的理性能力予以充分的认可和肯定。随着人类的理性能力的不断受到尊重和弘扬，理性主义认识论历经思辨理性观、经验理性观、政治理性观和大全理性观等诸多形式，最终终结于德国的古典哲学。在这一过程中，理性逐渐主宰了一切，拥有了至高无上的地位，抽象的、绝对的"理性"被人们推崇为终极真理。一切观念、意识都必须在"理性"的天平上接受检验。只有符合"理性"的标准，即只有经由"理性"的尺度来衡量是准确无误的才是真理，否则即是谬误。由此，理性主义的认识论走上了形而上学的道路，无所不在的、至高无上的、无所不能的"理性"成为了脱离人性的本体性存在，而人的存在又被抽象化为理性的化身。公共行政学创立于 19 世纪下半叶，在其发展的早期阶段也深受理性主义认识论的影响，总是试图探寻完全符合理性尺度的行政原理、原则。例如，公共行政学的创始人威尔逊（Thomas Woodrow Wilson）曾宣称："行政学研究的目的就在于把行政方法从经验性实践的混乱和浪费中拯救出来，并使它们深深植根于稳定的原理之上"。[①] 在理性主义认识论看来，非理性是混沌、无序、混乱的代名词，人通过其自身的努力是可以排除非理性因素、非理性行为的影响的。所以，行政决策的非理性维度研究是没有必

---

① ［美］威尔逊：《行政学研究》，载彭和平、竹立家等编译的《国外公共行政理论精选》，中共中央党校出版社 1997 年版，第 14 页。

要的。

理性主义的认识论存在着多方面的缺陷。首先，理性主义的认识论存在着抽象性的缺陷。理性主义者们所追求、所弘扬的理性是具有普遍性、超验性品格的理性，是不以时空变换而转移的理性，是游离于现实世界之外的抽象理性。理性主义认识论的抽象性致使它忽视了人的个性存在，忽视了特殊性，忽视了人的各种非理性因素，从而将世界的本源归结为枯燥的、模式化的理性。其次，理性主义的认识论存在着绝对化的缺陷。理性主义者们往往将工具理性绝对化，将理性视为普遍有效的尺度和万能的工具。在这一绝对化的理性观念的支配下，理性主义过于肯定理性能力的可靠性和确定性，从而不适当地扩大了理性能力的运用范围，因而在知识观上陷入了独断论。最后，理性主义的认识论存在着二元对立思维的局限。理性主义试图通过绝对化了的理性来构建无所不包的理论体系，必然在不同程度上走向形而上学。所以，理性主义认识论并不了解理性与非理性之间的相互依存和转换关系。在这样的一种认识论体系中，理性世界和非理性世界是割裂的、分离的、难以融合的。

理性主义认识论的上述缺陷为非理性主义认识论的勃兴提供了很好的契机。非理性主义是对意志主义、直觉主义、存在主义、弗洛伊德主义以及后现代非理性主义等理论形式的统称。这些理论形式都致力于批判、克服理性主义的理论缺陷，都强调从整体意义上来加深对生命的理解。非理性主义注重非理性的情感、意志、直觉的本能冲动，将人的本质抽象地概括为情感、意志、欲望等非理性方面。非理性主义的认识论特征是否定理性对于客观世界的可知性，而认为感悟、直觉、体验等非理性因素构成了认识的本质。受非理性主义认识论的影响，许多行政学家逐渐否定了公共行政学发展早期所构建的各种理性化的行政原理、原则所具有的崇高位阶，并认为它们仅仅是对于公共行政活动具有一定程度启示意义、指导意义的"行政谚语"。[①] 同时，行政学家们逐渐认识到非理性的思维形式在行政生活过程中的作用和意义。例如，巴纳德（Chester I. Barnard）就说过："非逻辑的心理过程所包括的范围相当广泛，从不把手再次放入火中的非逻辑推理决定，到当场处理大量的体验和复杂的抽象事物。如果没有这种心理过程，我们什么事情也做不成"。[②] 这样，在非理性

---

① 丁煌：《西方行政学理论概要》，中国人民大学出版社 2005 年版，第 122～123 页。
② ［美］巴纳德：《经理人员的职能》，王永贵译，机械工业出版社 2007 年版，第 202 页。

主义认识论的影响下，对行政决策中非理性因素和非理性行为的研究便成为了具有重要意义的研究课题。

需要指出的是，非理性主义在批判近代理性主义的过程中，过分强调理性的局限和非理性的价值，因而将非理性予以绝对化和抽象化了。所以，在行政决策非理性维度的研究过程中，应当辩证、客观地看待非理性主义，正确处理非理性主义与非理性因素、非理性行为之间的关系，取其精华，去其糟粕，为我所用。

2.2.2　认识论的成果论证了行政决策非理性维度研究的可行性

哲学认识论的理论成果有利于人们掌握科学的认识方法，正确而深刻地认识行政决策过程中的非理性因素与非理性行为，从而使这一研究课题由一种必要转变为一种可能。哲学认识论的理论成果对行政决策的非理性维度研究的贡献，主要体现在如下三个方面。

1. 辩证唯物主义的认识论

辩证唯物主义认识论包括如下四个方面的基本内容和思想观点：（1）以实践为基础的能动的反映论。辩证唯物主义的认识论将实践提到了第一的位置，强调人的认识应当是立足于实践的基础上辩证地认识外部世界。由此，辩证唯物主义的认识论便与唯心主义的先验论、不可知论以及旧唯物主义的机械反映论区分开来，是唯物主义的反映论、可知论和能动的辩证的反映论。（2）认识的辩证运动。列宁说："从生动的直观到抽象的思维，并从抽象的思维到实践，这就是认识真理、认识客观实在的辩证的途径"。① 毛泽东将认识的辩证运动过程进一步阐述为："从感性认识而能动地发展到理性认识，又从理性认识而能动地指导革命实践，改造主观世界与客观世界。实践、认识、再实践、再认识，这种形式，循环往复以至无穷"。② （3）辩证思维的基本原则和方法。辩证思维的基本原则是一切认识活动必须符合客观事物的本来面目。辩证思维的认识方法包括：归纳和演绎是人们认识过程中的两种基本形式；分析与综合是认识活动中比归纳和演绎更为深刻的认识方法；由抽象上升到具体的方法是辩证思维的基本方法；逻辑的和历史的统一的方法。（4）真理观。辩证唯物主义的真理观包括如下几个方面的基本观点：真理是对客观事物及其规

---

① 《列宁全集》（第38卷），人民出版社1959年版，第181页。
② 《毛泽东选集》（第1卷），人民出版社1991年版，第296页。

律的正确把握，其形式是主观的，其内容是客观的；真理与谬误是对立统一的；真理的绝对性与相对性是辩证统一的；任何真理总是具体的，都有其适用的条件和范围，抽象的真理是不存在的；实践是检验真理的唯一标准，这一标准是确定性与不确定性的统一。

辩证唯物主义的认识论为行政决策的非理性维度研究提供了基本的研究思路，对整个人类认识发展的阶段和过程作出了辩证的哲学概括，揭示了科学认识运动的普遍规律，发现了科学思维的逻辑规律。所以，辩证唯物主义的认识论为确立行政决策的非理性维度研究的基本原则、基本方法、基本框架提供了理论基础、哲学根据、基本思路。在行政决策的非理性维度研究过程中，应当始终坚持辩证唯物主义的认识论，在广泛占有材料的基础上，运用科学抽象法研究和揭示行政决策非理性的本质与规律。具体地说，就是要在充分占有材料的基础上，围绕"理性"、"非理性因素"、"非理性行为"等核心概念的运动进行判断和推理，在对旧概念的批判与改造、新概念的界定与论证中，建立起概念之间的有机联系；就是要在研究中强调综合与分析、归纳与演绎、逻辑与历史过程的辩证统一；就是要在研究中重视对立统一规律、质量互变规律、否定之否定规律对本研究课题的指导作用。

2. 实证主义的认识论

实证主义产生于19世纪上半叶的法国，后流行于英国，是开创现代西方科学主义思潮的重要哲学流派。奥古斯都·孔德（Auguete Comte）最早确立了实证主义的原则，是实证主义的创始人。他认为实证主义的"一切本质属性都概括在实证一词中"。① 孔德将"实证"这一概念解释为"实在"、"确实"、"有用"、"精确"等涵义，认为这些是人类智慧的"最高的属性"。孔德所推崇的实在、有用、精确的知识是关于经验范围之内的知识，是以观察到的事实为依据的知识。实证主义的认识论认为知识只是叙述事实，而不解释事实；只问是什么，而不问为什么、应该怎么样。因此，实证主义认识论所强调的是实证分析与规范分析的彻底分离，认为认识活动只对客观事物的本质及其发展规律作出客观分析。

实证分析与规范分析的区别，最初来源于大卫·休谟所提出的关于事实与

---

① ［法］孔德：《实证主义概论》，英文版（G. H. Bridges 译本），第 62 页，转引自马涛：《理性崇拜与缺憾——经济认识论批判》，上海社会科学院出版社 2000 年版，第 110 页。

价值二分的著名哲学命题。在其名著《人性论》中，休谟强调了事实与价值之间的本质区别，认为关于"是什么"的事实命题无法推导出关于"应该如何"的价值命题。他说："在我所遇到的每一个道德学体系中，我一向注意到，作者在一个时期中是照平常的推理方式进行的；确定了上帝的存在，或是对人事作了一番议论；可是突然之间，我却大吃一惊地发现，我所遇到的不是命题中经常遇到的'是'与'不是'等联系词，而是没有一个命题不是由一个'应该'或一个'不应该'联系起来的。这个变化虽是不知不觉的，却是有极其重大关系的。因为这个应该或不应该既然表示一种新的关系或肯定，所以就必须加以论述和说明；同时对于这种似乎完全不可思议的事，即这个新关系是如何能由另外一些完全不同的关系推出来的，也应当举出理由加以说明。……这样一点点的说明就会推翻一切通俗的道德学体系"。① 休谟对事实命题与价值命题的这一划分，成为了实证主义的思想源头。

运用科学的研究方法，采用标准化、数量化、精确化的研究工具来认识事物的本来面目毫无疑问是必要的。因此，实证主义的认识论在反对思辨唯心主义、提倡科学研究方法方面存在着合理之处。但是，试图在认识活动中去除价值判断的影响，试图纯粹借助实证分析来获得确实的知识，不仅是一种理论上的误区，而且是一种现实上的不可能。一方面，当人们以人类社会中的现象与活动作为认识对象时，不可避免地需要研究人类社会的各种客观存在于伦理标准、价值观之间的关系，不可避免地需要研究伦理标准、价值观对社会存在的反作用。所以，在社会科学的研究中必须涉及规范分析，才能够使相应的研究成果在事实与价值之间、现实与理想之间、必要性与可行性之间保持必要的张力。另一方面，认识活动的主体是人，人在认识活动中将会不可避免地运用一定的价值判断去看待、理解、诠释认识对象。所以，认识活动不可能脱离人，也就不可能脱离人类社会，更不可能脱离价值判断。

对实证主义认识论的批判与承继，为行政决策非理性维度研究明确了基本的致思取向。"政策科学或政策分析不仅是描述性的，而且也是规范性的"。②然而，直到20世纪80年代以前，在行政决策的研究中，不论是理性维度的研究，还是非理性维度的研究，由于深受实证主义的影响，规范分析是缺位的。

---

① ［英］休谟：《人性论》（下册），关文运译，商务印书馆1980年版，第509～510页。

② 陈振明：《政策科学》，中国人民大学出版社，1998年版，第478页。

例如，在 1951 年出版的《政策科学》中，拉斯韦尔（Harold Dwight Lasswell）与其合作者就宣称："政策科学的哲学基础是建立在理性实证主义之上。为追求政策的合理性，使用数学'公式'和'实证性'数据，坚持科学方法进行论证是必要的"。① 随着哲学认识论领域对实证主义的反思、检讨，人们不再将实证作为获取知识的唯一一致思取向。与此相适应，在行政决策研究中，人们亦逐渐重视规范分析的作用和意义，逐渐将价值评价引入这一研究领域。所以，在未来的对行政决策非理性维度的研究中，应当注意辩证地看待和分析实证主义的认识论，在通过实证分析手段获得行政决策非理性的"是什么"的实然状态的基础上，还应当注重坚持诠释的、批判的致思取向，在深入探索、诠释行政决策非理性"应该怎么样"的基础上，建构调适行政决策非理性的行动路径，在实然与应然之间构建关于"怎么办"的行动机制。

3. 非理性主义的认识论

非理性主义的认识论认为，理性的方式并不能有效认识生动、鲜活的外在世界。非理性主义者在贬损、否认理性认知能力的同时，便宣扬和阐述意志、本能、直觉、欲望等非理性精神因素的认知意义。他们认为只有通过神秘的直觉、潜在的本能、情绪的体验这类方式才能实现对客观实在的有效把握。正如现象学大师胡塞尔（E. Edmund Husserl）所说的，"就如同他听到一个声音那样直接的真实性的努力，这样他能直观'本质'—'声音'这个本质、'实物显象'这个本质、'幻象'这个本质，'描述的表象'这个本质、'判断'或'意志'这个本质"。② 显然，非理性主义颠倒了理性与非理性之间的相互关系，将意志、无意识、情绪体验、直觉等非理性因素的作用无限夸大，毫无疑问是错误的。但是，非理性主义认识论是人类认识发展史上的重要阶段性成果，是人类认识自我的主观世界和外在的客观世界的一种特殊思维形式，因而它对非理性精神现象和行为倾向的研究又包含着一些合理的东西。尤为难能可贵的是，非理性主义认识论揭示了非理性因素在认识过程中的重要作用，为人类认识途径的选择提供了除理性方法之外的另外一种可能。

所以，非理性主义的认识论为行政决策的非理性维度研究提供了重要的方

---

① 陈庆云：《公共政策分析》，中国经济出版社，1996 年版，第 70 页。

② ［德］胡塞尔：《哲学作为严格的科学》，吕祥译，载倪梁康选编《胡塞尔选集》（上册），上海三联书店 1997 年版，第 117 页。

法借鉴。在研究行政决策主体的非理性因素和非理性行为的过程中，不仅要研究直觉、灵感、经验、顿悟等非理性因素在行政决策中的作用，而且研究者自身也需要借助直觉的方法、灵感的方法、经验的方法、顿悟的方法来认识和把握行政决策中的非理性现象。这是因为，以上各种非理性方法能够弥补理性分析方法的不足。在许多难以运用精确的理性分析的场合，如现场访谈，就需要凭藉研究者的直觉与判断、智慧与经验，根据具体的研究情境，通过直观归纳来认识和把握研究对象的现实状态。

2.3 心理学与行政决策的非理性维度研究

心理学是研究人类的心理现象及其规律的科学，而行政决策的非理性维度研究致力于探索行政决策中非理性因素、非理性行为的发展规律，所以心理学的研究成果必然对本书的研究大有裨益。进一步说，行政决策的非理性维度研究是心理学的研究在行政决策领域的具体化，是行政决策学的研究与心理学的研究交叉、渗透、融合的必然结果。所以，有必要在科学认识心理学的学科内涵的基础上，分析现代心理学的各个流派的研究成果对行政决策非理性维度研究的理论贡献和启示意义，从而为后续的研究提供重要的方法借鉴和观点参考。

2.3.1 心理学的学科内涵

人类对于自身精神现象的探索可谓源远流长，可以上溯到古希腊时期。在供奉着阿波罗神的德尔菲神殿上，古希腊人用信仰的形式明确地表达了"认识你自己"的价值诉求。然而，心理学从哲学中分离出来成为一门独立的科学，还是 19 世纪 70 年代的事。心理学，这一既古老又年轻的学科门类，具有自身独特的学科内涵。

1. 心理学的研究对象

心理学的研究对象是人的心理现象及其活动规律。恩格斯曾经将心理现象称颂为"物质世界的最高精华——思维着的精神"。[①] 人的心理现象是宇宙间最为复杂、最为生动的现象之一。在心理学的研究中，人们一般将复杂的心理

---

① 《马克思恩格斯选集》（第 4 卷），人民出版社 1995 年版，第 279 页。

现象概括为心理过程和个性心理两个方面。

心理过程是心理活动的基本形式，也是心理活动表现的主要方面。按照性质与形态的不同，在研究中又将心理过程划分为认知过程、情感过程、意志过程。认知过程是主体对客观事物的现象和本质进行反映时的心理活动过程。情感过程是主体基于客观事物的内在属性与主体需要之间的关系而产生的精神体验。意志过程是主体自觉地确立目的、支配行动，从而克服困难实现预定目标的心理过程。以上三个心理过程并不是孤立的，而是相互联系、相互制约、相互渗透的。一方面，认知是情感和意志的基础，而强烈的情感和坚强的意志又对认知活动具有重要影响。另一方面，情感和意志之间也是相互影响的，任何意志活动的展开总是需要一定的情感倾向作为心理支撑，而情感活动的延续与巩固又离不开意志活动的努力。

个性心理是指："个体在社会关系中形成的带有倾向性的、本质的和稳定的心理特征的总和"。① 个性心理是个体社会化的心理凝结物，集中表现为能力、气质、性格等方面的特征，反映着个体与个体之间在整个精神面貌上的差异。个性心理的核心是个性意识的倾向性，如需要、动机、兴趣、理想、信念、世界观等心理因素，它制约着人的认识和活动对象的趋向性和选择性。

2. 心理学的学科性质

心理学是一门既有自然科学性质又有社会科学性质的边缘学科。心理学的这一学科性质是由它的研究对象的性质和特点决定的。心理学研究的是人的心理现象，心理现象的产生离不开两个方面的条件。一方面，心理现象的产生离不开它的物质载体——人脑，而人脑的解剖结构、生理机制都具有生命的自然属性。另一方面，心理现象的产生离不开一定的社会情境，因而心理现象必然具备一定的社会属性。所以，将心理学简单地归结为自然科学或社会科学都是不对的。现代心理学处于社会科学与自然科学的结合点上，是一门介于它们之间的边缘性学科。

3. 心理学的学科结构

现代心理学的学科结构是比较庞杂的。从总体来说，可以划分为基本理论和学科应用两大部分。在基本理论研究中，心理学包括学科基本原理、学科史等方面的内容。而心理学的基本理论与特定的社会实践领域相结合，又形成了

---

① 车文博：《心理学原理》，黑龙江人民出版社1986年版，第4页。

许多具有实际应用价值的分支学科。这些分支学科中，对行政决策非理性维度研究影响最大、贡献最多的当属决策心理学和政治心理学。决策心理学是研究"心理现象及其规律在决策过程中的作用和影响机制的科学"。① 决策心理学为行政决策的非理性维度研究提供了很好的研究基础。甚至可以说，行政决策的非理性维度研究就是决策心理学的相关成果和方法在公共行政领域的具体化运用。政治心理学强调"从心理学的角度探讨个人的心理因素与政治行为的关系"。② 政治心理学对政治活动、公共行政活动过程中的各种心理因素，如态度、人格、信念、情感，都进行了深入的分析和探讨，并取得了丰硕的研究成果。通过借鉴这些成果，有利于探索行政决策非理性与其他决策领域中的非理性相区别的特殊性，实现研究语境的转换。

4. 心理学的研究方法

心理学的研究方法体系是十分丰富的，包括实验法、观察法、调查法、测验法、模拟法等方面的内容。这些研究方法都能适用于行政决策的非理性维度的研究，但对这一研究领域影响最大的首推实验法。实验法是人为地创造和控制条件，主动引起或改变被试的某种心理状态，进行有计划、有目的科学研究的方法。实验法可分实验室实验法和自然实验法两种，前者是严格控制条件在实验室中借助各种仪器设备对各种心理活动进行研究的方法，后者是在日常生活中，在正常的环境条件下，通过适当控制条件来研究被试的心理活动的方法。自然实验法由于把实验研究和日常活动密切结合起来，其所获得的结果也比较切合实际情况，因而获得了较为广阔的运用。例如，埃尔斯伯格（Ellsberg, D.）在1961年设计、操作的发现埃尔斯伯格悖论（Ellsberg Paradocx）的实验，就属于典型的自然实验。

2.3.2　现代心理学各流派对行政决策非理性维度研究的理论贡献

自心理学从哲学中分离出来成为一门独立的学科以来，西方心理学界出现了许多观点不同的学派。不同的学派在心理学的对象、任务、方法等基本理论

① 庄锦英：《决策心理学》，上海教育出版社2006年版，第5~6页。
② 张小乔：《普通心理学应用教程》，中国人民大学出版社1989年版，第14页。

上展开了激烈的争论。尽管目前有的学派已经解体或正走向衰亡，但如果辩证地看待这些学派的思想和方法，就会发现它们中间总是蕴含着一定的科学见地，能够为行政决策的非理性维度研究提供丰富的思想资源和方法指导。

1. 构造主义

构造主义心理学是在 19 世纪末期产生于德国而又发展于美国的心理学派别，其代表人物是冯特（W. Wandt）和他的学生铁欣纳（E. B. Titchener）。构造主义心理学认为心理活动最后可以分解为心理元素，通过对意识经验的分析，复杂的心理现象可以分解为各个单元。构造主义心理学所强调的研究人类心理活动的方法是分析方法。这一方法将整体分解为部分，将复杂的事物分解为简单的要素，将完整的运动过程分解为组成它的各个环节，分别加以考察、研究，因而极大地推动了心理学研究进程。正如恩格斯对分析法所作出的高度评价："自然界之分解为它的个别部分，各种自然过程和自然事物之分成一定的门类，按其各种解剖形态来研究有机体内部构造，所以这些都是最近四百年来对自然的认识大踏步向前的基本条件"。① 如同一枚硬币的两面，构造主义心理学也有其不足之处，即将分析的方法予以绝对化，忽视了分析法自身的局限性和综合方法的运用。为了获得对于复杂事物的整体认识，在对其部分、环节、方面实现有效分析的基础上，还必须运用综合方法，进一步认识构成整体的各个部分、环节、方面之间的相互联系与制约关系。所以，在分析基础上进行综合是十分必要的，经过综合方能使我们获得对认识对象的较为全面的把握。

综上所述，构造主义心理学的研究思路尽管受到当时社会历史条件的限制，在研究人类心理现象时陷入了误区，但总体上对于行政决策的非理性维度研究无疑具有重要的启示意义：第一，由于行政决策非理性的复杂性，研究者应当将其视为不同部分组成的心理复合体。第二，为了推进这一研究，有必要将整个行政决策非理性分解为个别的非理性因素、非理性行为，分别加以考察、研究，从而加深对各种非理性因素、非理性行为的认识。第三，为形成对行政决策非理性的整体性认识，必须采用综合的方法，将分析阶段所获得的知识元素加以梳理、归纳、联结。

---

① ［英］恩格斯：《反杜林论》，吴黎平译，人民出版社 1956 年版，第 19 页。

2. 行为主义

行为主义是 20 世纪初叶产生于美国的一个重要心理学派别。从 20 世纪初直至 50 年代，它一直统治着美国心理学界，并对世界各国心理学的发展具有深远的影响。行为主义心理学始终坚持如下三个紧密相关的基本观点：（1）心理现象是不可以被认识的。传统心理学将意识作为心理学研究的对象，将"内省"作为研究心理的基本方法。而行为主义则认为，人从来没有接触、观察过意识，所以我们应该怀疑意识的存在，因而没有必要去研究意识；即使意识是存在的，仅凭内省法加以研究，所取得的结果必然是毫无意义的。所以，行为主义心理学带有明显的不可知论的色彩，认为意识等人类心理现象是不可以被认识的。（2）心理学的研究对象是人类的行为。由于意识是不可知的，行为主义心理学将研究对象作出了重要调整，即以可以直接接触和观察的行为代替了不可知的意识。（3）因果决定论。行为主义心理学继承了巴普洛夫的条件反射论，将人的行为视作完全由外界刺激所引起的必然反映，并认为人的行为反应与外部刺激之间存在着确定的函数关系。

意识等心理现象，虽然不可以直接接触和观察，但并不是不可认识的。借助于现代科学所提供的工具和手段，包括物质工具和思维工具，人类是能够了解、认识、把握各种心理现象的。所以，行为主义心理学完全取消对人类心理现象的内在机制的研究是错误的。另外，行为主义的因果观带有机械决定论的色彩，并没有能够看到人类精神现象的复杂性、刺激与反应之间因果联系的多样性。在行政决策非理性维度研究过程中，应当批判性地吸收行为主义心理学的理论成果，不仅研究可以直接观察、感知的各种非理性行为，而且研究不能直接观察、需要借助逻辑分析的各种非理性因素，在二者的对立统一中获得对行政决策非理性的整体把握。

3. 格式塔学派

"格式塔"是"Gestalt"的音译，其含义为"完形结构"或"整个形体"。所以，格式塔派心理学又被称为完形心理学。它是 20 世纪初在德国出现的反对冯特构造主义的一个心理学派别。他们反对冯特只强调分析而忽视整体，认为心理现象是一个整体，整体决定了其中的各个部分。格式塔学派强调整体、强调综合，并不意味着他们忽视部分、忽视分析。他们认为，对于部分的分析应当从有意义的整体出发来理解受制于整体的部分，应当从一开始就把研究对象看成是一个有意义的整体，从整体出发去分析各个部分的地位与作用。正如格式塔学派的一句名言所揭示的："整体总比各部分相加还要多"，他们的这一整体思想已经具有了一些"系统论"思想的萌芽。从这一整体思想和观念出发，格式塔学派借用物理学的"场"（field）理论，提出了诸如"心理场"、"行为场"、"心理物理场"、"环境场"等新概念，用"场"来解释神经系统的组织作用，以"场组织作用"和整体性概念来解释各种心理现象和心理过程。

格式塔学派的研究方法和研究成果对行政决策的非理性维度研究具有重要的启示意义。一方面，从研究方法上来看，行政决策的非理性维度研究同样需要始终坚持整体性的研究思路。应当在行政决策环境中的行政决策主体、行政决策主体精神世界中的非理性因素、行政决策主体非理性精神世界中的某一具体精神因素等整体性的框架和视角下来思考、理解、分析各种非理性因素和非理性行为。另一方面，从研究成果上来看，格式塔学派的许多研究成果，如场域理论、拓扑心理学、群体动力学等，对于行政决策的非理性维度研究同样具有重要的借鉴价值。仅以场域理论为例，要探寻行政决策非理性区别于其他决策领域非理性的特殊性，实际上就是要深入到具体的行政决策心理场中，分析各种客观条件、心理效应对于行政决策主体的非理性因素与非理性行为的活动状态的影响。

4. 精神分析学派

精神分析学派是西方心理学发展史上具有重大影响的心理学派别，其创始人是著名的心理病理学家、精神分析学家弗洛伊德（S. Freud）。由弗洛伊德所创立的精神分析学派是在治疗精神病人的实践中发展起来的，它的目的是治疗精神失常的人，其研究对象是传统心理学所忽视的无意识、本能、梦境、冲动等神秘领域，其研究方法是临床观察。弗洛伊德从生物决定论的观点出发来解释复杂的社会现象，特别是他的泛性论观点的绝对性和片面性，使他饱受各方人士的诟病。到了20世纪40年代，在美国又出现了新精神分析学派。他们继承了弗洛伊德理论中关于潜意识、情绪、压抑、精神决定论等精神分析的概念和方法，但修正了弗洛伊德关于生物决定论、泛性论的错误观点，十分重视社会文化因素对人的心理状态的影响，将生物本能性置于附属地位。

辩证地看待精神分析学派的研究成果，这一心理学的重要派别关于无意识的研究对本研究具有重要的启示意义。在弗洛伊德那里，无意识是各种得不到满足的而被压抑的个人原始冲动、欲望和本能，并认为无意识对人的精神生活

具有重大的影响。弗洛伊德的这一思想，后来被新精神分析学派心理学家荣格
（C. G. Jung）、弗洛姆（Erich Fromm）分别加以创造性地发展为群体无意识理
论和社会无意识理论，用以解释群体层面的、社会层面的无意识现象。精神分
析学派关于无意识研究的这些成果，不仅提供了研究行政决策过程中直觉、本
能、无意识等非理性因素的理论依据，而且启示着有志于研究行政决策非理性
的研究者，不应当仅仅将研究的视野局限于微观的、单个的行政决策主体的非
理性因素、非理性行为，而应当将视域拓展为决策群体的心理氛围、决策文化
的价值观念对单个的决策主体的影响上。

5. 现代认知心理学

1967 年，奈瑟（U. Neisser）出版认知心理学一书，全面提出了认知心理
学的基本理论，标志着认知心理学的正式诞生。现代认知心理学的产生是以行
为主义心理学的衰落为背景，受信息论、语言学、计算机科学发展的推动而发
生的，是心理学研究的"第二次革命"。① 按照奈瑟的理解，认知过程就是
"感觉的输入受到转化、简约、加工、储存、提取和使用的全部过程"。② 所
以，认知心理学就是研究感觉转化为意识的信息加工过程。认知心理学认为，
人的行为主要取决于人的认识活动过程及其结果。它反对行为主义心理学只研
究外显行为而不研究内在心理过程的观点和作法，并采用了一系列开创性的、
富有成效的研究方法来揭示各种心理现象和因素的活动规律。行政决策过程，
是主体在特定的行政决策环境中实施的偏好构建与判断选择过程③，也是是主
体对各种决策信息予以转换、加工、储存、提取、使用的认知心理活动过程。
在认知心理学看来，行政决策主体精神世界中的非理性因素无非是对于主体的
认知活动具有重要制约作用的"非认知因素"④，而行政决策过程中发生的各
种非理性行为则被视为是主体在信息加工过程中所发生的各种认知偏差。现代
认知心理学的许多研究领域的最新成果，如前景理论，对行政决策非理性维度
研究具有极大的指导意义，本书将在后文中专题论述。就思想方法而言，现代
认知心理学对本文研究的启示意义主要体现在如下两个方面。

---

① 心理学的第一次革命是指行为主义心理学的勃兴。

② U. Neisser. Cognitive Psychology ［M］. New York ： Appleton – Century – Crofts， 1967： 135.

③ 颜佳华、苏曦凌：《非理性因素影响行政决策的作用机制分析——以理性因素与非理性因素的
功能耦合为视角》，《中国行政管理》2010 年第 4 期。

④ 朱宝荣：《心理哲学》，复旦大学出版社 2005 年版，第 200 页。

（1）将人与计算机作类比来认识行政决策非理性，是一种在一定范围内行之有效的研究思路。现代认知心理学将人视为信息加工的生命机体，其工作原则与计算机相同，因而认为把人脑同计算机作类比是完全可能的。现代认知心理学借助于信息技术的发展，看到了人的认知过程同计算机的信息加工过程存在着相似性，并试图通过二者的类比来探究人类认知机制的基本规律，是一种研究方法上的重大突破，并取得了显著的研究成果。然而，应当指出的是，任何类比都是有条件的，总是在一定的环境条件下的类比，倘若完全撇开这些条件，就会将类比的对象从具体的、现实的系统中抽象出来，从而使得二者不具备可比性。同样地，在行政决策非理性维度研究的过程中，应当在承认行政决策主体与计算机之间能作有限类比的前提下，充分注意到非理性因素、非理性行为的整体性、复杂性、相关性，注重类比的局限性，仔细甄别、考量、界定人机类比的适用范围。

（2）将输入与输出的信息作对比分析，是认识行政决策非理性的重要途径。现代认知心理学十分强调将信息的输入与输出联系起来进行推理，从而认识人类信息加工过程的内部机制。现代认知心理学是将输入人脑中的信息与人脑中输出的信息加以对照，并将这一对照结果结合逻辑分析手段，就能获得对不能直接观察的各种心理活动的合理解释。认知心理学的这一思想方法对于行政决策非理性维度研究具有重要的启示意义。在对行政决策中的各种非理性因素进行研究的过程中，由于这些因素是不可以直接观察和接触的，因此可以在作出某些合理假定的前提下，通过观察行政决策主体的外在非理性行为表现来推测非理性因素的内在运作机制。

2.4　前景理论与行政决策的非理性维度研究

1979 年，卡尼曼（Kahneman D）和特沃斯基（Tversky）发表了《前景理论：风险条件下的决策分析》一文。在该文中，他们针对传统理论中的理性选择与现实相背离的现状，提出了与传统的期望效用理论存在巨大差异的"前景理论"[1]（prospect theory），描述了人们在面临不确定性时的决策行为特

---

[1]　Kahnerman D, Tversky A. Prospect Theory: An Analysis of Decision under Risk ［J］. Econometrica, 1979（47）: 263～292.

征。此文的发表，标志着心理学的研究成果与决策学、经济学的研究日益紧密，标志着人类对于一般决策领域的非理性因素、非理性行为的探讨取得了重大进展。

2.4.1　前景理论的产生背景

长期以来，作为现代微观经济理论的基石，由冯·诺依曼（Von Neumann）和摩根斯坦（Morgenstern）所提出的预期效用理论[①]（expected utility theory）一直是人们用于分析决策行为的基本依据。然而，自 20 世纪 50 年代开始，这一理论假设的适用性受到了广泛质疑，人们在研究中发现了阿莱斯悖论、埃尔斯伯格悖论、偏好逆转等违反期望效用理论的现象。前景理论就是在探索和解释这些悖论的过程中产生的。

1. 预期效用理论的内涵

预期效用理论是冯·诺依曼和摩根斯坦在伯努利（Daniel Bernoulli）效用理论的基础上提出的。预期效用理论假设，每个决策者都有一个效用函数，效用函数以决策行为可能产生的行为结果为自变量。每个自变量对应一个可能的取值（x_1，x_2，x_3，……，x_n）。假设现有方案 A 或方案 B 供决策者选择。方案 A 会使自变量 x_i 以 p_i 的概率出现，而方案 B 则会使自变量 x_i 以 q_i 的概率出现。当且仅当行为 A 所导致的效用函数之期望值大于行为 B 所带来的期望值时，即 E（A）>E（B）时，理性的决策者会选择 A 方案而放弃 B 方案，其数学表达式为：

$$\sum p_i u（x_i）> \sum q_i u（x_i）$$

2. 阿莱斯悖论

20 世纪 50 年代初期，后来于 1988 年获得诺贝尔经济学奖的法国经济学家阿莱斯首先指出预期效用理论对许多情况下的风险决策并不适用，同时他还建立了有名的"阿莱斯悖论"（allais paradox）[②]。在实验中，阿莱斯构建了两组可供决策者选择的问题，见表 2 – 1。

————————

　　① 　Von Neumann J, Morgenstern O. Theories of Games and Economic Behavior. Priceton NJ: Priceton University press, 1944.

　　② 　Allais, M. The Behavior of Rational Man in Risk Situtions: A Critique of the Axioms and Postulates of the American School. Econometrica, 1953 (21): 503~546.

表 2 - 1　阿莱斯实验的情境:

问题一：请在方案 A 或 B 中作出选择	问题二：请在方案 C 或 D 中作出选择
A：肯定获得 100 万法郎 B：10% 的概率获得 500 万法郎，89% 的概率获得 100 万法郎，1% 的概率什么也得不到。	C：11% 的概率获得 100 万，89% 的概率什么也得不到。 D：10% 的概率获得 500 万，90% 的概率什么也得不到。

实验结果显示，在面对问题一时，多数人选择 A 方案；在面对问题二时，多数人选择 D 方案。

由于在面对问题一时，决策主体倾向于选择 A 方案，由预期效用理论可知：

u （1 000 000） >0.1u （5 000 000） + 0.89u （1 000 000） + 0.01u （0）

将上式简化可得：0.11u （1 000 000） >0.1u （5 000 000） ①

由于在面对问题 2 时，决策主体倾向于选择 D 方案，由预期效用理论可知：

0.1u （5 000 000） + 0.9u （0） >0.11u （1 000 000） + 0.89u （0）

将上式简化可得：0.1u （5 000 000） >0.11u （1 000 000） ②

显然①与②是截然相反、无法共存的结论，这就使得预期效用理论陷入了无法自圆其说的理论困境。事实上，阿莱斯实验中的第二组问题仅仅只是第一组问题的变体，将方案 A 与 B 中的预期效用分别减去一个"89% 的概率获得 100 万法郎"即分别演变成方案 C 与 D，即 E （A） － 0.89u （1 000 000） = E （C）；E （B） － 0.89u （1 000 000） = E （D）。阿莱斯悖论所提出的问题是，既然在两个方案之间作出选择应当是取决于二者之间的差异部分而不是共同部分，既然两个方案所具有的共同因素不应当影响方案的选择，但为什么理性的决策者在面对问题 2 时倾向于选择方案 D 而不是方案 C 呢？

3. 埃尔斯伯格悖论

1961 年，埃尔斯伯格 （Ellsberg，D. ） 通过操作由他本人设计的实验，发现了与期望效用理论中对概率的线性假设相违背的现象，这一现象被称为"埃尔斯伯格悖论" （ellsberg paradox）[1]。埃尔斯伯格悖论的具体情况是这样

---

① Ellsberg, D. Risk, Ambiguity and the Savage Axioms. Quarterly Journal of Economics, 1961 （75）：643 ~ 669.

的：假设缸里有90个球，30个是红色，剩下的是黑色或者黄色，并不知道黑球与黄球之间的比例关系。现在从缸中抽取一个球，球的颜色决定了你的收益。见表2-2和表2-3。

表2-2　埃尔斯伯格悖论的第一种选择情境

赢得	30个红球	60个球	
	红色	黑色	黄色
A：一个红球	100美元	0美元	0美元
B：一个黑球	0美元	100美元	0美元

表2-3　埃尔斯伯格悖论的第二种选择情境

赢得	30个红球	60个球	
	红色	黑色	黄色
A：一个红球或黄球	100美元	0美元	100美元
B：一个黑球或黄球	0美元	100美元	100美元

在第一种选择情境中，对于方案A，若被试摸出红球，将得到100美元，而若摸到黑球或者黄球则什么也得不到；对于方案B，若被试摸出黑球将会得到100美元，摸出红球或黄球则什么也得不到。在第二种情境中，对于方案A，若被试摸出红球或黄球将得到100美元，若摸出黑球则什么也得不到；对于方案B，若被试摸出黑球或者黄球将得到100美元，若摸出红球则什么也得不到。

实验研究结果表明，在第一种选择情境中，为了避免黑球与黄球比例关系的不确定性，大多数人会选择方案A；在第二种选择情境中，大多数人会选择方案B，即在黑球和黄球上下注。事实上，两种选择情境的唯一差别就是黄球的不同收益，第一种情境为0美元，第二种情境为100美元。在两种选择情境中，黄球的收益都是一样的，应该说黄球不会影响决策选择，但人们却在两种情境中作出了不同的选择。

4. 偏好逆转

心理学家利奇滕斯坦（Lichtenstein, S.）和斯洛维克（Slovic, P.）在1971年时发现，决策者的偏好会随着问题情境的变化而变化，他们将这一现象称为"偏好逆转"（preference reversals）①。通过实验，他们发现在期望值大体相等但获益概率和金额不等的一对博弈中，当要求人们从中作出选择时，多数人往往偏好获益概率高而损益值较小的方案；当要求人们为这对博弈中的两个选项分别进行定价时，多数人会对获益概率低但损益值大的方案定出较高的价格。这也就是说，人们在选择活动与定价活动中表现出了偏好不一致的现象。根据预期效用理论，理性的决策者的偏好具有一致性，即他们的偏好具有明确的高低位阶和先后顺序，而且这种位阶与顺序不会受其他影响而改变。利奇滕斯坦和斯洛维克所发现的偏好逆转现象是明显地与预期效用理论相悖离的。

2.4.2　前景理论的基本内容

阿莱斯悖论、埃尔斯伯格悖论、偏好逆转等现象的发现，促使研究者逐步认识到期望效用理论的理论缺陷，研究者们迫切需要构建一种全新的理论体系来替代期望效用理论。在这样的背景下，前景理论便应运而生了。依据认知心理学的思想方法，前景理论将决策主体对决策信息的认知过程划分为编辑阶段（editing phase）和评价阶段（evaluation phase）。在编辑阶段，决策主体的任务主要是对各类决策信息实施编码、化简、归并、分解等加工处理。在评价阶段，决策主体的任务主要是依据价值函数、权重函数赋予备选方案以不同的效用值，最终选择具有最大期望效用值的备选方案。

1. 编辑决策信息

在决策信息的编辑阶段，决策主体凭借"框架"和"参照点"来收集、加工有关决策信息。所谓"框架"（frame），就是决策主体对输入头脑中的决策信息的表征形式。对于同样的决策信息可以有多种表征形式，而不同的表征形式就会产生不同的决策方案。卡尼曼与其合作者通过操作著名的"亚洲病"实验，清晰地确证了决策主体的认知框架对于其决策活动的影响。"参照点"（reference points）是决策主体用以判断、分析决策信息的基本立足点，是决策主体表征信息、形成获益或损失的认知框架、作出决策的重要依据。决策主体只有依据一定的参照点方能形成相应的决策框架。在一般情况下，决策主体往往是将自己的现状作为参照点，编辑决策信息，形成决策框架。

① Lichtenstein, S. & Slovic, P. Reversals of Preference between Bids and Choices in Gambling Decisions. Journal of Experimental Psychology, 1971 (89): 46~55.

2. 评价决策信息

在完成对决策信息的编辑处理之后，决策主体对于决策信息的认知便进入了评价阶段。前景理论认为，决策主体对信息价值的评判依赖于价值函数与权重函数。

（1）价值函数

前景理论用价值函数来取代传统的预期效用函数来表示效用的概念，二者之间的区别在于价值函数不再是财富的函数，而是收益或损失的函数。价值函数的计算公式如下：

$V = \sum \pi (p_i) u_i (x)$

其中，V 为决策者主观感受的价值，与参照点有关，π 为决策权重，p 为主观概率。自然的参照点为决策主体的现状，可设定为坐标原点。当某一决策方案使得决策主体获益时，即 X > 0；当某一决策方案使得决策主体蒙受损失时，即 X < 0。价值函数的函数图形如图 3 - 1 所示。

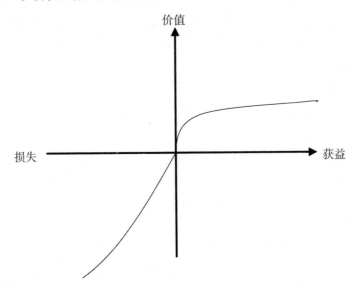

图 2 - 1　前景理论的价值函数曲线

资料来源：Kahneman D, Tversky A. Prospect Theory: An Analysis of Decision under Risk. Econometrica, 1979, 47 (2): 263 ~ 291.

价值函数曲线"是一条经验曲线，而不是由具体的数值计算得来的"。①这一函数曲线具有如下两个方面的特点：其一，价值函数曲线在获益区间呈凸形，在损失区间呈凹形；其二，价值函数曲线在获益区间较为平缓，在损失区间则较为陡峭。价值函数曲线以一种较为直观的形式反映了卡尼曼所主张的价值函数的基本原理："大多数人在面临'收益'时是'风险规避'的；大多数人在面临'亏损'时是'风险偏爱'的；'收益'和'亏损'是相对于'参考点'而言的，比起'收益'来，人们对'损失'的感知会更为敏感。"②

（2）权重函数

与传统的预期效用理论对效用函数用概率加权不同，前景理论对概率 P 定义了一个非线性的"权重函数"π（p）。虽然权重函数同价值函数一样并没有给出精确的函数计算、推理和描述，但我们却可以从函数曲线的图形中（如图 3 - 2）认识人们在赋予事件的权重时的一些非理性行为特征，即高估小概率事件，低估大、中概率事件，忽视例行发生的事件。

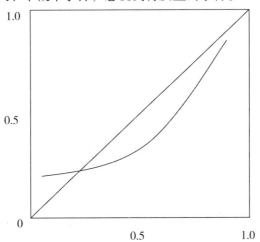

图 2 - 2　前景理论的决策权重函数曲线

资料来源：Kahneman D, Tversky A. Prospect Theory: An Analysis of Decision under Risk. Econometrica, 1979, 47（2）: 263~291.

---

① 庄锦英：《决策心理学》，上海教育出版社 2006 年版，第 74 页。
② 孙绍荣、宗利永、鲁虹：《理性行为与非理性行为——从诺贝尔经济学奖获奖理论看行为管理研究的进展》，上海财经大学出版社 2007 年版，第 195 页。

2.4.3 前景理论在决策分析中的应用前景

相对于预期效用理论而言，前景理论是一个巨大的进步。预期效用理论是基于全面理性的人性假设而展开的，但现实中的决策主体并不能完全符合这一假定，而是介于完全理性与无理性之间的、既具有理性的逻辑思维能力又具有非理性精神因素的有限理性人。正是由于这一理论预设的缺陷导致了预期效用理论与决策现实之间存在着巨大的缺陷。所以，预期效用理论只是一种用于指导决策主体"应当如何做"的规范性理论，而不是一种用于描述决策主体"实际如何做"的描述性理论，理想与现实之间的鸿沟在预期效用理论中是无法逾越的。相对于预期效用理论而言，前景理论有着本质的突破。它具有强烈的现实取向，始终关注现实的决策行为，关注现实中决策主体的心理行为特征，并努力深究决策主体各种行为背后的深刻原因。因此，前景理论能够很好地解释和预测现实中的决策行为。卡尼曼等人的研究展示了对决策活动中的非理性因素与非理性行为研究的广阔前景，深刻地表明决策活动中的非理性现象是可以被识别、被预测的，从而为许多与决策活动紧密相关的研究领域指明了未来努力的方向。

在行政决策研究中应用前景理论，必须回答紧密相关的两个问题：其一，前景理论适用于行政决策的分析和研究吗？其二，假如前一个问题所获得的回答是肯定的，为了促进前景理论在行政决策领域的进一步发展，应该如何运用这一理论？首先来看第一个问题。应当看到的是，前景理论所面临的问题情境是人类经济生活领域的决策问题，而前景理论能否解释行政活动领域的决策问题尚未得到很好的确证。所以，在本文的研究中，笔者将尝试性地运用实验研究的方式，来测试前景理论针对行政决策领域的适用情况。如果经过实验，证明了前景理论是可以用于行政决策分析的，那么接下来的问题就是应该如何运用这一重要研究工具的问题。在这里，就有两个值得注意的方面：一方面，前景理论是用于分析可以量化的决策问题的，而行政决策领域的很多问题是无法量化的。因此，在运用前景理论来分析行政决策非理性时，必须清晰地界定这一理论所适用的问题情境。一方面，前景理论描述了决策活动中的非理性现象，却没有为人们指出纠正和克服这些非理性现象的行动策略。所以，合理地调适这些非理性现象，实现理性与非理性之间的功能耦合，是行政决策非理性维度研究的一个重要的努力方向。

2.5　本章小结

　　本章的基本任务，是确立和分析本研究的逻辑起点，梳理、归纳哲学认识论、心理学、前景理论中的相关研究成果，为全文的研究构筑坚实的理论基础。通过对全面理性行政决策模式的批判与反思，揭示了行政决策过程中理性与非理性之间的不可分割性，彰显了本文研究的必要性，因而构成了行政决策非理性维度研究的逻辑起点。哲学认识论对行政决策非理性维度研究的影响十分深远，认识论的流变确认了行政决策非理性维度研究的必要性，认识论的成果论证了行政决策非理性维度研究的可行性。构造主义、格式塔学派、精神分析学派、行为主义、现代认知心理学等现代心理学的各学派中分别蕴含着一定的科学思想和方法，能够为行政决策的非理性维度研究提供丰富的思想资源和重要的方法指导。在运用前景理论分析行政决策过程时，应当在深刻分析这一理论的提出背景和主要观点的基础上，研究这一理论在行政决策领域的适用性。

第 3 章

行政决策主体的非理性因素分析

"人们仔细地考察文明社会的历史，不能不感到心理上的平衡十分必要，而其中的首要任务就是如何使心理过程在社会中更有效地发挥作用。社会的日益复杂及所需技术的日益精巧，显然使严谨的推理能力越来越具有必要性，但是从上层结构来讲，必须更好地应用非逻辑的心理过程来支持严谨的推理能力"。① 在这里，巴纳德所说的"非逻辑的心理过程"即是主体精神世界中的非理性因素，而"严谨的推理能力"则是指主体的理性因素。本章的基本任务，是界定非理性因素的本质属性和基本范畴，通过分析其自组织作用来描述其复杂的存在形态，通过分析"非逻辑的心理过程"与"严谨的推理能力"之间不同的关系形态，来研究非理性因素的功能形态。

3.1 非理性因素的概念界定

"概念是反映对象特有的本质属性的思维形式"。② 概念这一思维形式，由于摆脱了感觉、知觉、表象等感性认识形式同认识对象的具体形象的联系，由于摆脱了这些感性认识形式同认识对象的个别属性的联系，因而具有抽象性、普遍性的特征。概念是构成科学理论的基本环节，科学理论是概念运动的逻辑体系。因此，恩格斯说："没有种的概念，整个科学就没有了。科学的一切部门都需要种的概念作为基础"。③ "非理性因素"是一个在当代哲学、心理学、经济学、行政学领域被广泛使用的基本概念。所以，为了推进行政决策的非理

① ［美］切斯特·I. 巴纳德：《经理人员的职能》，王永贵译，机械工业出版社 2007 年版，第217 页。
② 孙正聿：《属人的世界》，吉林人民出版社 2007 年版，第 225 页。
③ 《马克思恩格斯全集》（第 20 卷），人民出版社 1971 年版，第 563 页。

性维度的研究，必须在对"非理性因素"这一概念予以多视角、全景式把握的基础上，对其内涵和外延予以严格、清晰的界定。

3.1.1　认识非理性因素的基本视角

非理性因素是人类精神世界中所具有的、与理性因素相区别的各种精神要素的总和。因此要认识非理性因素，就必须对理性因素这一概念作一番梳理和概括。纵观人类思想流变与发展的历史长河，人们对于理性因素的理解无非是具有认识论、意识论和人性论三个层面上的含义。[①] 在认识论层面上，理性因素指人们认识事物本质和规律的思维形式和思维能力；在意识论层面上，理性因素指人的由意识支配的一切主观的心理活动；在人性论层面上，理性因素是指人区别于动物的理智的、合理的、合逻辑的能力和属性。因此，理性因素就是指受人的目的和意志所支配，并按照一定的逻辑规则和逻辑程序运作的人的认知能力、认知形式、精神活动以及精神属性的统称。与理性因素相对应，在不同的观察视角下，非理性因素亦展现出了不同的面相、特征、风貌。从认识论视角看来，非理性因素是与理性不同的认识能力和认识形式。从人性论的视角看来，非理性因素是人所特有的精神现象。从意识论的视角看来，非理性因素是人的意识的重要组成部分，是没有被自我意识到的意识。

1. 认识论视角审视下的非理性因素

如前所述，认识论是关于人类认识能力与认识方法的理论体系。在一切人类认识活动中，人之所以能够认识和揭示事物的本质与发展规律，不仅在于人类具有理性的逻辑思维，而且在于人的认识活动具有各种非理性因素的参与。所以，以认识论的视角来审视，非理性因素既是认识主体理解和把握认识对象的不可或缺的认识能力，又是一种重要的认识形式。

非理性因素是主体认识事物的能力要件，是主体认识能力的能动性之重要体现。在长期的认识活动中，认识主体必然会形成关于认识对象的某一方面、某一阶段的特征、属性与功能的认识。这些认识将以心理片段的形式在主体的积淀下来，并不断累积，最终形成直觉、认知图式、情感等非理性因素。这些非理性因素以感性经验的形式，为主体获得对认识对象的本质性、规律性认识提供必要的借鉴，是主体看待认识对象的基本思维框架，因而是主体认识事物

---

① 颜佳华、苏曦凌：《行政理性论》，载于《湘潭大学学报（哲学社会科学版）》2010 年第 5 期。

的不可或缺的主观能力条件。同时，直觉、灵感、顿悟等非理性因素具有直观性、整体性、简捷性的特点与优势，有利于认识主体"利用最低限度的时间、知识和运算能力作出现实环境中的适应性选择"①，充分体现了主体认识能力的能动性。

非理性因素不仅是一种认识能力，而且是一种与理性思考相区别的认识形式。在认识事物过程中，主体所运用的不仅有理性的思考，而且有直觉、灵感、顿悟、直观等非理性的思维形式。非理性认识形式与理性思考的区别主要体现为如下几个方面：首先，理性思考一般都是以抽象的概念、范畴作为其表现形式，因而任何理性思考总是具有抽象性的特征。直觉、灵感、顿悟、情感等非理性因素既具有一定的抽象性，又具有一定的形象性，其思维形式既与具体的、感性的表象、感觉、知觉区别开来，又总是与一定的表象、感觉、知觉相联系。其次，理性思考的运作必须遵循严格的逻辑思维程序，因而其运作过程往往是一个较长的过程。非理性认识形式则不同，它无须一定的逻辑程序而获得认识，因而其运作过程十分短暂。再次，理性思考的运作严谨而规范，知识与信息的完备是其正常运作的前提条件。非理性的认识则是一种直观而简捷的认识途径，它往往是在知识与信息十分有限的情况之下完成的。

2. 人性论视角审视下的非理性因素

人性即人的本质，是指人之所以为人并与动物相区别的本质规定性，而人性论就是对人的普遍、共同的本质予以解释、说明的学说和观点。按照马克思主义人性论的观点，人性是一个社会历史范畴，是由各种社会关系决定的，是具体的历史的，社会性是人的本质属性。在马克思主义人性论看来，非理性因素是构成人性的重要组成部分，是一种具有社会性的精神现象。

首先，非理性因素的社会性表现为它是在社会实践的基础上形成的，是由各种社会关系所决定的精神现象。在分析宗教世界中的信仰、情感等非理性因素时，马克思一针见血地指出："宗教是被压迫生灵的叹息，是无情世界的心境，正像它是无精神活力的制度的精神一样。宗教是人民的鸦片"。② 可见，非理性因素总是以一种非条理化、非规范化、非程序化的形式反映着复杂的社

---

① ［德］歌德·吉戈伦尔等：《简捷启发式——让我们更精明》，刘永芳译，华东师范大学出版社 2002 年版，第 17 页。

② 《马克思恩格斯选集》（第 1 卷），人民出版社 1995 年版，第 2 页。

会实践和社会关系，社会实践和社会关系是各种非理性因素的思想素材的根本来源。所以，非理性因素"总是体现着一定的社会存在，打上一定的社会生活的烙印，是社会生活的折射"。①

其次，非理性因素的社会性还表现在它是人的能动性、主体性的精神力量的重要组成部分，能够反作用于各种社会实践和社会关系。马克思说："宗教里的苦难既是现实苦难的表现，又是对这种现实的苦难的抗议"。② 所以，非理性因素对社会现实的反映并不是被动的、机械的反映，而是积极的、能动的反映，它反映着人们的社会需要、理想和诉求，因而必然会以信心、决心与勇气的形式激励人们采取一定的社会行动，从而对社会实践和社会关系产生反作用。

最后，非理性因素的社会性还表现在它并不是静止不变的，而是随着社会实践的发展、社会关系的变化而发展变化的。非理性因素的精神资源根源于社会现实，因而社会存在的发展变化必然会引致非理性因素的发展变化，超历史的永恒不变的非理性因素是不在的。需要指出的是，非理性因素的发展步伐并不总是与社会存在的发展同步，而是具有一定的相对独立性，它具有自身独特的发展演变规律。

3. 意识论的视角审视下的非理性因素

意识论是研究意识的本质、起源、作用等问题的学说与理论，它主要围绕"意识是什么"、"意识是怎样产生的"以及"意识能否反映物质"等问题展开探讨。从意识论的视角看来，非理性因素是人的意识的重要组成部分，是没有被自我意识到的意识，即潜意识、下意识。按照弗洛伊德的学说，人的意识结构主要由意识与潜意识组成。其中，意识是可以直接觉知的心理部分，而潜意识则是因为得不到满足而被压抑的个人原始冲动、欲望和本能。"大多数的意识历程都仅有一段时间为意识的；不久之后便成为'隐潜的'，虽然不难复成为意识的。我们也可以说它们在隐潜的情形之中即使不失为心理的，却已成为无意识的了"。③ 所以潜意识、下意识并不等于没有意识，只不过它未被主体自觉意识到而已。所以，当各种非理性因素发挥作用时，"主体没有自觉意

---

① 吴宁：《社会历史中的非理性》，华中理工大学出版社2000年版，第34页。
② 《马克思恩格斯选集》（第1卷），人民出版社1995年版，第2页。
③ ［奥］弗洛伊德：《精神分析引论新编》，高觉敷译，商务印书馆1987年版，第55页。

识到自己行为的动机和欲望，同时，主体也未自己意识到自己行为指向的对象"。①可见，相对于主体的自觉意识而言，非理性因素往往是各种潜隐的、难以被觉察的意识，是埋没于水面之下的庞大的冰山的底部。

3.1.2 非理性因素的内涵

概念的内涵是指概念所指涉的对象的本质属性。所以，非理性因素的内涵就是非理性因素的根本性质，就是将非理性因素与理性因素区别开来的基本特征。与理性因素相比较，非理性因素具有如下三个方面的基本特征。

1. 不自觉性

非理性因素的不自觉性是指非理性因素是一种无意识的、不假思索的、自发的心理活动过程。荣格（C. G. Jung）指出："潜意识部分是由大量暂时为晦涩难解的思想、朦胧含糊的表征、模糊不清的意象所组成，尽管它们未被我们意识到，但它们却继续影响着我们的意识心理"。② 在具体的认识活动、实践活动中，主体并不一定意识到了自身精神世界中的各种非理性因素的存在，但这些非理性因素一定会通过某种途径和形式对主体的认识和实践活动产生影响。按照约翰·赛尔（John R. Sesrle）的观点，可以将各种非理性因素的不自觉状态由浅入深地划分为三个层次：③

第一层次，是前意识（preconscious）状态。处于这种状态的非理性因素，如直觉、经验等，对认识对象的知觉形象的识别不是依据其内在的神经生物学特征，而是依据它所能够导致的意识状态来识别。前意识状态的非理性因素是处于不自觉性最浅层次的非理性因素，也是最容易转化为自觉意识的非理性因素。第二层次，是动态的无意识（dynamic unconciousness）状态。处于这种状态的非理性因素，如需要、情感、意志等，对主体的行为发挥着因果功用，但是主体对这些非理性因素的运作毫无意识，甚至会真诚地否认其存在。第三层次，是深层无意识（deep unconscious）状态。处于这种状态的非理性因素，如本能，不但在认识活动中不是主体的自觉意识，而且即使经过主体的意识努力也不可能转化为自觉的意识。

---

① 胡敏中：《论非理性的三层含义》，载《社会科学辑刊》1993 年第 2 期。
② ［瑞士］荣格等：《潜意识与心灵成长》，张月译，上海三联书店 2009 年版，第 14 页。
③ ［美］约翰·赛尔：《心灵导论》，徐英瑾译，上海人民出版社 2008 年版，第 211～213 页。

2. 非逻辑性

非理性因素的非逻辑性是指直觉、灵感、顿悟等非理性思维形式具有与理性的逻辑思维形式完全不同的思维操作步骤和程序。要理解非理性因素的非逻辑性，首先必须要理解逻辑思维的基本特征。逻辑思维是在感性认识所获取的信息和知识的基础上，通过科学抽象，揭示事物内部的本质属性和事物之间的必然联系，形成概念、判断、推理，从而间接地反映事物的本质及其规律的理性思维过程。逻辑思维具有如下特征：（1）抽象性。逻辑思维的抽象性是指逻辑思维对认识对象的反映摆脱了感觉、知觉、表象等认识形式的感性、具体的特征，它用间接、概括的方式反映事物的本质与规律。（2）有序性。逻辑思维的有序性是指逻辑思维以有序的方式提出问题、分析问题、解决问题，概念、判断、推理的思维步骤的每一步都有严格的时间渐进顺序，是不能跳跃前进的。（3）系统性。逻辑思维的系统性是指逻辑思维的方法是一个多层次的、形式化的公理系统，在这一公理系统中包含着逻辑思维的基本形式、规律与准则。

直觉、灵感、顿悟等非理性思维形式与逻辑思维的区别主要表现在如下三个方面：第一，二者的思维形式不同。逻辑思维的基本形式，是通过概念、判断、推理等步骤和程序得出结论。直觉、灵感、顿悟等非理性思维形式则不同，它们一般都没有固定的思维程序，思维形式较为灵活多变。第二，二者的思维方法不同。逻辑思维的方法主要是逻辑中的分析与综合、抽象与概括、比较与分类、归纳与演绎等方面，直觉、灵感、顿悟等非理性思维形式所运用的思维方法主要是直观、猜测、想象。第三，二者的思维方向不同。逻辑思维的思维方向是单向的，总是从提出问题到分析问题到解决问题，从概念到判断到推理。直觉、灵感、顿悟等非理性思维形式的运作方向则往往是多变的，具有明显的发散性特征。第四，二者的思维基础不同。逻辑思维的运作必须以完备的知识、经验、信息为基础，直觉、灵感、顿悟等非理性思维形式则往往是从猜测和想象出发，虽然也需要一定的知识、经验、信息，但又不完全依赖于知识、经验、信息。第五，二者的思维结果不同。逻辑思维依据严格的逻辑程序进行，因而思维的结果往往具有较强的确定性和合理性，但可能没有创新性；非理性思维形式不是按照常规的逻辑进行的，其结果往往是不合理的，但其中却具有新颖的创意和火花。

3. 情绪性

非理性因素的情绪性是指各种非理性因素的运作以情绪、情感为表征，非常容易受到环境特征和自我本能的干扰，因而缺乏目的性和稳定性。非理性因素的功能的发挥"是基于人的本能与感觉，在某种特定的环境下的主观感受、体验和心境的综合体验"。① 所以，非理性因素发挥作用的过程往往伴随着明显的情绪特征，总是处于快乐或悲伤、热爱或憎恨、尊敬或轻蔑、遗憾或适意、振奋或消沉的情绪状态之中。非理性因素的情绪性又具体表现为非理性因素的情境性、波动性和盲目性。所谓情境性，是指各种非理性因素具有较强的情境依赖性，往往需要在一定的情境中方能生成一定的情绪状态，也才能保证整个非理性因素系统作出相应的心理反应。所谓波动性，是指非理性因素深受情绪功能发挥的突发性、短暂性特征影响，因而表现出时而低落、时而高涨、时而缓和、时而激昂的不稳定活动状态。所谓盲目性，是指非理性因素往往表现为受人的本能驱使的一种冲动，未能将过去、现在、将来结合起来进行思考，未能将目的、手段、结果结合起来进行思考，表现出明显的不确定性和无序性。

3.1.3 非理性因素的外延

概念的外延是指符合概念内涵的一切事物。在人的整个精神世界中，具有不自觉性、非逻辑性、情绪性特征的非理性因素主要包括：

1. 无意识

"'无意识'指的并不是没有任何冲动、感受、愿望、恐惧等，而仅仅指的是没有觉察到这些冲动"。② 所以，无意识是主体没有意识到的、但又对主体的认识活动和实践活动具有重大影响的心理过程、心理活动、心理状态的总和。按照来源的不同，认识主体的无意识可以划分为先天无意识和后天无意识两个方面。前者是指主体经由遗传而获得的、与生俱来的、无需后天学习就已具备的各种需要、本能、欲望。后者是指经过后天的社会文化学习而获得的各种社会、文化的无意识形态，如习俗、道德感、同情心等。

2. 情绪、情感

"情绪和情感是人对现实事物所抱态度的一种主观体验。它是人脑对客观

---

① 何颖：《多维视野中的非理性及其价值研究》，黑龙江大学2002年度博士学位论文，第149页。
② ［美］弗洛姆：《弗洛姆文集》，冯川等译，改革出版社1997年版，第455页。

事物与主体需要之间关系的反映"。① 情绪是比较简单和初级的反映，它与主体的生理需要是否获得满足相联系，因而情绪具有情境性、不稳定性的特点。情感是与人的社会性需要是否得到满足相联系的、人类所特有的复杂而高级的体验形式。所以，相对于情绪而言，情感往往具有较强的深刻性和稳定性。

3. 意志

意志是人按照预先确定的目的调节和支配自身的行动，从而实现预定目的心理活动过程，"它是人对自己的需要、欲望、要求等的一种集中和凝聚。"② 意志是非理性因素中比较接近理性的心理因素，但是意志不属于理性范畴，而是理性指导下的具有果断性、坚持性、自制性的意识趋向。

4. 兴趣

兴趣是人对客观事物的一种特殊的认识倾向，这种倾向具有指向性和持续性的特征，使人对客观事物给予集中的注意和优先的感知。客观事物之所以能够引发主体的这一积极认识倾向，或者是因为客观事物对主体具有特殊的意义和价值，或者是该事物对主体具有情绪上的吸引力。

5. 直觉

布鲁纳（Bruner，J. S.）认为，直觉是"获得一种可能的或暂时的理论而无需经过逐步的逻辑推理的智力技能，而这种理论经过逻辑推理的验证一般都是正确和有效的"。③ 直觉包括如下三种类型：（1）本能直觉，即根源于生物遗传的原始直觉。（2）生活直觉，即人们在后天的社会化过程中习得的各种当下性、个别性、情境性思维方式。（3）科学直觉，即具有一定理性特征的非理性思维形式，是逻辑思维之间的非逻辑思维的飞跃与质变。④

6. 灵感

灵感是主体经过长期的思考而不得其解之后，由偶然的信息触发而突然获得的对认识对象的深刻性认识、创造性思考、新颖性解释。费尔巴哈说："热情和灵感是不为意志所左右的，是不由钟点来调节的，是不会依照预定的日子和钟头迸发出来的"。⑤ 可以说，灵感是一个具有随机性、创造性、瞬时性、

---

① 张小乔：《普通心理学教程》，中国人民大学出版社1989年版，第331页。
② 张明仓：《论意志在人的活动中的作用》，载于《东岳论丛》2001年第2期。
③ Bruner，J. S.：Actual Minds，Possible Worlds. Cambridge，MA：Havard University Press，1986.
④ 邹顺宏：《直觉思维探析》，载于《哈尔滨学院学报》2004年第3期。
⑤ ［德］费尔巴哈：《费尔巴哈哲学著作选读》（下卷），三联书店1959年版，第504页。

非逻辑性的思维过程。

3.2　行政决策主体非理性因素的自组织作用

在一定的心理环境中，无意识、情绪、情感、意志、兴趣、直觉、灵感等各种非理性因素之间、非理性因素与理性之间必然存在着复杂的相互联系、相互作用。所以，经过一段时间的行政决策实践，主体精神世界中的各种非理性因素必然会自主自发地从无序状态演变为有序结构，必然会依据彼此之间的相关性、协同性而结成各种具有不自觉性、非逻辑性、情绪性特征的各种非理性心理现象，如高峰体验、偏见心理、倦怠心理等。因此，探索行政决策主体的非理性因素的自组织作用，实质上就是分析主体的各种非理性因素在一定的环境条件下自行组织、自行演化、自行创生的演变规律，就是分析它们的现实存在形式。

3.2.1　自组织理论概说

20 世纪 70 年代以来，当代自然科学的前沿出现了一大批新兴学科与理论，如"耗散结构理论"（dissipative structure theory）、"协同学"（synergetics）、"突变论"（morphogensis）、"超循环论"（hypercycle theory）、"混沌理论"（chaotic Theory）、"分形理论"（fractal theory）等。尽管这些学科与理论的知识背景不尽相同，但它们有着相互交叉、重叠的研究领域，那就是非线性的复杂系统或非线性的自组织演变过程。例如，耗散结构理论认为，一个开放的、远离平衡的系统，通过不断地与外界交换物质、能量，就有可能从原有的混乱无序的状态，演进为一种在时间上、空间上或功能上有序的状态，即形成"耗散结构"。又如，协同学理论是研究系统的各要素出现协同运动的条件和规律，进而研究非平衡的开放系统从无序到有序，以及从有序到更加有序的演化规律。可见，这些学科与理论都是在无生命现象的物理、化学系统中，研究系统内部不同子系统之间、不同要素之间相互联系、相互作用，从而使系统从无序状态进化为有序结构。正是基于这些学科与理论具有相近的研究领域，人们将它们统称为自组织理论。自组织理论具有广泛的现实依据、严密的逻辑推理和完整的理论体系，因而对这一理论作出全面的介绍是一件颇费笔墨的事，而且对本书的研究而言，也确实没有必要。所以，为了给后文分析行政决策主体非理性因素的自组织作用提供必要的理论支撑，笔者仅从自组织的内涵和自组织作用发生条件两个方面来对自组织理论作出简要概述。

1. 自组织的内涵

可以依据原因的不同，将组织的进化形式分为两类：他组织和自组织。前者是指一个系统的各个要素靠外部指令而形成组织，后者是指系统的各个要素不依靠外部指令，而是基于相互默契的某种规则，各尽其责而又协调地、自动地形成有序结构。普遍存在于自然界和人类社会的自组织现象具有如下三个方面的特征：

（1）自组织结构是一个动态结构，其发展和延续离不开系统与环境不断的物质、能量的交换。"结构范畴就是表征事物内各要素的组合方式、结合方式的范畴"。① 毫无疑问，任何系统内部的各子系统之间组合方式与结合方式总是具有稳定性和相对不变性。但是，自组织结构不仅具有构成方式的稳定性，而且构成自组织结构的各子系统总是处于不断运动之中，因而具有微观的动态性。进一步说，自组织结构的微观动态性是维持其结合方式的稳定性的必要条件。因为一旦各子系统的运动停止，系统便不可能与环境发生交换，结构的稳定性必然遭到破坏。

（2）有序结构的出现是系统内各子系统之间协同作用的结果。所谓协同是指在复杂的大系统中，各子系统之间由于存在紧密的协作、互补，因而使得整个系统的联合作用和整体功能超越了各子系统各自功用之和。协同作用是复杂系统所固有的自组织能力，也是形成系统有序结构的内部作用力。任何一个包含有大量子系统的复杂系统，在与外界环境存在物质、能量交换的条件下，通过各子系统之间的非线性相互作用，就会形成各子系统的协同效应，从而使系统在宏观上产生时间、空间或功能的有序结构。

（3）从无序状态向有序状态的过渡是在一定的外界条件下突然发生的。按照法国数学家雷内托姆（Rene Thom）所提出的突变理论，系统从一种稳定状态进入不稳定状态，实质上是系统的状态在一刹那间发生了突变。所以，人们对自组织结构的研究往往不是去讨论系统发生突变形成耗散结构的时间过程，而是通过确定系统发生相变的临界点，在临界点处运用分支点理论描述系统形成有序结构的具体形式。

---

① 李秀林、王于、李淮春：《辩证唯物主义和历史唯物主义原理》，中国人民大学出版社 1995 年版，第 230 页。

2. 自组织作用的发生条件

欧文·拉兹洛（Ervin Laszlo）指出："只要条件具备，就必然发生自组织的结构"。① 有序结构的出现根源于系统内部各子系统之间的协同作用，并非所有的系统都能形成自组织结构，耗散结构的生成必须具备一定的客观条件：

（1）开放性是系统生成自组织结构的先决条件。普利高津依据孤立系统与开放系统的区别，引入熵流来描述系统由于和环境发生物质、能量的交换而引起其有序结构生成的情况。开放系统的熵可由下式表示：

$$ds = ds_e + ds_i$$

在这一简单而又深刻的公式中，"ds 为系统的熵的增量，ds_e 为外界对系统的熵流，ds_i 为内部熵的产生"。② 热力学第二定理要求 $ds_i \geq 0$，而对外界注入系统的熵流并没有确定的要求。实际上，由于系统的开放性，ds_e 可以大于、等于或者小于零。在 ds_e 小于零的情况下，只要这个负熵流足够强，它就能够抵消掉系统内部的熵的增量，从而使得系统的总熵 ds 减小，也就是促使系统向熵减少的方向发展。因此，只有开放的系统才有可能由无序（熵增加）向有序（熵减少）的方向发展。

（2）远离平衡态是系统生成自组织结构的必要条件。所谓平衡态，是指系统各处可测的宏观物理性质均匀，因而系统内部没有宏观不可逆过程的状态；所谓远离平衡态，即处于非平衡的非线性区域，"其实质就是压力约束态，它是系统有序化的动力源"。③ 只有远离平衡态，由于外界的影响，开放系统的演化方向才是不确定的，系统才有可能形成新的、有序的定态。

（3）非线性机制是系统生成自组织结构的内在根据。普利高津指出："对于耗散结构所必须的另外一个基本特征是在系统的各个元素之间的相互作用中存在着一种非线性机制"。④ 非线性是对系统各要素相互作用的复杂性的一种描述。为了探讨非线性的涵义，有必要探讨线性的涵义。设系统中存在着一个要素 A，其他要素对 A 的作用以 X（t）表示，而 A 对 X（t）的响应以 Y（t）

---

① 吴彤：《自组织方法论研究》，清华大学出版社 2001 年版，第 28 页。
② 庞元正：《系统论、控制论、信息论经典文献选编》，求是出版社 1989 年版，第 157 页。
③ 薛晓东、许宣伟：《创造性思维的自组织机制探析》，载于《电子科技大学学报》（社科版），2008 年第 2 期。
④ 湛垦华：《普里高津与耗散结构理论》，陕西科学出版社 1982 年版，第 156 页。

表示，记作：X（t）→Y（t）。若果 X（t）和 Y（t）满足如下两个条件，则可以说 X（t）和 Y（t）存在着线性关系，即要素 A 与系统的其他要素之间存在着线性关系：

ⅰ．齐次性或均匀性。若输入 X（t）扩大 W 倍，则响应也相应扩大 W 倍。

ⅱ．迭加性。若分别输入 X_1（t）、X_2（t）有

X_1（t）→Y_1（t）、X_2（t）→Y_2（t）

则当同时输入 X_1（t）、X_2（t）时，必有

X_1（t）+ X_2（t）→Y_1（t）+ Y_2（t）

当一个系统要素之间的相互作用不满足以上两个条件的任何一个时，即可以认为各要素之间存在着非线性机制。由非线性机制的作用而产生的相干效应、临界效应、分叉效应是系统存在和进化的重要前提和基本依据。

（4）随机涨落是系统生成自组织结构的直接诱因。按照自组织理论，涨落是指在某一时刻对系统状态统计平均值的偏离。涨落是随机的，没有确定的方向，没有确定的时间，没有确定的规模，没有确定的范围。造成涨落的原因可能是因为系统内部的不规则运动，也可能是环境的偶然变化而引起的。涨落是系统向有序化方向发展的客观的、偶然的机遇，是系统生成自组织结构的直接诱因。

3.2.2 行政决策主体非理性因素之自组织作用的发生条件

行政决策主体的非理性精神世界不仅具有构成因素的复杂性、多样性，而且具有高度的自组织功能。由于具备开放性、远离平衡态、非线性机制、随机涨落等条件，所以这些复杂而多样的非理性因素不仅自动、自发地按照一定的规律活动，而且还能够对自身实施有效的调节，实现了各非理性因素的有序化和结构化。

1. 行政决策主体非理性精神世界的开放性

行政决策主体的非理性世界是一个开放的系统，它不是脱离其他系统而孤立的存在，而是与外界之间存在着不断的物质、能量、信息的交换。一方面，由多种非理性因素构成的非理性世界与行政决策环境之间存在着密切的联系。行政决策环境的各种物理特征和社会特征，必然会在主体的非理性世界激起相应的精神投射；而主体的非理性世界又不断地向行政决策环境输出着自身的诉求和行动。另一方面，在主体的精神世界内部，非理性世界和理性的逻辑思维

之间又存在着相互作用。完全脱离理性的非理性是不可想象的，也是不可能存在的。非理性因素之中总是或多或少渗透、承载、内蕴着一定的理性因素。理性的参与，是行政决策主体非理性因素的自组织作用得以实现的必要条件。也正是由于理性的参与，行政决策主体非理性因素的自组织作用又总是会呈现出一定程度的理性特征。

2. 行政决策主体非理性世界的非平衡性

行政决策主体非理性世界的非平衡性是指由行政决策环境的不平衡状态而致使主体的非理性系统处于不协调、不适应状态。各种政治的、经济的、社会的行政决策的环境因素本身就是不平衡的，总是处于不断变化的非平衡状态之中。这种非平衡态的行政决策环境不仅连续不断地向行政决策主体输出着各种心理反映的原始素材，而且连续不断地向行政决策主体提出需要予以解决的各种决策问题。与此相对应，产生了两个方面的基本矛盾：其一是新的非理性因素与旧的非理性因素的矛盾，即行政决策环境总是不断使主体产生新的需要、动机、情绪等心理因素，它们与行政决策主体原有的需要、动机、情绪存在着对立统一的矛盾关系。其二是主体输出与环境需要的矛盾，即主体非理性世界向决策环境输出的各种诉求和行动，与决策需要解决的各种决策问题存在着矛盾关系。这两个方面矛盾的存在，不仅需要主体对自身的精神世界予以合理调适，从而实现新的非理性精神因素与旧的非理性精神因素的统一与协调，而且需要主体调动自身的一切精神资源，既包括理性的逻辑思维又包括非理性的精神因素，使自身的行为能够引致各种决策问题的圆满解决。因此，这两个方面的矛盾必然会激发主体的紧张感、焦虑感、使命感，使得各非理性因素处于高昂或平缓、激扬或低沉的活动状态之中，促成了各种非理性因素远离平衡态。

3. 行政决策主体非理性世界的非线性机制

非线性机制是指行政决策主体的非理性因素之间存在着以网状形式相互作用的机制，从而使得各非理性因素之间产生相关效应、临界效应，促成整个非理性世界由无序走向有序。行政决策主体非理性世界的非线性机制不仅表现为具有明显的非逻辑性、情绪性特征的非理性因素的运动方式是非线性的，而且各非理性因素之间存在着非线性的相互作用。之所以说主体精神世界中的各非理性因素之间的相互作用是非线性的，是因为这一相互作用具有相干性、非均匀性、非对称性三个方面的特征。首先，各种非理性因素之间的相互作用具有相干性，这一相互作用不是各种作用的简单叠加，而是各种作用相互制约、相互影响、相互配合而产生的整体效应。其次，各种非理性因素之间的相互作用具有非均匀性，这一相互作用及其结果不是随时间、空间关系的改变总是以同一种形式表现出来，而是在不同的时空条件下具有不同的表现形式。最后，各种非理性因素之间的相互作用具有非对称性，相互作用的非理性因素之间存在着策动与响应、支配与从属、控制与反馈、催化与被催化的不对称关系。

4. 行政决策主体非理性世界的随机涨落

涨落是系统对稳定状态的偏离，它是导致自组织化的直接诱因和关键契机。引致行政决策主体的非理性因素自组织化的涨落，可以分为内涨落和外涨落，即分为系统内部原因导致的涨落和外部原因导致的涨落。内涨落是指在实现有序度增加的过程中，行政决策主体自身的各非理性因素的作用强度、效率的波动，包括需要的诱导、情感的饱和、意志的激扬、潜能的激发等方面。外涨落是指非理性因素自组织化过程中，由外部环境因素而引起的非理性因素的波动。外涨落主要包括思想点化和榜样启示两个方面，前者是指行政决策主体偶尔获得某种思想的提示而导致自身非理性因素的波动，如学习黑格尔的辩证法思想而使得自身突然获得了解决问题的灵感和直觉；后者是指由外部榜样的示范效应而导致自身非理性因素的波动，如受到焦裕禄、郑培民等先进事迹的感染而获得了维护与增进公共利益的责任感、使命感、荣誉感。

3.2.3　行政决策主体的非理性因素的自组织形态

由于具备开放性、远离平衡态、非线性机制、随机涨落等条件，行政决策主体的非理性世界总是处于由无序到有序、由有序到新的无序、由新的无序到新的有序这种不可穷尽的发展序列之中。在这一过程中，各种非理性因素的相互作用、相互制约统合成种类繁多的非理性心理现象。由于篇幅的限制，在本书中，笔者仅对行政决策主体的高峰体验、偏见心理、倦怠心理这三种最为典型的非理性自组织形态予以个别分析。需要指出的是，这三种心理具有明显的不自觉性、非逻辑性、情绪性等三个方面的非理性特征，因而虽然它们属于非理性因素的自组织形态。但是，这三种心理现象仍然具有一定的理性的成分和因素。正如我们在前文中所交待的，完全脱离理性的非理性是不可想象的，也是不可能存在的。

1. 行政决策主体的高峰体验分析

高峰体验（或高峰经验）（peak experience），是人本主义心理学家马斯洛（Abraham H. Maslow）于 1962 年首创的一个重要概念。在马斯洛的心理学理论体系中，高峰体验既是自我实现者的重要特征，又是获得自我实现的重要途径，因而领悟和拥有高峰体验均是感悟人生价值、塑造自我心灵和开发创造潜能的重要条件。在行政决策活动过程中，行政决策主体也往往会获得高峰体验，在那一刻，"他变得更加完整和统一，更独特、更有活力和更具自发性，更能完美地表达和解除抑制，更轻松和有力，更有胆量和勇气（抛弃恐惧和疑惑），更自我超越和忘我。"①

马斯洛认为，高峰体验具有五个方面的特点：第一，发生的突然性。它以毫无预料、突如其来的方式自然产生，人们既无法预计高峰体验会在什么时候出现，也不能用意志强迫、控制或支配它。第二，程度的强烈性。它既有体验的强度，又有认知的深度，可说欣喜若狂，如醉如痴，欢乐至极，几乎达到忘我与超越的境界。第三，感受的完美性。高峰体验中的人会达到个人最佳状态，他会感到自己比平时更聪明、更敏感、更有才智、更有力量和更优美。第四，存续的短暂性。高峰体验转瞬即逝，持续时间较短。第五，存在的普遍性。它存在于一切人群之中，尽管高峰体验是自我实现者的特征，但是在一般人甚至心理变态者都有可能出现。

依据马斯洛的研究成果，行政决策主体的高峰体验是指行政决策主体在美妙时刻所获得的极端愉悦的精神体验。这种精神体验是在理性因素的参与下，主体精神世界中的各种非理性因素发生自组织作用的结果。关于这一点，我们可以从行政决策主体的高峰体验的构成要素获得证明。行政决策主体的极端愉悦的精神体验包括如下几个方面的构成要素：第一，认知体验。在获得高峰体验时，行政决策主体对于决策问题的理解和把握突然获得了深化，灵感得以迸发，以创造性的思维形式提出了解决决策问题的行动方案。第二，情绪体验。在拥有高峰体验时，行政决策主体处于一种极端愉悦的情绪体验之中，这种愉悦既有可能是一种难以遏抑的激动、兴奋、狂喜，如"老夫聊发少年狂，左牵黄，右擎苍。锦帽貂裘，千骑卷平冈"；也有可能表现为平和、淡定、从容，如"回首向来萧瑟处，也无风雨也无情"。第三，意志体验。在体验高峰状态时，行政决策主体在瞬间彻底地失去了恐惧、抑制、防御和控制，具有较强的决断能力，其意志品质在此时表现为果决、勇敢、坚定。第四，认同体

---

① ［美］亚伯拉罕·马斯洛：《动机与人格（第三版）》，许金声等译，中国人民大学出版社2007年版，第207页。

验。"处于高峰体验的人具有最高程度的认同，最接近其真实自我，最富有个人特色"①，因而行政决策主体在高峰体验时将会获得对自我的能力、价值的充分肯定。

2. 行政决策主体的偏见心理分析

（1）行政决策主体的偏见心理的本质属性

在社会认知理论的概念体系中，偏见属于社会态度范畴，是"人们不以客观事实为根据所建立的对人、对事的态度"。② 行政决策主体的偏见心理是指在行政决策过程中，主体不以客观事实为根据所建立的对人、对事的态度和评价。就其本质属性而言，行政决策主体的偏见心理是由认识上的偏差、情感上的偏向和意向上的偏执等心理因素统合而成的稳定的、有序的心理结构。

首先，就认识层面而言，行政决策主体的偏见心理是一种认识上的偏差。"偏见常常是一种基于有限信息的预先判断，这种预先判断使得态度变得毫无根据和非理性"。③ 在认识层面，偏见心理就是主体未能客观、真实地认识客观事物，而以错误、歪曲的形式反映着它们，从而使得主体的观念意识与认识对象的现实状态之间存在着巨大的分歧。

其次，就情感层面而言，行政决策主体的偏见心理是一种情感上的偏向。偏见心理的存在，意味着主体对某人、某事产生了偏爱或者偏恶的情感偏向，而且这一情感偏向具有强度较大、存续时间较长的特点。从这一情感偏向的强度来看，偏见心理的情量很高，情能很大，能够对主体的行政决策行为产生重大影响。从这一情感偏向的可持续度来看，主体对于某人或某事的偏爱或者偏恶是一种较为稳定的心理取向，存续时间较长，一旦形成则难以改变。

最后，就意向层面而言，行政决策主体的偏见心理是一种意向上的偏执。在偏差的认识和偏向的情感的基础上，主体必然会产生偏执的行为倾向。行政决策主体的偏执意向主要表现在两个方面：其一，反映在行政决策主体认识与评价客体的态度上，主体或者是全盘肯定接受它们，或者是全面否定排斥它们；其二，反映在主体认识与评价自身的态度上，行政决策主体往往拒绝对自身的观念和意识做出再认识、再研究，而是将其作为最后的结论执拗地加以

① 亚伯拉军·［美］马斯洛：《自我实现的人》，许金声等译，三联书店1987年版，第274页。

② 时蓉华：《社会心理学》，浙江教育出版社1998年版，第300页。

③ ［美］菲利普·津巴多、迈克尔·利佩：《态度改变与社会影响》，邓宇等译，人民邮电出版社2007年版，第212页。

固守。

（2）行政决策主体偏见心理的生成逻辑

所谓"行政决策主体偏见心理的生成逻辑"，是指行政决策主体认识上的偏差、情感上的偏向和意向上的偏执等心理因素的生成原因与机理。同其他一切人类精神现象一样，行政决策主体的偏见心理"是移入人的头脑并在人的头脑中改造过的物质的东西"。① 认识对象要通过信息表征的形式移入主体的大脑、生成偏见心理，无非是通过两种途径来实现：一是内源性的建构生成途径，即行政决策主体由于自身不合理的认知方式而产生的对认识对象的偏见心理；二是外源性的内化生成途径，即行政决策主体由于受到各种社会心理效应的影响，将外在的社会偏见意识转化为自身的偏见心理。所以，分析行政决策主体偏见心理的生成原因和机理，可以从内源性的建构生成逻辑和外源性的内化生成逻辑两个方面来进行。

第一，行政决策主体偏见心理的建构生成逻辑。

皮亚杰（Jean Piaget）认为，人类的一切认识、观念、思维都"起因于有效和不断的建构"②，是在主客体的相互作用过程中，主体对客体的信息予以接收、加工的必然结果。同样地，偏见心理的生成也是行政决策主体对认识对象予以主观建构的结果，只不过，这一建构是以片面的、僵化的、扭曲的形式而存在的。

首先，片面建构引致以偏概全式偏见的生成。行政决策主体对认识对象的片面建构，是指主体只是将认识对象的局部特征扩展、放大而获得对认识对象的整体印象。行政决策主体的认知视野总是有限的，即主体的感觉、知觉、加工的评估信息的数量具有一定的阈限。为了获得对认识对象的全面把握，行政决策主体必须努力拓展自身的认知视野，不断积累、修正、调适对认识对象的观感和认识。但是，如果行政决策主体采取盲人摸象的方式，仅仅只是立足于有限的信息，试图从认识对象的局部特征和面貌去概括、代替其整体上的特征，"把认识的某一个特征、方面、部分片面地、夸大地发展（膨胀、扩大）为脱离了物质、脱离了自然的、神话的绝对"③，就必然会导致以偏概全式的

---

① 《资本论》（第1卷），人民出版社2004年版，第24页。

② ［瑞士］皮亚杰：《发生认识论原理》，王宪钿等译，商务印书馆1997年版，第16页。

③ 《列宁选集》（第2卷），人民出版社1995年版，第560页。

偏见。在现实的行政决策活动中，以偏概全式偏见最为突出的表现即为"晕轮效应"，行政决策主体的注意力往往为认识对象某一方面的特征所吸引，过分强调和夸大这方面的特征，从而忽略、抹煞认识对象其他方面的属性和特点。

其次，僵化建构引致先入为主式偏见的生成。行政决策主体对认识对象的僵化建构，是指主体以静止的眼光来看待认识对象，以它的某一个片段的信息来推断其发展过程的全貌。在行政决策活动开展之前，行政决策主体的头脑中必然存在着一定的关于认识对象的观点和看法。这些观点和看法以经验的形式存在于主体的精神世界之中，是对认识对象在过去的发展、变化过程中的某一个阶段的认识。如果行政决策主体不是用发展的眼光去看待评估对象，而是抱着习惯性的成见去看待客体，将既往的经验予以绝对化，就会使得自身的认知结构陷入僵化，就会产生先入为主式的偏见。在行政决策活动中，先入为主式偏见的突出表现就是"首因效应"和"近因效应"，即行政决策主体总是带着一定的"成见"去认知客体，这种"成见"或者是来自于"首因效应"所产生的第一印象，或者是来自于"近因效应"所导致的深刻刺激，使得行政决策主体难以对认识对象的当前状态予以真实反映。

最后，扭曲建构引致主观臆断式偏见。行政决策主体对认识对象的扭曲建构，是指主体以主观意愿代替客观事实，在精神世界中生成对认识对象的歪曲反映。行政决策主体对认识对象的认知活动往往受到自身立场、需要、意愿的影响和干扰。为了获得对认识对象的客观评价，行政决策主体必须能够在关于好与坏的价值判断和关于是与非的事实判断之间保持必要的张力。如果行政决策主体完全无视客观存在的基本事实，以价值判断代替事实判断，以自身的爱恨亲疏代替认识对象的真实状态，就必然会生成对认识对象的主观臆断式偏见。在行政决策活动中，主观臆断式偏见突出表现为"自己人效应"，当行政决策主体将一部分人放置于"自己人"的范畴时，往往会放大他们的优点和成绩，忽略其缺点与不足；当主体将一部分人放置于"非自己人"的范畴时，则会采取较为严苛的评价标准。

第二，行政决策主体偏见心理生成的内化逻辑。

在现实的社会交往活动中，行政决策主体有可能受到从众、模仿、暗示等各种社会心理效应的影响，自觉或不自觉地将外在的各种社会偏见意识植根于自身的观念系统，生成对认识对象的偏见心理。

首先，从引致社会偏见意识内化的从众效应来看，从众是指："个体在群体中常常会不知不觉地受到群体的压力"，"表现出与群体中多数人一致的行为倾向"。① 从众的心理机制又被法国社会心理学家勒庞（Gusetave Le Bon）称为"群体精神统一性的心理规律"。② 任何群体都具有维持群体一致性的显著倾向和执行机制，对于同群体保持一致的成员，群体的反应是喜欢、接受和优待；对偏离者，群体则倾向于厌恶、拒绝和制裁。对于行政决策主体而言，其所在群体所具有的维持一致性的机制成为了主体自我审查的强大压力，即行政决策主体在心理压力之下趋向于选择与所在的群体相一致的价值观和社会观念。如果行政决策主体所在的群体中具有某种认识上的偏差、情感上的偏向和意向上的偏执，为了获得群体的接纳，主体便体会审视和调整自身的态度和观点，并努力使之与所属群体的观点和态度相一致，从而引致了社会偏见意识的内化。

其次，从引致社会偏见意识内化的模仿效应来看。米德（George H. Mead）认为："模仿为人类所有，在人类那里，它已获致某种独立的、自觉的存在"。③ 通过观察、学习和仿效他人的行为模式与思想样式而获得知识是人类社会性的重要体现。所谓"引致社会偏见意识内化的模仿效应"，是指行政决策主体通过对榜样的态度、观念、思维的观察与学习，获得与之相一致的认识、情感和意向，从而将榜样的各种偏见意识予以内化的心理活动过程。榜样具有人格化权威或非人格化权力，因而具有一定的精神支配能力。行政决策主体往往会以榜样的心理状态为摹本来刻写自身的精神世界。所以，通过模仿效应，榜样人物的偏见意识很容易以社会符号的形式输入主体的精神世界，促成社会偏见意识的内化。

最后，从引致社会偏见意识内化的暗示效应来看。暗示效应是指在无对抗条件下，用含蓄的语言或抽象的符号间接提示、喻示、引导行政决策主体，从而使行政决策主体接受、认可、习得一定的社会态度和观念。暗示效应的发生常常与暗示发出者的权威地位有关。权威往往具有一定的影响力和话语权，因而在权威面前，行政决策主体往往很容易屈从、接受其发出的信息暗示，放弃

---

① 沙莲香：《社会心理学》，中国人民大学大学出版社2002年版，第214页。

② ［法］古斯塔夫·勒庞：《乌合之众——大众心理研究》，冯克利译，中央编译出版社2005年版，第14页。

③ ［美］乔治·H.米德：《心灵、自我与社会》，赵月瑟译，上海译文出版社2008年版，第53页。

对事物真相的思考和认识。在权威人物对主体发出的以语言、符号为载体的各种信息中，总是隐含着权威人物的各种倾向性意见——合理的或不合理的偏见。所以，在行政决策过程中，主体在领导者、专家等权威人士的暗示下，往往很容易接受他们的看法与要求，从而将他们所具有的某些偏见意识内化为自身的偏见认识。

（3）行政决策主体偏见心理的作用机制

具有明显的不自觉性、非逻辑性、情绪性特征的偏见心理一经生成，便对行政决策主体的认知活动发生着深远的影响，使得行政决策主体"成了自己思维方式的囚徒"①，最终影响到行政决策的过程与结果。具体而言，偏见心理是在决策信息的输入阶段和加工阶段，分别通过选择性识别机制和刻板化归类机制的运行而影响行政决策主体的认知活动。

一方面，在决策信息输入阶段，偏见心理通过选择性识别机制影响了行政决策主体对于各种决策信息的感知、识别和接收。决策信息输入是评估主体感知、接受、识别外在评估信息的心理活动过程。在决策信息输入阶段，偏见心理主要是通过选择性识别机制来影响主体对评估信息的认知。选择性识别机制是指偏见心理具有信息筛选、屏蔽、过滤功能，使得主体对于与偏见认识不一致的信息难以实现有效的模式识别，因而使得主体觉察、分辨、确认的信息往往是与偏见认识相一致的信息。偏见心理之所以具有信息过滤的功能，是因为其心理结构中含有情感层面的偏向。在这一强度较大、存续时间较长的情感偏向的作用下，行政决策主体必然会"选择性地去感知那些他们期望和愿意看到的事物"②，对于与自身偏见判断不一致的事实和材料往往视而不见、听而不闻。偏见心理的选择性识别机制具有两个方面的后果：其一，它使得主体对行政决策信息断章取义、剪裁事实，严重影响了信息认知的客观程度；其二，它使得评估主体对信息的选择具有"证实偏好"，③ 不断地寻找证据来"印证"自身的偏见，从而使偏见心理在主体的精神世界中不断累积。

另一方面，在决策信息加工阶段，偏见心理主要是通过刻板化归类机制影

① ［美］戴维·迈尔斯：《社会心理学》（第八版），侯玉波等译，人民邮电出版社 2006 年版，第 75 页。

② ［美］斯科特·普劳斯：《决策与判断》，施俊琦等译，人民邮电出版社 2004 年版，第 14 页。

③ Fischhoff, B., & Beyth-Marom, R. Hypothesis Evaluation from a Bayesian Perspective. Psychological Revew, 1983（90）：239～260.

响主体的认知的。行政决策信息加工是行政决策主体依据自身的思维框架，将输入的决策信息转换成相应的观念形式的心理活动过程。刻板化归类机制是指在偏见心理的作用下，行政决策主体依据极为有限的信息对认识对象进行僵化的归类。在社会认知过程中，人们需要对认知对象予以归类，从而简化认知过程，节约认知时间，提高认知效率。同时，随着信息流的不断输入，人们对认知对象的归类必须能够不断予以调整，否则即会使这一归类陷入僵化和刻板。但是，偏见心理支配下的归类是定型化的，一经形成难以改变，这是由偏见心理的结构因素中的情感偏向与意向偏执所决定的。所以，在偏见心理的支配下，行政决策主体执着于最初的概念和判断，拘泥于既定的认识和经验，以僵化的类型划分来认识客观事物。偏见心理刻板化归类机制成为了行政决策主体预置的思维框架，左右了评估主体对评估信息的理解和解释，它使行政决策主体以对认识对象的简单类型划分来取代对复杂行政决策信息的理性分析，以武断的、先验的评价来取代严密的逻辑论证与推理，使决策信息的加工严重地扭曲、变形。

要对偏见心理予以理性疏导并消解，必须在个体人格、群体氛围、制度建设等层面采取多种手段，改变偏见心理形成的开放性、远离平衡态、非线性机制、随机涨落等条件，或者说创造新的开放性、远离平衡态、非线性机制、随机涨落等条件促使各种心理因素实现新的自组织化。

3. 行政决策主体的倦怠心理分析

据《中国青年报》报导，世界范围内普遍存在的工作倦怠（又称"职业枯竭"）现象正在袭扰中国，中国正进入工作倦怠现象高峰期，工作倦怠已成为社会"流行病"。据该文中的数据可知，政府、公共事业为工作倦怠出现比例最高的行业，工作倦怠比例达到52.0%，专业服务、财会、法律为工作倦怠出现比例最低的行业，仅为27.2%。[①]"倦怠"这一概念最早是由美国心理学家费登伯格（Herbert J. Freudenberger）提出来的。费登伯格用"倦怠"这一心理现象来描述和解释"个体在职业环境中对长期的情绪紧张源和人际关系紧张源不能有效应对，而表现出的一系列心理、生理倦怠反应综合症"。[②]

---

① 张伟、吴珊：《工作倦怠现象正袭扰中国社会 公务员倦怠度最高》，载《中国青年报》2004年12月5日。

② Herbert J. Freudenberger：Staff Burnout，Journal of Social Issues，1974（30）.

行政决策主体的倦怠心理就是指主体在长时间的行政决策过程中由于不能及时、有效地缓解所遇到的困难和挫折而自我体验到的一种无可奈何、百无聊赖、身心疲惫的心理状态。

（1）行政决策主体倦怠心理的基本特征

在现实的行政生活中，行政决策主体的倦怠心理主要表现为如下几个方面：

第一，工作热情的衰竭。倦怠心理的第一个重要特征即是具有倦怠心理的行政决策主体丧失了对工作的兴趣、乐趣和积极性，丧失了对工作衷心的、强烈的、真实的兴奋感，丧失了对工作热衷、执著和喜爱的幸福感。列宁说："没有'人的感情'，就从来没有也不可能有人对于真理的追求"。① 所以，由于工作热情的衰竭，具有倦怠心理的行政决策主体没有了对荣誉、功绩、事业的执着追求，失去了由工作本身带来的各种精神需要的满足，因而以消极、麻木甚至敌对的态度面对其工作对象，"对同志对人民不是满腔热忱，而是冷冷清清，漠不关心，麻木不仁"。② 郑板桥有诗云："夜阑卧听萧萧声，疑是民间疾苦声。些小吾曹州县吏，一枝一叶总关情"。这深刻地启示着我们，领导干部应当情为民所系，对人民群众的冷暖疾苦要感同身受，对人民群众要怀抱一腔真情，才能够保持对群众呼声的敏锐性。然而，具有倦怠心理的行政决策主体往往失去了这种关心民众疾苦、急民众之所急的勤勉精神和责任意识，对民众的疾苦、需要、诉求置若罔闻。

第二，工作意义的迷失。行政决策主体的工作意义在于在满足个人必要的物质需求的基础上，以良好的公共服务回馈社会，维护和增进公共利益，从而实现行政决策主体个人价值的自我实现。然而，由于倦怠心理的存在，行政决策主体缺乏对职业荣誉的追求意识、对职业节操的坚守意识、对职业义务的自觉意识，因而降低了自身的道德人格、失去了人生的崇高追求，只能将工作的意义搁置在物质的满足和感官的刺激等较低层次的人生追求之中。具有倦怠心理的行政决策主体在工作意义上的迷失，集中体现为他们以个人的物质享乐作为工作的终极目标，追求低级趣味、庸俗享受甚至是反动、没落的所谓"爱好"。

---

① 《列宁全集》（第20卷），人民出版社1958年版，第255页。

② 《毛泽东选集》（第2卷），人民出版社1991年版，第660页。

首先，由于工作意义的迷失，具有倦怠心理的行政决策主体的价值取向是偏颇的。他们不思进取，无所事事，满足于做"太平官"，对于公众需求、公共利益漠不关心，整天斤斤计较个人的利害得失，将自身的注意力完全集中于"位子、房子、票子、妻子、孩子"等个人利益上，见成绩就抢，见工作就推，见困难就躲。

其次，具有倦怠心理的行政决策主体往往在物质消费上具有盲目攀比的心态。盲目攀比是指人们不顾自身的实际条件，盲目追随或试图超越他人的物质生活水平的心理状态。在社会生活中，具有倦怠心理的行政决策主体挖空心思与其他社会成员比住房、比坐车、比穿戴、比吃喝，如果在物质生活上被他人超过，他们的心里就好像打翻了五味瓶，觉得很丢面子，很不是滋味。

再次，具有倦怠心理的行政决策主体往往具有消极颓废的人生态度。消极颓废是指具有倦怠心理的行政决策主体以享乐人生、游戏人生作为生活的信条，沉迷于声色犬马的物质享乐而处于萎靡不振的精神状态。他们以"人生如梦"来作自我辩护，主张人生苦短、及时行乐，以穿名牌、喝洋酒、坐豪车为生活的目标，"人生得意须尽欢，莫使金樽空对月"。

最后，工作意义的迷失极容易发展为贪婪无度的物质欲望。由于工作意义的迷失，行政决策主体放弃了对自我的约束和更高层次的精神追求，因而他们对物质利益、物质享受的追求，很容易因为没有节制而陷入物质欲望的无限膨胀状态。在贪婪无度的物质欲望的驱动下，他们就有可能铤而走险，置法律、法规于不顾，置人民利益于脑后，走上贪污腐化的道路，贪财者如胡长清、贪色者如成克杰就是对由工作意义的迷失发展为贪婪无度、灵魂腐朽的最好注脚。

第三，自我效能感的匮乏。自我效能感是指个体对自己是否有能力完成某一项任务所进行的判断与预测。自我效能感不仅决定了个体在面对困难时的态度，而且决定了个体对活动方向的选择以及从事该活动的坚持性。倦怠心理的第三个重要特征是具有倦怠心理的行政决策主体的自我效能感是缺乏的，他们缺乏以维护和增进公共利益为己任的坚定信念，缺乏勇于承担责任的胆魄，缺乏自己的能力完全能够胜任本职工作的坚强信心。

一方面，自我效能感的匮乏表现为，具有倦怠心理的行政决策主体在面对矛盾和困难时消极逃避，缺乏迎难而上的信心、决心和勇气。他们不能勇于任事、敢于负责、勇挑大梁。他们"一杯茶一支烟，一张报纸看半天"，当一天和尚撞一天钟，难事往后躲、矛盾往上交、责任往下卸，总觉得多一事不如少一事。他们一心想当太平官、省心官，怕困难、怕惹事、怕得罪人，明哲保身，不敢啃硬骨头。

一方面，自我效能感的匮乏表现为，具有倦怠心理的行政决策主体在面对未来的不确定性时的消极保守，缺乏抓住机遇、加快发展的紧迫感和危机感。他们循规蹈矩，凡事慢半拍，谨小慎微、畏首畏尾，宁愿苦熬，不愿苦干；宁愿苦等，不愿苦战。他们往往不是试图依靠艰苦卓绝的奋斗来建功立业，而是以"无过即功"作为自己的工作守则，其首要的决策目标不是追求功绩，而是防止出错。"无过即功"一语来自于《菜根谭》，其原意为处在这个世界上，人不必刻意去争取功劳，其实人的一生不犯过错就是很大的功劳了。在这里，"无过即功"不是指一种圆滑、中庸的处世哲学，而是指具有倦怠心理的行政决策主体失去了建功立业的进取心和积极性，而秉持甘于平庸、保守懈怠的工作态度。

（2）行政决策主体倦怠心理的生成原因

对于行政决策主体倦怠心理的生成原因可以从社会层面、行政组织层面和个体层面予以分析。

第一，引致行政决策主体倦怠心理的社会因素

导致行政决策主体生成倦怠心理的社会性因素包括如下三个方面：

首先是传统文化的负面影响。中国传统文化是以崇尚中庸、追求和而不同为核心理念的，因此这一文化模式所期望的理想官员往往具有自制、谨慎、耐心等方面的品质，其个人情感世界往往是含蓄、内敛，具有较少的激情、锋芒和锐气。传统文化的这一特质，在塑造着官员的服从性、同一性的同时，也使得官员们在温良恭俭让的面纱掩饰下不可避免地存在着不思进取的保守性、表里不一的虚伪性、内敛内向的封闭性。这样，受传统文化的这一影响，一些行政决策主体往往具有封闭内向的性格特征，使得他们不愿也不敢向他人敞开心扉，致使其工作中所遇到的压力、所产生的负面情绪未能得到有效的疏导和宣泄，久而久之自然就会生成对职业的倦怠心理。

其次，是市场经济所带来的观念冲击。市场经济是指产品和服务的生产及销售完全依据自由市场的自由价格机制所引导的经济形式。作为一种经济运行方式，市场经济有其内蕴的价值观念和精神。韦伯（Max Webber）在其名著《新教伦理与资本主义精神》中，将市场经济的价值观念即"资本主义精神"

概括为"有系统且理性地追求合法利得的心态"。① 在经济活动中，人们对自身的合法利得的追逐自然是无可厚非的，但是一旦将这一精神不加限制地予以绝对化，试图使其适用于一切领域，就必然会导致整个社会系统、社会生活的拜金主义、功利主义、享乐主义横行，就必然会抹去"一切向来受人尊敬和令人敬畏的职业的神圣光环"，就必然会将一切的职业道德、荣誉和热情"淹没在利己主义打算的冰水之中"。② 对于行政决策主体而言，一旦受到市场观念的冲击，而自身又不能坚持正确的价值观念的话，就很容易产生"千里当官只为财"、"纱帽底下无穷汉"的想法，其工作的崇高价值必然受到侵蚀，从而造成其工作意义的迷失，逐渐生成对工作的倦怠。

最后，是过高的社会期望所带来的心理压力。所谓社会期望是指社会对于行政决策主体的道德风貌、行为方式、活动效果所提出的期许、希望和要求。应当说，我们的社会对于行政决策主体给予了很高的社会期望：在道德风貌上，我们要求他们毫不利己、专门利人，不能有任何的道德瑕疵；在行为方式上，我们要求他们在依法行政的同时，以良好的精神面貌去面对实际工作中的困难、机遇与挑战；在活动效果上，我们要求他们以最小的投入获得最大的回报，否则就是"庸官"、"昏官"。这一系列过高的社会期望成为了行政决策主体的强大精神压力。一旦这一压力得不到很好的疏导，而行政决策主体自身又不具备良好的抵抗压力的个性特征，行政决策主体必然会产生彷徨、焦虑和心理疲劳，逐渐丧失对工作的积极性。

第二，引致行政决策主体倦怠心理的行政组织因素

行政组织是由"静态的组织结构、动态的组织行为、生态的组织环境、心态的组织意识"统合而成的有机整体。③ 导致行政决策主体生成倦怠心理的行政组织因素主要包括组织结构、组织行为和组织意识三个方面。

首先，行政组织结构是指构成行政组织系统的各机构、部门、职位之间的相互关系。现代行政组织的结构是一个严格按照等级序列建立起来的金字塔结构，形式合理化和集权性是其基本的结构特征，这两个方面的特征都或多或少地促成了行政决策主体倦怠心理的孳生和繁衍。一方面，行政组织结构的形式

---

① ［德］马克思·韦伯：《新教伦理与资本主义精神》，康乐、简惠美译，广西师范大学 2007 年版，第 40 页。

② 《马克思恩格斯选集》（第 1 卷），人民出版社 1995 年版，第 275 页。

③ 彭国甫：《行政组织学》，湖南师范大学出版社 1990 年版，第 2 页。

合理化，是指行政组织区分行为合理与否的基本标准是依据此行为是否合乎程序、规则、标准等形式化的要件，而不是依据此行为的实质性后果。在这样一种组织系统中，"工作形式往往比工作内容更重要"①，行政决策主体必须严格遵守各种形式化的工作程序、规则、标准，致使工作刻板、单调，很容易挫伤他们的积极性。另一方面，行政组织的结构具有集权性，在行政组织中上级领导往往具有对下级的评价权、支配权、奖惩权，因而行政组织中行动指令的流动方向是单向度的自上而下，而且这一行动指令要求下级必须绝对服从。这样，下级在上级面前必然小心翼翼、畏首畏尾、如履薄冰，其"难事往后躲、矛盾往上交、责任往下卸"的行为方式也就是自然而然的了。

其次，就行政组织对行政人员的管理而言，行政组织行为具有明显的规训特征。在福柯（Michel Foucault）的名著《规训与惩罚》一书中，"规训"一词具有特殊的政治学、行政学意蕴。在福柯看来，因为"人体是权力的对象与目标"，所以人体是"被操纵、被改造、被规训的。它服从，配合，变得灵巧、强壮"。② 规训是指行政组织通过各种手段支配、处置、压制、形塑行政人员从而使得他们的内在思想与外在行为符合一定的要求和标准的权力运作形式。一方面，通过规训，行政组织逐渐使得行政决策主体的行为合乎规范的同时，必然会使其人格逐渐平面化、去棱角化，使其世故圆滑、暮气渐长，在培养了行政决策主体的服从性和执行力的同时，又消磨了他们的主动性和创造力。另一方面，通过规训，必然造成不同行政决策主体之间在职位、薪酬、荣誉等方面的强大势差，因而造成了一部分行政决策主体对自身职业生涯发展前景的模糊感、无助感、乏力感，在不自觉中销蚀了他们对工作的激情。

最后，从行政组织意识来看，在行政组织所倡导的积极向上、振奋人心、催人奋进的显性组织意识下，在一定程度上存在着萎靡不振、消极保守、不思进取的官僚主义意识潜流。官僚主义意识"将自己的形式的目的变成了自己的内容，所以它就处处同实在的目的相冲突"③，它只求做了，不求做好；只求领导认可，不求价值实现；只求心里安慰，不求实际效果。它将必要的工作程序、严肃的工作职责视为视为无关痛痒的例行公事，将丰富的工作内容虚

---

① 王雪峰：《剖析公共行政系统中的形式主义》，载于《中国行政管理》2002 年第 12 期。

② ［法］福柯：《规训与惩罚》，刘北成、杨远婴译，生活·读书·新知三联书店 1999 年版，第 154 页。

③ 《马克思恩格斯全集》（第 1 卷），人民出版社 1956 年版，第 301 页。

化、形式化为摆花架子、走过场的表面文章。官僚主义意识对行政决策主体的道德心理的侵蚀作用是巨大的，它必然会消磨其事业心，使其心浮气躁、作风飘浮，热衷于拉拉扯扯、巧言令色、欺上瞒下，将其工作的崇高价值和社会意义抛于脑后。

第三，引致行政决策主体倦怠心理的个体因素

导致行政决策主体产生倦怠心理的个体原因主要包括如下几个方面：

首先是行政决策主体价值观念的偏差。行政价值观念是指"行政主体关于行政客体的行政价值的总看法、总观点，也就是关于行政主体和行政客体之间的行政价值关系的根本观点"。① 行政价值观念具有动力功能、导向功能、塑造功能、整合功能，因而它影响了行政决策过程的始终。同样地，行政决策主体所持有的行政价值观念的类型和品质对于其倦怠心理的生成具有重大影响。在很大程度上来讲，一部分行政决策主体之所以生成了对于工作本身的倦怠心理，就是因为他们在行政价值观念上陷入了误区。一部分行政决策主体由于没有能够树立正确的权力观、利益观、地位观，也就难以形成对事业、金钱、名利的正确看法和观点，也就难以始终如一地坚持全心全意为人民服务的公仆意识、奉献精神、价值追求，也就难以在自己的漫长职业生涯中始终保持远大的理想、昂扬的斗志、澎湃的激情。

其次是行政人格方面的因素。人本主义心理学家马斯洛（Abraham H. Maslow）曾经给"人格"这一概念作出了一个颇具操作性的界定："它是明显不同的各种特征（行为、思想、行动的冲动、感知等）的有结构、有组织的复合体，但是如果仔细、有效地研究这些特征，便会发觉它们具有共同的一致性"。② 行政人格是一般人格在公共行政领域的具体化，它是指"行政人员依据职业要求和角色规范，通过行政活动展示自身及组织价值尊严的身心结构的总和"。③ 行政人格不仅影响了行政决策主体的决策目标的定位、决策方式的取舍，而且影响了行政决策主体在具体的决策活动中的精神状态。在其他环境条件相类似的情况下，行政人格的类型往往直接决定了主体的精神风貌和情

---

① 颜佳华：《行政哲学研究》，湘潭大学出版社 2009 年版，第 196 页。

② ［美］亚伯拉罕·马斯洛：《动机与人格》（第三版），许金声等译，中国人民大学出版社 2007 年版，第 278 页。

③ 陈建斌、邓红艳、姬鹏超：《行政人格概念辨析》，湘潭大学学报（哲学社会科学版），2010 年第 2 期。

绪状态。所以，行政人格是行政决策主体倦怠心理生成的重要制约条件。例如，在相同的条件下，具有依附型行政人格或工具型行政人格的行政决策主体将会比具有独立型行政人格的行政决策主体更容易生成倦怠心理。①

最后是个体期望方面的因素。个体期望是指个体在自我能力评价的基础上，判断自己通过努力工作能够在行政组织中达到预期成绩的概率。按照弗洛姆的期望理论，个体的期望值与其所受激励的程度成正相关关系，即期望值越高，个体就越容易受到激励。然而，问题的另外一面即在于，如若个体期望值很高，而这一期望又未能在现实中获得满足，就必然会给个体带来更大的挫伤。我们平时所说的"希望越大，失望越大"，就是这个道理。事实上，一些刚刚从大学毕业的初任公务员往往对自己的职业发展前景具有较高的期望。在其职业生涯初期，这一期望也确实转化为了他们努力投身本职工作的强大精神激励力量。然而，一旦他们的期望在现实中遭受挫折，未能得到很好的满足，而在他们的周围又没有存在良好的心理疏导机制的条件下，他们就会感到失望、灰心、迷茫甚至是工作热情的衰竭。

（3）行政决策主体倦怠心理的发展阶段

倦怠心理的生成过程，是在具备开放性、远离平衡态、非线性机制、随机涨落等条件的情况下，有理性参与其中的，行政决策主体的各种非理性因素的自组织过程。这一渐进的发展过程一般经历了如下四个阶段：

第一阶段：蜜月期。由于刚刚进入行政组织不久，行政决策主体往往对工作抱有强烈的新鲜感和兴趣，通常对工作性质、内容和环境感到较为满意。此时，他们往往对自我的职业生涯持有较高的期望，坚信通过自己的努力一定能够满足自己的需要和欲望。在此阶段，他们往往也对自己的工作怀有理想化的憧憬，具有强烈的希望通过艰苦奋斗来建功立业的事业心。

第二阶段：调试期。当逐渐意识到自己的期望并没有因为努力工作而获得满足时，行政决策主体对于工作的满意感将会逐渐降低，其工作热情正在减退。同时，工作的新鲜感消失，取而代之的是对乏味工作的长时间重复，因而他们逐渐失去了对于工作本身的兴趣。此时，他们不像前一阶段那么精力充沛、兴趣盎然，而是开始出现暂时性、间歇性的精神疲惫，其工作效率、思维

---

① 有关依附型、工具型、独立型行政人格的论述参见：张康之、李传军：《行政伦理学》，中国人民大学出版社 2009 年版，第 161～173 页。

活跃程度开始降低。工作热情减退甚至衰竭是这一阶段的典型特征。

第三阶段：强化期。随着积极性不断受到挫伤，行政决策主体的理想与现实之间的差距益发难以弥合，他逐渐产生了对行政组织和他人的不满情绪，并开始用消极怠工来发泄自己的这种情绪。同时，作为自我防御机制的一个部分，为了弥合理想与现实之间的差距，行政决策主体开始对工作的价值和意义产生了怀疑，并试图用位格较低的工作目标，如房子、车子等物质因素，来取代其原来对于工作的价值与意义的定位。因此，意义的迷失是这一阶段的主要特征。

第四阶段：固着期。由于社会的、行政组织的各种因素不断地对其施加影响，行政决策主体工作热情衰竭、工作意义迷失并没有能够得到很好的疏导和缓解。随着工作的继续，他们对工作的积极性正在进一步销蚀。渐渐地，他们发现工作的要求远远超出了他们的能力范围，他们的自我效能感、成就感逐渐消失。对工作前景悲观、沮丧、失望等消极情绪逐渐固着，成为了一种具有强烈的弥散性的心境，他们开始害怕工作、怕担责任，因而开始逃避工作、逃避责任。

3.3　行政决策主体非理性因素的功能形态

分析行政决策主体非理性因素的功能形态，就是通过认识和把握非理性因素的客观后果和社会作用，考察其功能的理想形态和不理想形态。通过功能分析，不仅能够有助于认识非理性因素对行政决策的作用与影响的现实状况，而且有助于认识非理性因素功能发挥的作用机制。所以，研究非理性因素的功能形态，既能为我们客观地评价非理性因素提供依据和尺度，又能够为我们探索优化非理性因素的行动路径提供重要的理论根据。

3.3.1　行政决策主体非理性因素的功能形态概说

行政决策主体非理性因素的功能是其基本性质的外化，是行政决策主体精神世界中兴趣、情绪、情感、意志、灵感、直觉等非理性因素作用于其他事物的能力。行政决策主体非理性因素的功能既是指这些非理性因素所具有的能力类型、属性和大小，也是指行政决策主体的非理性因素对其他事物所具有的作用。进一步说，各种非理性因素对其他事物所具有的作用，正是它们所具有的能力类型、属性和大小的具体表现。行政决策主体非理性因素的功能是一个颇为复杂的社会现象，不仅不同的非理性因素所具有的功能是不同的，就是同一种非理性因素在不同的环境条件下也会展现出截然不同的功能状态。一般来说，对行政决策主体的非理性因素的功能分析可以因循如下几条路径：

1. 行政决策主体非理性因素的元功能分析

行政决策主体非理性因素的功能取决于兴趣、情绪、情感、意志、灵感、直觉等单个精神要素的性质与属性。这些单个的精神要素都具有相对独立性，因而也就具有某种相对独立的功能。所谓"行政决策主体非理性因素的元功能"，是指兴趣、情绪、情感、意志、灵感、直觉这些单个精神要素"在孤立状态下不依赖于整体而具有的功能"。[1] 例如，有研究者指出，"情绪有助于人类的认知和进化，并构成人类理性的本质要素，但不可否认的是，它又经常导致错误的结果"。[2] 这一论述，是在对领导决策过程中情绪之于理性的作用作出描述，实质上就是对行政决策主体非理性因素的元功能作出分析。

2. 行政决策主体非理性因素的本功能分析

行政决策主体的非理性因素的功能不仅取决于各种精神要素的性质与属性，而且取决于非理性因素的数量。在元功能不为零，其他情况不变的前提下，非理性因素的数量越多，则非理性因素对行政决策主体的作用就越强，其功能也就越大。所谓"行政决策主体非理性因素的本功能"，是指各个非理性要素的元功能的机械和。例如，在分析公共政策制定中的非理性因素时，有研究者分别分析了直觉、灵感、欲望等非理性因素对制定决策方案的影响，[3] 将这些功能作用予以归并、加和、综合，即可以得出行政决策主体的非理性因素的本功能。

3. 行政决策主体非理性因素的构功能分析

行政决策主体的非理性因素的功能不仅取决于各非理性精神要素的性质与数量，而且取决于各个非理性因素之间的结构关系。所谓"行政决策主体的非理性因素的构功能"，就是指由非理性因素的结构形式而产生的功能。例如，有研究者将行政决策主体的非理性因素结构划分为认知层面和人性层面，并指出直觉、灵感等认知层面的非理性因素，主要是通过类型化、直观化、整

① 李秀林、王于、李淮春：《辩证唯物主义和历史唯物主义原理》，中国人民大学出版社1995年版，第231页。

② 罗凤英：《情绪与理性共同影响下的领导决策研究》，载于《上海行政学院学报》2010年第5期。

③ 王春福：《有限理性利益人与公共政策》，中国社会科学出版社2008年版，159~161页。

体化的方式来为行政决策提供思路、设想、启示，而欲望、情感、意志等人性层面的非理性因素则分别影响了决策目标的选择、决策的效能和主体的决断能力。① 这种分析思路，就是从构功能的视角来认识和把握行政决策主体的非理性因素对行政决策的作用和影响。

　　不论是从元功能、本功能的角度，还是从构功能的角度来分析行政决策主体非理性因素的功能，都是分析非理性因素对于行政决策主体的心理和行为所具有的作用与影响。由于行政决策主体的精神世界是由理性与非理性构成的统一体，所以分析非理性因素对行政决策主体的影响，就是分析行政决策主体的非理性因素对于理性因素的功能与作用。因此，行政决策主体的非理性因素的功能形态，实质上就是非理性因素对于理性因素作用形式。从最为直观的形式来看，非理性因素对于行政决策具有积极与消极两种不同性质的功能，而这正是由于非理性因素对于理性因素所具有的不同作用形式所决定的。当非理性因素与理性因素之间存在着良好的功能耦合关系时，非理性因素就对行政决策发挥着积极的作用和影响；当非理性因素与理性因素之间存在着功能不耦合时，非理性因素就对行政决策发挥着消极的作用和影响。基于这一认识，笔者将在下文中将行政决策主体的功能形态分为理想与不理想两种类型，分别分析这两种情况下非理性因素对于理性因素的作用形式。

3.3.2　行政决策主体非理性因素的功能的理想形态

　　列宁说过："人的意识不仅反映客观世界，并且创造客观世界"。② 这一科学论断充分说明，人不仅是脱胎于现实、依赖于现实、立足于现实的现实性存在，而且是能够运用批判性思维，提出对客观现实的理想性要求的理想性存在。人的理想总是与"应当"、"应该"、"应然"等概念相联系，属于价值观范畴，是对人们在实践活动中的愿景、诉求、目标的概括和抽象。所以，行政决策主体非理性因素的功能的理想形态，就是指非理性因素的作用符合行政决策的科学化、民主化、法制化的价值要求，对行政决策的过程和结果具有积极的、正面的功能。具体而言，就是由于非理性因素与理性因素之间实现了良好

---

① 陈绍芳：《公共政策决策中的非理性因素》，载于《中国行政管理》2001 年第 2 期。
② 《列宁全集》（第 55 卷），人民出版社 1990 年版，第 182 页。

的功能耦合，因而行政决策主体的有限理性得以充分实现。

1. 非理性因素与理性因素功能耦合的内涵

非理性因素与理性因素的功能耦合是指这两种不同性质的精神因素在行政决策过程中实现了功能的互补与协调。前文中所提及的行政决策主体的高峰体验，就是理性因素和非理性因素之间功能耦合的具体体现，正是由于它们能够相互协调、相互促进，行政决策主体才能获得极度愉悦的精神体验。非理性因素与理性因素之所以能够在行政决策过程中实现功能耦合，这是由二者之间既对立又统一的辩证关系所决定的。虽然理性因素与非理性因素是两种完全不同性质的精神因素、认识形式、认识能力，但是二者之间又是相互依赖、相互渗透、相互作用、相互促进的，共同统一于行政决策主体的精神世界中。理性因素与非理性因素之间的这种对立统一的辩证关系内在地决定了它们在行政决策过程中各自的作用范围和功能空间存在着差异性和互补性，从而能够形成良好的功能耦合关系。① 非理性因素与理性因素的功能耦合主要体现在如下两个方面：

（1）理性因素统驭、支配、引导非理性因素

理性因素是受人的目的所支配的按照一定的逻辑规则和逻辑程序运作的精神属性、精神活动、认知形式、认知能力的统称。与非理性因素的不自觉性、非逻辑性、情绪性的本质属性相对应，理性因素具有自觉性、逻辑性、理智性的特征。理性因素的自觉性是指在认识和实践活动中，理性能够有意识地、自主地、能动地选择和应用科学的工具、方法和技术，以实现一定的目的。理性因素的逻辑性是指理性的认识形式主要是借助于抽象、系统、有序的逻辑思维，通过概念、判断、推理的逻辑程序反映认识对象。理性因素的理智性是指理性在实践活动中能够冷静地分析形势，客观地研究自身的能力与实践活动需要的匹配状况，敏锐地预测实践活动的结局和前景，从而审慎地进行活动的目标定位和方式选择。

由于理性因素具有自觉性、逻辑性、理智性的特征，因而理性因素具有间接性、概括性、深刻性的优点。"感觉了的东西，我们不能立刻理解它，只有理解了的东西才能更深刻地感觉它"。所以，"认识的真正任务在于经过感觉

---

① 颜佳华、苏曦凌：《非理性因素影响行政决策的作用机制分析——以理性因素与非理性因素的功能耦合为视角》，载于《中国行政管理》2010 年第 4 期。

而到达于思维，到达于了解客观事物的内部矛盾，了解它的规律性，了解这一过程和那一过程间的内部联系，即到达于论理的认识"。① 理性因素使得行政决策主体能够中从现象中揭示本质，个别中看到一般，从偶然中发现必然，从现状中推断过去、预见未来。因此，理性因素应当在行政决策活动中居于主导地位，对非理性因素发挥支配、控制、引导的重要作用，规定着行政决策活动的本质和方向。

（2）非理性因素诱导、调节、补充理性因素

"感性无理性则盲，理性无感性则空"。② 虽然，在理性因素与非理性因素的矛盾关系中，理性因素居于主导地位，但是理性决不能脱离非理性而孤立、抽象、空洞地存在。相反地，理性因素的正常运作，离不开非理性因素的诱导、调节和补充作用。首先，非理性因素对理性因素具有诱导作用，它以各种动力的形式影响、诱导、激活理性因素，使得逻辑性的理性思维获得了具有较强指向性的源动力和具有较强果断性的决断力。其次，非理性因素对理性因素具有调节作用，通过其功能的发挥，使得理性因素在确定决策目标指向、构筑决策反馈机制、构建决策纠偏机制的过程中具有了感性的、直观的、具体的心理基础。最后，非理性因素是对于理性的、逻辑的认知方式和认知能力的重要补充，它能通过简化决策逻辑思维程序、创造性地设计备选方案弥补理性思维的不足。

2. 功能耦合状态下非理性因素影响行政决策的作用机制

在功能耦合状态下，非理性因素通过动力机制、调控机制、认知机制实现了对理性因素的诱导、调节、补充，从而对行政决策的过程和结果发挥了积极的作用与影响。

（1）非理性因素影响行政决策的动力机制

非理性因素影响行政决策的动力机制，是指在行政决策过程中非理性因素通过影响、诱导、激活理性因素，而为行政决策活动提供设定决策议程的源动力、选择备选方案的决断力。

第一，非理性因素为设定决策议程提供源动力。

设定决策议程是指社会问题为行政决策主体所关注并被"纳入政治或政

---

① 《毛泽东选集》（第1卷），人民出版社1991年版，第286页。

② ［德］康德：《纯粹理性批判》，蓝公武译，商务印书馆1960年版，第14页。

策机构的行动计划"。① 决策主体对某一社会问题的关注，是该问题进入行政决策程序、列入决策议程的必要条件。然而，行政决策主体对社会问题的关注具有较强的选择性，即行政决策主体总是关注某些问题而忽略其他问题，"选择性地去感知那些他们期望和愿意看到的事物"。② 马克思指出："激情、热情是人强烈地追求自己对象的本质力量"。③ 某一社会问题之所以能够引起行政决策主体的关注、进入行政决策程序、列入决策议程，无非是解决该社会问题能够引起行政决策主体一种积极的情绪、情感体验。在情绪、情感等非理性因素的诱导作用下，主体的理性逻辑思维能力便被激活并以较强的指向性将该社会问题纳入自身决策活动范围，对其予以准确、完整的陈述和抽象，以求获得该社会问题的合理解决。

第二，非理性因素为选择备选方案提供决断力。

所谓决断力，是指行政决策主体快速判断、选择、执行及修正决策方案的一种综合能力。从某种意义上讲，行政决策过程是由一系列决断活动所组成的，主体的决断能力直接关系到决策活动的成败。行政决策主体的决断能力深受其意志品质的影响，意志等非理性因素为其选择备选方案提供决断力。从心理学的角度来看，行政决策过程本质上就是一个包含了动机取舍、目的确立、拟定计划、执行决定的意志行动过程。在行政决策主体选择备选方案的过程中，以意志为代表的非理性因素与理性因素之间形成了一种"胆"与"识"的关系，"胆"表现为主体克服困难、创造业绩、实现目标的信心、勇气和毅力；"识"表现为主体探索和把握客观政策现实的理性思维。在正确把握客观政策现实的基础上，行政决策主体由于具有非理性因素所提供的决断力便会表现得"有胆有识"，从而在选择政策方案时表现出自觉性、果断性、顽强性等良好的意志品质特征。

（2）非理性因素影响行政决策的调控机制

非理性因素影响行政决策的调控机制是指在行政决策过程中，非理性因素通过导向、评价、调节等作用与功能的发挥，调控理性因素，促使行政决策系统内部各要素之间的结构关系实现优化的作用机理与运作过程。非理性因素影

---

① 张金马：《政策科学导论》，中国人民大学出版社 1992 年版，第 146 页。
② ［美］斯科特·普劳斯：《决策与判断》，施俊琦等译，人民邮电出版社 2004 年版，第 14 页。
③ 《马克思恩格斯全集》（第 42 卷），人民出版社 1979 年版，第 169 页。

响行政决策的调控机制主要表现为非理性因素是影响行政决策的目标指向的心理基础，是构筑行政决策反馈机制的心理依据，是构建行政决策纠偏机制的心理凭藉三个方面。

第一，非理性因素的导向功能是影响行政决策目标指向的心理基础。

非理性因素的导向功能是指需要、情感、意志、信仰等非理性因素表征着行政决策对于主体的意义和价值，具有较强的意向性、目的性，因而为行政决策提供着方向性引导。行政决策目标是行政决策主体"预先形成的实践成果的观念形式"，① 尽管理性因素在确定与调整行政决策目标过程中居于主导地位，但理性因素在此过程中的功能发挥却深深地受到非理性因素的影响。可以说，非理性因素是影响行政决策目标指向的心理基础：

一方面，行政决策主体的主观需要是确立和调整行政决策目标的主体性依据。马克思曾经说过，实践活动是"以与一定的需求相应的方式占有自然物质的有目的活动"。② 这充分表明主体的实践活动的最终指向是自身的需要。行政决策实践也不例外。行政决策目标的确定和调整本质上是行政决策主体为了满足自身的需求而进行的理性思维活动。在确定和调整行政决策目标的过程中，理性思维总是以主体的需要和动机作为思考的方向，以主体的兴趣和情感构建主观偏好，以主体的信念和信仰作为价值导向。因此非理性因素是确定和调整行政决策目标的主体性尺度和依据。

另一方面，行政决策主体的情绪状态对决策目标的客观性程度具有重要影响。所谓行政决策目标的客观性是指行政决策目标的确立与调整，应当符合行政活动的基本规律、符合行政环境的客观实际、符合行政决策主体自身的决策约束性条件。作为一种非理性因素，行政决策主体的情绪状态通过调节理性因素功能的发挥进而影响决策目标的客观性程度。当行政决策主体处于激情或消沉的情绪状态时，往往会使其理性思维受到激发或者压抑，从而使得决策目标过高或者过低，即表现出"左"或右的倾向。

第二，非理性因素的评价功能是构筑行政决策反馈机制的心理依据。

需要、情感、意志、信仰等非理性因素表征着主体在行政决策过程中的主观感受，因而能够感性地、直观的、具体地评价行政决策。主体的这种以直接

---

① 颜佳华：《行政哲学研究》，湘潭大学出版 2009 年版，第 233 页。
② 《马克思恩格斯全集》（第 47 卷），人民出版社 1965 年版，第 55 页。

感受性为特征的评价既是对前一阶段理性思维活动的主观体验，同时也是影响后续理性思维活动的心理倾向，因此将会调节和影响到理性因素的活动状态。通过评价来调节自身理性因素的活动状态和水平，行政决策主体就能在自我的精神世界中构建行政决策的反馈机制，即获得对于决策目的、决策过程、决策结果的认识和体验。这一认识实际上就是行政决策主体继续实践的经验和知识储备，有利于深化行政决策主体对行政决策活动规律的主观把握。同时，这一认识的获得亦有利于行政决策主体依据决策对象的客观属性和自身的主观诉求对行政决策的方案、程序予以调节。

"评价是对主体需要的自我意识"。① 在对行政决策进行评价过程中，不同的非理性因素发挥着不同的功能和作用。其中，需要、情绪、情感是行政决策评价的感性尺度，它们表征着主体对行政决策实践过程与结果的主观体验；意志是评价得以完成的规范性力量，是主体在决策评价过程中抑制消极情绪、态度的控制力；信仰是行政决策评价的价值导向，为评价决策提供根本价值准则。

第三，非理性因素的调节功能是构建行政决策纠偏机制的心理凭藉。

非理性因素的调节功能是指意志、信仰等非理性因素能够调整自身的精神世界，抑制自身的偏离现实的需要、情绪、冲动。科学的行政决策应当辩证地把握主观需要与客观实际之间、必要性与可能性之间的相互关系，从而在行政决策的理想性与现实性之间保持必要的张力。要实现行政决策活动合目的性与合规律性的统一，就必须在理性的逻辑思维的指引下，在全面而深刻地把握行政客体的基础上，对不切实际的盲目冲动予以抑制，对偏离客观实际的思想和行为予以纠正，从而在主体的精神世界中构建行政决策的纠偏机制。理性思维通过借助意志、信仰等非理性因素的能动性去抑制自身的偏离现实的需要、情绪、冲动，从而协调主体与客体之间、主观需要与客观规律之间、短期利益与长远利益之间的矛盾。恩格斯曾经说过："一切动物的一切有计划的行动，都不能在地球上打下自己意志的印记。这一点只有人才能做到"。② 作为人类所特有的精神属性，意志、信仰等非理性因素，是主体赖以凭藉的抑制和调节自身各种需要、情绪、冲动的能力。由于意志、信仰等非理性因素的存在，行政

① 李连科：《价值哲学引论》，商务印书馆1999年版，第109页。
② 《马克思恩格斯选集》（第4卷），人民出版社1995年版，第383页。

决策主体便具有了对自身偏离客观实际的思想和行为予以纠正的心理凭藉。

（3）非理性因素影响行政决策的认知机制

直觉、无意识、灵感、顿悟等非理性因素具有认知功能，在行政决策过程中能够通过简化决策逻辑思维程序、创造性地设计备选方案从而弥补理性因素的不足，为行政决策提供智力支持。

第一，非理性因素是简化决策逻辑思维程序的有效途径。

逻辑思维是人们在认识过程中借助于概念、判断、推理等形式能动地反映客观现实的理性思维形式。相对于非理性因素而言，理性的逻辑思维在具有其不可比拟的优越性的同时，亦具有一定的不足，即完整的逻辑思维过程不仅需要充足的时间资源，还意味着主体心智资源的大量耗费。这就需要运用直觉、无意识、灵感、顿悟等非逻辑的、快捷的、灵活的非理性认知形式予以补充。

在行政决策过程中，需要简化逻辑思维程序，快捷而灵活地获得对行政客体的把握是由行政决策自身的特性决定的。首先，大量的行政决策属于程序性决策，对于这些结构性、重复性较强的日常事务，决策主体不需要运用逻辑思维去把握政策问题的全部细节，而是只需要运用直觉、无意识等经验思维方式快捷地作出判断。其次，一部分行政决策往往面临着较大的时间压力，决策主体往往不具备充分的时间资源来完成一个完整的决策逻辑思维程序，因而需要借助非理性因素简化决策逻辑思维程序迅速地获得问题的解决方案。最后，行政决策过程中，主体往往容易受到决策信息过度的影响，这就需要主体运用直觉等非理性因素实现对决策信息的简捷化筛选，迅速作出决断。

在行政决策过程中简化逻辑思维程序不仅是一种必要，而且是一种可能。非理性因素简化行政决策逻辑思维程序的功能的发挥是通过行政决策主体心理世界中的经验系统的运作而实现的。经验系统是在主体的实践中生成的以经验、体验为基本结构要素，具有较强个性特征的信息加工处理系统。它与逻辑推断系统一起共同构成了行政决策主体精神世界的信息加工系统。相对于逻辑推断系统而言，经验系统的信息加工具有自动、快速、整体等方面的特征。直觉、无意识、灵感、顿悟等非理性因素都是行政决策主体对客观世界的主观体验，是行政决策主体经验系统的重要组成部分。借助于这些非理性因素，行政决策主体便可以将不同的政策问题和决策对象予以概括和归类，存储于自我的经验系统中。一旦遇到与经验相似的政策问题和决策对象，经验系统便会被激活，以自动、快速、整体的方式处理政策问题和决策对象，从而达到简化行政决策逻辑思维程序的效果。

第二、非理性因素是创造性地设计备选方案的有效途径。

以直觉、灵感为代表的非理性因素以不自觉性、非逻辑性、冲动性的思维形式弥补了理性思维的不足，为创造性地设计行政决策备选方案提供颖悟和洞察的智慧。

直觉通过更替式突变为主体提供颖悟和洞察的智慧。更替式突变是指在设计备选方案过程中，行政决策主体通过自身的非理性的直觉思维对理性的逻辑思维的更替，从而创造性地设计备选方案的过程。在特定的行政决策情境中，主体的理性思维模式很容易成为理性因素的逻辑力量无法突破的逻辑束缚，从而使得其设计的备选方案缺乏创造性，容易落入模式化、刻板化的窠臼。这时，行政决策主体就需要用直觉思维替代逻辑思维来突破逻辑规律的思维束缚，从而获得了观察、揭示政策问题内在本质的智慧。直觉思维之所以能够成为颖悟和洞察的智慧，是因为它具有意象性特征，从而兼具了抽象思维与形象思维的特征，因而所涉及的信息远比逻辑思维更为广泛，能够从整体上、宏观上把握决策问题，为行政决策主体创造性地设计备选方案提供颖悟和洞察的智慧。

灵感通过跳跃式突变为主体提供颖悟和洞察的智慧。跳跃式突变是指行政决策主体在逻辑思维长期思考而不得其解的情况下，由外来信息的触发产生灵感，使得自身对于决策问题的认识突然达到本质性的、规律性的程度的过程。作为一种非逻辑的创造性思维形式，灵感经过酝酿、引发、跳跃等环节最终成为了行政决策主体认识决策问题的本质与规律的思维能力。灵感经过跳跃式突变所获得的认识成果是对于决策主体既有的知识和经验的超越和突破，因而具有较强的创造性，从而使得行政决策主体设计的备选方案具有较强的首创性、独特性和新颖性。

3.3.3 行政决策主体非理性因素的功能的不理想形态

行政决策主体非理性因素的功能的不理想形态，是指由于非理性因素与理性因素之间未能实现功能耦合，主体的有限理性未能得到充分的实现，从而使得非理性因素的作用不符合行政决策的民主化、科学化、法制化的价值要求，非理性因素对于行政决策的过程和结果发挥着负面的、消极的功能和影响。非理性因素与理性因素之间的功能不耦合，实质上就是非理性因素处于过热或者过冷的活动状态，从而使得主体的精神世界处于过热非理性状态或过冷非理性状态。①

1. 过热非理性状态

所谓"过热非理性状态"，是指非理性因素的作用范围和作用强度未能得到有效的限制和约束，非理性因素的活动作用过于活跃，从而绑架、宰制、裹挟了理性因素，使得非理性因素在主体的精神世界中处于主导地位的情况和态势。例如，当行政决策主体以强烈的偏见心理来从事行政决策活动时，其精神世界就处于明显的过热非理性状态。此时，主体以偏向性的情感、偏执性的意向等非理性因素作为基本的思维框架和认知图式来理解决策现实，其理性认知活动受到了非理性因素的遏制和禁锢，以偏概全地、先入为主地、主观臆断地看待行政决策中的人和事。行政决策主体处于过热非理性状态时，其精神世界往往具有如下几个方面的情绪特征：

（1）冲动。冲动，具有时间跨度与精神强度两个方面的规定性。就时间跨度而言，冲动不同于感动，它存在时间跨度较为短暂，是主体在短时间内由某一心理事件的诱导而突然产生的情绪反应。就精神强度而言，冲动不同于激动，它强调主体所产生的情绪反应情量很高、情能很大，以至于难以遏抑，不得不予以宣泄、排遣。将这两个方面综合起来，冲动就是短期内产生的头脑发热、精神亢奋。当处于过热非理性状态时，行政决策主体具有明显的冲动特征，即行政决策主体在对客观决策环境的认识不够充分的情况下，冒然、轻率、盲目地实施了决策。例如，在反思"大跃进"的错误时，邓小平同志曾经说过："'大跃进'，毛泽东同志头脑发热，我们不发热？刘少奇同志、周恩来同志和我都没有反对，陈云同志没有说话"。② 可见，"大跃进"的错误实质，就是决策者的理性被狂热的情绪所绑架，过于乐观地估计了所面临的机遇，冲动地制定"十五年超英，二十年赶美"的行动方案。

（2）偏执。《明史·邹元标传》中有一句名言："偏生迷，迷生执，执而为我，不复知有人"。偏执是偏激与固执的统一体，是指行政决策主体走极端、偏激、过火的思维方式和刚愎自用、固执己见的认识态度。意志、情感、经验等非理性因素对理性认知的遏制和扭曲是造成行政决策主体偏执的心理根

---

① 事实上，不论是过热非理性状态还是过冷非理性状态，它们的极端情况都可能是主体处于严重的精神疾病状态。在本书中，笔者假定行政决策主体是心理健康、人格健全的，因而对于这些极端情况本书不予讨论。

② 《邓小平文选》（第 2 卷），人民出版社 1994 年版，第 296 页。

源。就思维方式而言，偏执是指一种偏激的思维方式，它表明行政决策主体的辩证理性思维是缺乏的，因而行政决策主体难以真正懂得过犹不及的道理，在实施决策过程中采取"独眼龙一边看，木匠斧头一面砍"的做法。就认识态度而言，偏执是一种固执己见的认识态度，它表明行政决策主体对信息的输入和加工都完全被各种非理性因素所左右，对于任何异己的观点都不能予以正视、倾听，对自我的错误执拗地予以固守。偏激的思维方式与固执的认识态度是相互促进的，偏激的思维方式能够为固执的认识态度提供"合理性"论证，而固执的认识态度又强化了偏激的思维方式。所以，偏执是冥顽不灵、顽固不化的，行政决策主体一旦陷入偏执，就很难从这一过热的非理性状态中摆脱出来。

（3）夸张。在任何一种心理环境中，主体都会产生一定的情绪反应。但是，在过热非理性状态下，行政决策主体的情绪反应却是以夸张的形式表现出来的。行政决策主体的夸张情绪反应，是指由于缺少理性的引导，主体往往以比较激烈而非温和的方式来反映心理情境，他们的情绪总是在恐惧或狂喜、悲观或乐观、憎恨或热爱的两极状态摇摆。在过热非理性状态下，行政决策主体的夸张情绪反应集中体现为他们对机遇或者风险的过度认知。密尔（John Stuart Mill）有一句名言：当你身边的人都陷入绝望时，你应该看到希望；当你身边的人都满怀希望时，你应该意识到潜在的危险。然而，一旦理性被冲动性的、非逻辑性的、非自觉性的情绪所主宰时，主体的精神世界就会出现对机遇的狂喜或对风险的恐惧等过度认知，或者是只看到了机遇因而狂喜，或者是只看到了风险因而恐惧。当左右理性的情绪是一种对风险的恐惧时，行政决策主体所制定的决策方案往往是过于保守的；当左右理性的情绪是一种对机遇的狂喜时，行政决策主体所制定的决策方案往往是过于激进的。

2. 过冷非理性状态

过冷非理性状态是指由于理性因素对非理性因素过分地禁锢、压抑和束缚，从而使得行政决策主体的非理性因素活动衰减、蛰伏、沉寂，其动力功能、调控功能、认知功能没有能够得到有效的发挥。前文中所谈到的倦怠心理就属于典型的过冷非理性状态。由于行政价值观的偏差，在许多工作效果、效率、效能难以量化的场合，行政决策主体就会产生"干多干少一个样、干好干坏一个样"的理性的、功利性的评价，也就会采取消极怠工、逃避责任等方式来应对工作中的种种要求。在这个层面上来看，倦怠心理的实质，是理性的功利算计对非理性的热情、意志、灵感的强有力的抑制。在过冷非理性状态下，行政决策主体的决策活动具有如下两个方面的特征：

（1）动力不足。当行政决策活动不能满足和彰显行政决策主体的需要、兴趣和诉求，而是予以剥夺和遏制时，行政决策主体必然会产生动力不足的倾向。例如，一部分行政决策者之所以相对忽视那些关系民生的决策项目，如教育、环保、社会保障等，无非是这些项目投入大、见效慢，不符合这些决策者急功近利的政绩需要。

（2）思维机械。一旦直觉、无意识、灵感、顿悟等非理性认知形式遭到扼杀，主体在行政决策过程中思维必然是繁琐、低效、缺乏创造性的，下面这一预言即是最好的证据：

蜈蚣是用上百条细足爬行前进的。

哲学家青蛙见到了蜈蚣，久久地注视着，心里很是纳闷：四条腿走路都那么困难，可蜈蚣居然有上百条腿。它如何行走？这真是一个奇迹！蜈蚣是怎么决定先迈哪条腿，后动哪条腿，接着再动哪条腿呢？

于是青蛙拦住了蜈蚣，问道："我是一个哲学家，但是被你弄糊涂了，我想请教你，你是怎么走路的？"

蜈蚣说："我一直就是这么走的啊，有谁想过呢？现在你既然问了，那我得好好地理性思考一番才能回答你。"

这个念头第一次进入了蜈蚣的意识，该先动哪条腿呢？蜈蚣怎么想也想不明白，动又不能动，终于趴下了。①

3.4　本章小结

行政决策主体的非理性因素，是指在主体的精神世界中与理性相区别的，具有不自觉性、非逻辑性、情绪性的精神现象的统称。在理性因素的参与下，行政决策主体的各种非理性因素相互作用、相互制约从无序演变为有序，以及从有序演变为更加有序，即统合成种类繁多的各种非理性心理现象，如高峰体验、偏见心理、倦怠心理等。自组织是行政决策主体非理性因素的存在形式。它表明，主体的非理性世界并不是孤立的、封闭的存在，而是以各种心理现

---

① 庄锦英：《决策心理学》，上海教育出版社 2006 年版，第 242 页。

象、心理活动的结构要素的形式而存在，不仅各种非理性因素相互纠结在一起，而且非理性因素又与理性因素相互渗透、融合，共同演绎了丰富多彩的心理现象与心理活动。行政决策主体的非理性因素的功能包括理想与不理想两种形态。当非理性因素与理性因素实现了良好的功能耦合时，非理性因素所发挥的是积极、正面的功能。反之，当非理性因素与理性因素相互排斥、束缚、压抑时，非理性因素所发挥的就是消极、负面的功能。由于非理性因素与理性因素未能实现功能耦合，行政决策主体的精神世界将处于过热非理性状态或者过冷非理性状态，这种精神状态必将外化为各种非理性行为。

第4章

行政决策主体的非理性行为分析

当主体的精神世界处于过热或者过冷的非理性状态时，其外在的行为必然是非理性的。所以，对行政决策过程的各种非理性行为的研究，是对非理性因素研究的深化，有利于进一步揭示行政决策主体的非理性因素的功能处于不理想状态时的具体行为表现。

4.1 非理性行政决策行为的本质属性

在现实生活中，人们对"非理性行为"这一概念的使用存在着一定程度的概念滥用现象。一方面，人们往往混淆了行为过程的非理性与行为结果的不理想之间的界限，将一切具有不称心、不合意的结果的行为皆冠以"非理性"的头衔，以至于"非理性行为"一词成为了指代一切负面的、消极的人类行为的别称。另一方面，人们所采取的理性标准过于理想化，将一切不合乎这一标准的行为都归入非理性的门下，既使得"理性行为"逐渐脱离了现实的社会生活，成为一种抽象的理论悬置，又使得人类的一切行为都成为了不可避免的"非理性行为"。因此，为了正确地认识非理性行政决策行为的本质属性，就必须在科学分析理性行政决策行为的本质属性的基础上，正确看待二者之间的关系，方能对"非理性行政决策行为"这一概念予以辩证把握。

4.1.1 理性行政决策行为的本质属性

什么样的行为才是理性的？或者说，判断某一行为理性与否的标准是什么？对这一问题的不同回答，不仅是衡量研究者理论倾向的重要尺度，而且是不同学科之间研究思路的根本分歧。正如西蒙所说的那样："经济学和心理学这两个领域兴趣在于回答非常不同的研究问题，而且每一个均已经或多或少适用于其各自研究关注对象的理性观点"。① 西蒙认为，经济学与心理学关于"理性行为"的概念差别，不仅在于二者在这一概念的适用范围上存在着差别，而且是对这一概念的基本内涵存在着迥然不同的理解。相对于心理学而言，经济学是在一个相当宽泛的范围内使用着"非理性行为"的概念，以至于非常狭义地适用"理性行为"的概念。同时，"经济学的理性是实质理性，而心理学的理性是过程理性"，② 二者之间存在着难以弥合的分歧。

1. 实质理性标准

经济学判断某一行为理性与否是采取实质理性标准，即当某一行为在给定的条件和约束所施加的限度内最为适合达成给定的目标时，那么这一行为在实质上就是理性的。"'偏好一致性 + 效用最大化'一旦被嵌入选择模型，人的选择行为便被赋予了理性属性"。③ 经济学的实质理性标准包括偏好一致性标准和效用最大化标准两个方面：

第一，偏好一致性标准。实质理性标准认为，理性的行为应当是始终坚持自己一贯的价值取向、偏好、目标的行为，因而理性行为主体的偏好具有前后一致性。偏好一致性标准内蕴着两个基本假设：其一是连续性假定，即行为主体所面临的一切选择是可以予以价值排序的；其二是传递性假设，即行为主体的偏好顺序是可以传递的，如果在 A、B 之间主体偏爱 A，在 B、C 之间主体偏爱 B，那么在 A、C 之间主体就必然会偏爱 A。

第二，效用最大化标准。实质理性标准认为，理性的行为是追求个人效用最大化的行为，即当遇到一系列的选择时，如果行为主体作出了最能服务于他的目的选择，那么这一行为就是理性的。正如奥尔森（Olson，M.）所指出的，认定某一行为是理性的，是"不管他们的目标是自私的还是无私的，但它们实现这些目标的手段应该是有效率的和有实际意义的"。④

实质理性标准具有浓厚的理想主义色彩。符合这一标准的行为主体是全知全能的，他们具有有序的偏好、完备的信息，能够借助于自身无限的计算能力

---

① 《西蒙选集——诺贝尔经济学奖获奖者学术精品自选集》，黄涛译，首都经济贸易大学出版社2002 年版，第 246 页。

② 《西蒙选集——诺贝尔经济学奖获奖者学术精品自选集》，黄涛译，首都经济贸易大学出版社2002 年版，第 338 页。

③ 何大安：《理性选择向非理性选择转化的行为分析》，载于《经济研究》2005 年第 8 期。

④ ［美］曼瑟尔·奥尔森：《集体行动的逻辑》，陈郁等译，上海人民出版社1995 年版，第 74 页。

运用这些信息来预测一切行为后果，能够依据这些可能后果来选择最符合自己偏好的行动方案，实现期望效用的最大化。事实上，现实中的行为很少能够符合这一标准。所以，用实质理性标准来评价主体的行为理性与否，实质上是用过于理想化的标准来评价现实中的人的行为，其评价结果必然是绝大多数的人类行为都是"非理性"的。也正是由于这一原因，从根本上决定了经济学始终是一套规范性而非描述性的理论体系，它总是试图用一种脱离现实的、悬置于现实之上的理想化标准来规范人们的经济活动，使人们更为理性地，或者说更为符合理性标准地从事物质资料的生产、分配、交换和消费。

2. 过程理性标准

与经济学所主张的实质理性标准不同，心理学判断行为理性与否所采取的是过程理性标准。"行为是过程理性的，是指它是适当的深思熟虑的结果。其过程的理性取决于产生它的过程。当心理学家使用'理性'一词时，通常他们头脑中想到的是过程理性"。① 过程理性标准与实质理性标准的差别集中体现为，前者是通过行为过程的某些特质和规定来判断行为理性与否，而后者则是依据该行为是否最有利于实现既定的目标而判断其是否理性。同时，实质理性所采取的是"最优"标准，即所谓个人效用最大化；而过程理性所采取的是"满意"标准，即"管理人只有相对简单的经验法则，对思维能力不提过高要求"②，以一种简化的方式面对决策的要求和人类理性能力的限制。

判断人类行为是否理性与判断行为结果是否理想是两个不同的问题。尽管行为过程的理性有利于促进行为结果达成理想的目标，但是行为结果还要受到许多其他因素的制约，因而行为过程的理性与行为结果的理想不具有直接同一性。因此，判断人类行为是否理性的标准，不能够完全等同于判断行为结果是否理想所采用的标准，我们不能够依据行为的效果来判断该行为是否理性。所以，相对于实质理性标准依据行为的结果来判断行为理性与否，过程理性强调用行为过程中的特点、性质、状态作为评价该行为是否理性的标准，是一个非常具有启示性意义的研究思路。

① 《西蒙选集——诺贝尔经济学奖获奖者学术精品自选集》，黄涛译，首都经济贸易大学出版社 2002 年版，第 248 页。

② ［美］赫伯特·A. 西蒙：《管理行为》，詹正茂译，机械工业出版社 2004 年版，第 103 页。

3. 生态理性标准

西蒙提出，用"适当的深思熟虑"作为判断行为理性与否的标准。然而这是一个非常模糊的概念，他并没有明确地回答什么样的行为才是"适当的深思熟虑"的行为。在当代西方心理学界，承继西蒙的学说并将这一研究予以推进的首推德国心理学家吉戈伦尔（Gerd Gigerenzer）教授，他提出了颇具竞争力的"生态理性"概念。"面对环境的挑战，为了更好地适应它，有机体必须能够作出快速、节俭而准确的判断。现实世界的要求导致了一个合乎时宜的推理概念的诞生——生态理性。与特定的环境结构相匹配的快速节俭启发式使得有机体从生态学角度看是有理性的"。① 用生态理性标准来判断行为是否理性，就是"根据其与现实的拟合程度来界定"。② 也就是说，当某一行为的过程与行为主体所处的具体环境的结构和特点是拟合、协调的，那么，就可以断定该行为是理性的。

吉戈伦尔所提出的、用以判断行为是否理性的生态理性标准，是符合唯物辩证法的。马克思早就指出："人的思维是否具有客观真理性，这不是一个理论问题，而是一个实践问题。人应该在实践中证明自己思维的真理性，即自己思维的现实性和力量，自己思维的此岸性。离开实践的思维的现实性或非现实性的争论，是一个纯粹经验哲学的问题"。③ 思维的真理性不能由思维自身来予以论证，而只能用实践的标准予以考量。同样地，由思维所主导的行为是否符合理性要求的问题，也不能单纯依据主导该行为的思维是否具有推理的有序性和逻辑性来判定，而是应当依据这一行为实践的基本模式——行为主体与行为环境互动的情况来予以判断。理性的逻辑思维不能直接作为判定行为是否理性的标准。行为的理性必须是行为主体的主观世界与客观世界相符合。要正确判断主观与客观是否符合，只在主观的精神世界中兜圈子是根本不可能完成的。要检验人类行为是否具有客观真理性，必须将主观精神世界与客观物质世界、行为主体与行为环境统一起来进行考察。当行为主体能够与行为环境之间产生积极良性的互动和协调时，那么主体所采取的行为就是理性的。

---

① ［德］歌德·吉戈伦尔、彼得·M. 托德：《简捷启发式——让我们更精明》，刘永芳译，华东师范大学出版社2002年版，第22页。

② ［德］歌德·吉戈伦尔、彼得·M. 托德：《简捷启发式——让我们更精明》，刘永芳译，华东师范大学出版社2002年版，第5页。

③ 《马克思恩格斯选集》（第1卷），人民出版社1995年版，第58~59页。

4. 理性行政决策行为的规定性

不论是实质理性标准、过程理性标准，还是生态理性标准，都具有明显的工具主义色彩。它们采取的都是纯粹工具理性的评价标准，即"不管他们的目标是自私的还是无私的"，只要某一行为是"选择恰当的手段来达到指定的目的"①，就可以断定这一行为是理性的。纯粹工具理性的评价标准忽视了对行为价值合理性的考量。价值理性与工具理性的分殊源自于马克思·韦伯的研究。从社会行为分类的角度出发，韦伯将利用手段、技术追求功利目标的行为称为工具理性行为，而将坚持"伦理的、美学的、宗教的或作任何其他阐释的——无条件的固有价值的纯粹信仰，不管是否取得成就"的行为称之为价值理性行为。② 事实上，任何理性的社会行为都必然是价值理性行为与工具理性行为的统一，在价值、目标、伦理层面符合理性的规范，是某一社会行为实现理性化的基本前提和必要条件；在工具、手段、方法层面具有科学性、有效性、可行性的行为特质，是判别该社会行为是否理性的基本尺度。

在行政决策活动过程中，理性行为的实现，既离不开价值理性所提供的对引导行为的价值、目标合理与否的理性判断，亦离不开工具理性提供的关于实现价值、达成目标的工具、手段是否有效率的理性推理，是工具理性和价值理性的统一。③ 在价值理性层面，理性的行政决策行为是指以公共利益为目标诉求，以公共精神为伦理信念，在效率、自由、民主、公正诸价值之间寻求基本平衡与整体兼顾。在工具理性层面，理性的行政决策行为是指"通过理性的行政行为达成行政目标，也就是进行理性的选择，并运用最佳手段和途径达成行政目标"④，也就是在实现既定的价值目标的过程中行政决策主体能够与行政决策环境实现拟合。

（1）理性行政决策行为在价值理性层面的规定性

理性行政决策行为在价值理性层面的规定性，是指行政决策主体在价值选择、目标规划、道德考量时能够遵循一定的原则予以恰当的权衡。这些原则包括如下四个方面：⑤

① [美] 赫伯特·A. 西蒙：《管理行为》，詹正茂译，机械工业出版社 2007 年版，第 66 页。
② [德] 马克思·韦伯：《经济与社会》（上卷），林荣远译，商务印书馆 1997 年版，第 56 页。
③ 颜佳华、苏曦凌：《行政理性论》，载于《湘潭大学学报（哲学社会科学版）》2010 年第 5 期。
④ 张成福：《大变革——中国行政改革的目标与行为选择》，改革出版社 1993 年版，第 44 页。
⑤ 李连科：《价值哲学引论》，商务印书馆 1999 年版，第 142～147 页。

第一，行政决策主体的价值分析、评价和选择必须实现合规律性与合目的性的统一。"动物仅仅是利用外部自然界，简单地通过自身的存在在自然界中引起变化；而人则通过他所作出的改变来使自然界为自己的目的服务，来支配自然界。这便是人同其他动物的最终的本质的差别"。① 在客观规律面前，人与动物之间存在着重要的差别，人不是消极地适应规律，而是按照自己的本性和需要积极进行价值分析和选择，使之适合于人的内在本性和需要。在实践活动中，主体应当借助于意志自由，即"借助于对事物的认识来作出决定的那种能力"②，冷静思考、审慎选择，使其目标规划实现客观世界的尺度与主体需要的尺度的统一，使其价值选择实现合规律性与合目的性的统一。在行政决策活动中，为了实现价值分析的合规律性与合目的性的统一，行政决策主体应当在分析该项决策必要性的基础上，深刻分析该项决策的可行性，即行政决策主体既需要分析此项决策的原因、效用、功能等合乎主体需要的价值因素，又需要分析此项决策的条件、环境、手段等合乎行政决策活动规律的事实因素。

第二，行政决策主体的价值分析、评价和选择必须实现社会需要与个人需要的统一。行政决策主体在进行价值考量时，存在着社会层面与个人层面两个既对立又统一的需要。就社会需要而言，行政决策主体需要通过自身的决策活动履行与其职位相符合的行政责任，为公众提供良好的公共服务，维护和增进公共利益。就个人需要而言，行政决策主体需要在职业生涯中，在职位、薪酬、荣誉等方面，获得与其工作、劳动、付出相匹配的回报，实现自我的人生价值。为了实现价值层面的合理性，行政决策主体应当将社会需要与个人需要统一起来，自觉地将个人需要服从和服务于社会需要，将社会需要的实现视为个人需要满足的基本前提。"必须懂得：光想占便宜，生怕吃亏的人，是思想上、政治上不健康的人，是不值得信任的人。而为了国家和人民的利益不怕吃亏的人，才是高尚的、有道德的、脱离了低级趣味的人，才是真有理想，能够站得住脚、能够得到人民信任的人。从长远说来，前一种人在最后是要吃大亏的，而后一种人则最后将得到他所应得的待遇。必须懂得：要和群众的关系搞好，就不能占便宜，就不要怕自己吃亏。"③

---

① 《马克思恩格斯选集》（第4卷），人民出版社1995年版，第383页。

② 《马克思恩格斯选集》（第3卷），人民出版社1995年版，第455页。

③ 《刘少奇选集》（下卷），人民出版社1985年版，第293页。

第三，行政决策主体的价值分析、评价和选择必须实现兼顾与急需的统一。由于社会需要的多元性和多层次性、社会生活的广泛性和复杂性、社会条件的多重性和变化性，行政决策主体在进行价值考量时所面对的必然是一个复杂的、多元的价值系统，这一价值系统包含了自由、秩序、平等、人权、公正、效率等价值目标。这就要求主体在进行价值选择时，在时代允许的情况下，应当尽量全面地选择各种价值。因为，如果主体只是片面地选择某些种类的价值而舍弃其他种类的价值，就必然会使其实践活动处于结构性失衡状态。所以，主体进行价值认识和选择时，应当尽量地兼顾不同类型的价值诉求。但是，这种兼顾并不是要将不同价值予以等量齐观，而是有价值选择重点的兼顾。在兼顾不同价值的同时，还应当将当前急需的、亟待满足的价值诉求作为价值选择的重点，突出重点，兼顾其他，实现兼顾与急需的统一。对于行政决策主体而言，在对不同种类的价值进行权衡时，必须做到兼顾与急需的统一。例如，在生产力水平十分落后的情况下，提出效率优先、兼顾公平的政策价值观无疑是非常重要的。因为在当时的情况下，急需的是提高生产效率、提升经济总量，从而满足人民群众的物质需求。当经济总量已经提高到一定的程度，特别是当分配的不公平已经严重影响经济运行效率的时候，促进公平的实现就越来越成为一种急需了。这时，政府的主要精力就应当放在如何促进社会财富的公平分配上，社会价值的权威性分配活动——行政决策活动就应当致力于提高公共服务水平，切实解决与人民群众利益休戚相关的民生问题。

第四，行政决策主体的价值分析、评价和选择必须实现择优与代价的统一。对于同一类价值而言，主体的价值评价和选择既要择优，又要注意代价的大小。任何社会活动都必然是有利有弊，这就要求主体对利弊得失予以恰当的权衡。所谓择优与代价的统一，就是尽量少付出代价，尽量多获得回报。同样地，任何行政行为总是需要付出一定的成本，任何行政决策方案的择优总是与一定的代价相联系。因此，行政决策主体应当将备选方案的收益与成本、功效与弊端结合在一起全盘考虑，保持择优与代价的统一。

（2）理性行政决策行为在工具理性层面的规定性

在工具理性层面，理性行政决策行为是行为主体与行为环境之间实现了拟合①，是行为主体在具备对环境信息的必要的敏锐性和推理能力的基础上，依据行政决策环境的结构和特点采取了与之相适应、相协调的行为方式。在工具理性层面，行政决策过程中的理性行为具有如下几个方面的规定性。

第一，行政决策主体对环境信息具有一定的敏锐性。

行政决策主体对环境信息具有一定的敏锐性，是指在某一具体的行政决策活动中，主体能够对当时的环境信息予以觉察、捕捉、理解、反应。行政决策活动的正常展开，必须具备如下三种环境信息：② 一是发现决策问题的信息，它使得行政决策主体能够明确需要决策的问题；二是设计备选方案的信息，有了这些信息，行政决策主体才能提出可行的备选方案；三是选择方案的信息，行政决策主体对这些信息予以评估和分析，方能对多种备选方案实施抉择。不论是信息不足，还是信息超载，都是不利于主体理性地实施决策的。所以，这里所强调的行政决策主体对环境信息的敏锐性，是指主体能够敏锐地感知与决策活动存在高度相关性的关键信息。

行政决策主体对环境信息的敏锐性由三个方面的要素构成：首先，行政决策主体必须具备一定的信息鉴别力。他应当能够去粗取精、去伪存真，善于从纷繁无序的信息中发现对行政决策活动有价值的信息。其次，行政决策主体必须具备一定的信息理解力。他能够从决策活动的需要出发，透过各种信息表面的、感性的、具体的形式，揭示、分析出其中潜藏的有价值的信息内容。最后，行政决策主体必须对战略信息予以持久的关注。行政决策主体必须用探索的眼光长久地关注对行政组织具有长远战略意义的信息，才能使自己的行为具有前瞻性。

行政决策主体具有一定的对环境信息的敏锐性是其行为理性的构成要件。行政决策主体只有具备一定的信息鉴别力、信息理解力和战略信息的持久关注，才能够捕捉到有价值的环境信息，也才能够发现决策活动过程中的各种问

---

① 管理心理学中的"人与环境匹配"（Person – Envioronment Fit）与本文中所提出的"行为主体与行为环境的拟合"是两个有着明显区别的概念。前者是基于一个相对静态的视角，从人与职业、人与组织、人与群体、人与工作、人与人等不同层面分析组织成员与组织环境的匹配问题，而后者则是一个相当动态的概念，强调在动态的行为过程中，行为主体与行为环境的匹配。

② 胡象明：《公共部门决策的理论与方法》，高等教育出版社 2007 年版，第 90 页。

题与矛盾，使自己明察秋毫、见微知著，提高行政决策的准确性和预见性。

第二，行政决策主体具有与决策环境特征相适应的行为方式。

行政决策主体具有与决策环境特征相适应的行为方式，是指行政决策主体能够依据行政决策环境的特征，采取合适的决策方式、方法、战术，积极地促成决策目标的实现。行政决策主体在行为方式上与决策环境的拟合主要表现为如下三个方面：

首先，依据决策问题的不同，行政决策主体采取适当的决策模式。按照决策问题是否重复出现，行政决策可以大致划分为常规决策和非常规决策两种基本的类型。对于那些重复出现、结构性强的决策问题，行政决策主体应当主要采取常规决策模式，依据自身的直觉和经验实施决策，即行政决策主体不需要太多地使用心智资源，主要依据例行的程序来解决问题，这样的决策行为才是理性的。对于那些非重复出现的问题，主体必须采取非常规的决策模式方能够实现在行为方式上与决策环境的拟合。当面对那些没有任何先例可以因循的决策问题时，主体所应当采取的非常规的决策模式是以渐进决策方式为主导、以理性决策方式为补充的行动模式。应当"把决策看成是一个典型的一步接着一步、永远没有完结的过程"①，用走一步、看一步，摸着石头过河的渐进方式来对每一次决策作出边际分析。同时，对每一次走一步、看一步的决策过程，采取适度的定量分析技术、预测技术、模拟方法等理性决策方式，作为对渐进决策方式精确度不足的重要补充。

其次，依据组织环境的不同，行政决策主体采取适当的领导方式。为了实现在行为方式上与决策环境的拟合，行政决策主体还应当依据其所处的组织环境，采取适当的领导方式，从而有力地调动下属的积极性和创造性。按照领导者与被领导者的关系，领导方式可以分为集权性、民主型、放任型三种。一方面，行政决策主体应当依据其下属的不同特点采取不同的领导方式。当下属比较涣散、缺乏自律精神和自我管理能力时，行政决策主体就应当采用集权式的领导，将权力集中于领导者个人，以强制命令为后盾、以工作任务为杠杆，推动、指挥下属服从行政组织的各项规章制度。当下属具有较强的自我约束能力和正确的工作态度时，行政决策主体就应当采取民主式的领导方式，赋予下属

---

① ［美］查尔斯·林德布洛姆：《决策过程》，竺乾威、胡君芳译，上海译文出版社1988年版，第40页。

一定的自主权力，领导者与下属之间共同商议、集思广益，共同作出决策。当面对各种参谋咨询机构的学者和研究人员时，行政决策主体就应当采取放任的领导方式，赋予他们充分的自由，对他们提出的意见和方案不加干涉，充分发挥他们的创造性。另一方面，行政决策主体还应当依据与下属之间职位关系的不同，采取相应的领导方式。对于直接下属，行政决策主体主要应采取指挥的方式；对于间接下属，行政决策主体主要依据指导的方式；对于左右助理人员，如秘书，行政决策主体就应当采取支派的方式灵活地规定他们的工作任务；对于身边的参谋人员，行政决策主体就应当采取磋商的方式，鼓励他们多出主意、想办法。

最后，依据决策环节的不同，行政决策主体采取适当的沟通方式。行政决策中的沟通就是行政决策主体与行政环境之间对决策信息的传输与交换，主要包括行政决策主体与行政决策对象之间、不同的行政决策主体之间、行政决策主体与其下属之间、行政决策主体与参谋咨询机构之间的决策信息的传输。为了实现在行为方式上与决策环境的拟合，行政决策主体应当在不同的决策环节采取相应的沟通方式。在决策问题的界定环节，由于此时的主要任务在于客观描述决策问题、分析潜藏于决策问题背后的复杂利益关系，这时行政决策主体就应当主要采取交流式沟通，以开放式的心态与相关利益各方平等交流，从而尽可能地拓展关于决策问题的认知视野。在备选方案的设计环节，行政决策主体应当采取启发式沟通策略，努力为下属、参谋咨询人员创造宽松、自由的心理环境，尽可能地启发他们对于决策问题的真知灼见，力图使备选方案现实、可行。在备选方案的选择阶段，行政决策主体应当尽量采取说服式沟通策略，动之以情、晓之以理，说服其他行政决策主体接受其观点和方案，为备选方案赢取更多的支持。

第三，行政决策主体具有与决策环境要求相匹配的推理水平。

行政决策主体具有与决策环境要求相匹配的推理水平，是指主体的主观努力程度、推理能力高低符合决策环境的要求。行政决策主体的推理水平是由其推理能力和主观努力所决定的。行政决策主体的推理能力，是主体根据已有的知识和信息，合乎逻辑地探求新的知识、判断的能力。推理能力是行政决策主体决策能力的构成要件，它直接影响着行政决策活动的成效，行政决策主体的推理能力越强，他就越容易获得对行政决策问题的正确认知。行政决策主体的主观努力，是表示其实现目标的自觉、克服困难的信念、上下求索的意志等能动精神因素的范畴。行政决策主体的主观努力，不仅决定了主体思考问题的专注程度，而且影响了主体思考问题的深入程度。同时，行政决策主体的主观努力还能赋予主体的认知以坚韧性、果断性、自制性的精神品格，能够弥补其推理能力的不足。行政决策主体越是付出较多的主观努力，他就越接近于对行政决策问题的真理性认识。基于以上分析，笔者认为，行政决策主体的推理水平与其推理能力和主观努力之间可以用如下关系式表达：

$$推理水平 = 推理能力 \times 主观努力$$

行政决策主体的推理水平并非越高越好，而是应当与决策环境形成很好的匹配。一方面，不同性质的决策问题的难易程度是不相同的，对那些比较容易认知的程序性决策问题如果过分运用推理的话，不仅没有必要，而且会影响决策的效率。另一方面，行政决策主体的心智资源是有限的，始终维持过高的推理水平必将导致其身心俱疲、难以应对。所以，行政决策主体应当简捷、迅速地作出判断，依据不同的决策情境确定其推理能力和主观努力的运用程度，使其推理能力与主观努力所形成的合力，即推理水平与行政决策环境的要求相匹配。

综上所述，笔者给理性行政决策行为作出了如下界定："所谓理性行政决策行为，就是指在对价值目标予以恰当权衡的前提下，行政决策主体与行政决策环境的拟合状态"。这一界定具有如下几个特征：首先，这一界定体现了价值理性层面和工具理性的统一，既从价值理性层面对行政决策理性行为作出了严格的规范，又从工具理性层面对行政决策理性行为的特征进行了描述，所以这一定义既具有规范性特征，又具有描述性特征。其次，这一定义所采取的是过程理性而非实质理性的界定思路，即从行为过程而非行为结果来判断行为理性与否，不以成败论英雄，不以结果论理性。最后，这一界定体现了确定性与不确定性的统一，对于可以确定的、质化的理性行政决策行为的本质属性，该定义作出了描述；对于那些难以确定的、难以量化的理性行政决策行为的特征和属性，该定义使用了"恰当"、"适度"等具有一定模糊性的词汇来表达。

4.1.2 非理性行政决策行为的本质属性

对于"非理性行政决策行为"这一概念，应当依据其与理性行政决策行为的逻辑关系来作出准确的界定。从形式逻辑上来说，"理性行政决策行为"与"非理性行政决策行为"之间属于全异关系，这是毫无疑问的。值得讨论的是，这种全异关系是属于对立式的全异关系，还是属于矛盾式全异关系。这二者分歧的焦点在于，行政决策行为中是否还存在着既不是理性行为，又不是非理性行为的行为。有观点认为，在理性行政决策行为与非理性行政决策行为之间存在着大量的中间地带，这些行为既具有理性的特点，又具有非理性的特点，因而这些行为既不是理性行政决策行为，又不是非理性行政决策行为。

这样的说法是似是而非的，它难以对如下三个问题给予在逻辑上自洽的回答。第一，如果存在着除理性行为与非理性行为之外的第三种行为，这样的一种行为在行为过程中究竟是理性的，还是非理性的？第二，正如笔者在上一章中强调的，由于人类精神世界中的理性与非理性的不可分割性，任何行为的实施都兼具理性因素与非理性因素，那么是不是所有的行为都既不是理性行为，又不是非理性行为呢？第三，倘若所有的人类行为都既不是理性行为，又不是非理性行为，试问什么是理性行为？什么是非理性行为？所以，试图将理性行政决策行为与非理性行政决策行为界定为对立式的全异关系必然会在逻辑上陷入难以解决的自相矛盾。

笔者认为，非理性行政决策行为与理性行政决策行为之间是矛盾式的全异关系，即非理性行为与理性行为一道构成了行政决策行为的全体，一切的行政决策行为或者是非理性行为，或者是理性行为。所以，"理性行政决策行为"与"非理性行政决策行为"两个概念之间的关系是正概念与负概念之间的关系，非理性行政决策行为的内涵是对理性行政决策行为内涵的否定。需要指出的是，人的行为层面与人的精神层面是可以进行相对区分的。所以，理性行政决策行为并不排斥非理性精神因素的参与，而任何非理性行政决策行为中肯定也会或多或少地具有一定程度的理性精神因素。基于以上这些考虑，笔者将非理性行政决策行为界定为在行政决策过程中与理性行为相区别的行为，即行政决策主体未能对行政决策价值目标予以恰当考量，或者是未能与行政决策环境实现拟合的行为。

1. 非理性行政决策行为的基本范畴

非理性行政决策行为的基本范畴由价值层面的非理性行为和工具层面的非理性行为构成。所谓价值层面的非理性行为，是指主体由于未能对行政决策价值目标予以恰当考量而产生的与理性偏离的行为状态。所谓工具层面的非理性行为，是指在目标既定的情况下，主体由于未能实现与行政决策环境的拟合而产生的与理性偏离的行为状态。

（1）价值层面的非理性行为

在行政决策活动展开之前，主体总是会自觉地或不自觉地对该项决策的价值与意义进行权衡和考量。它是有价值的，还是无价值的？是有较大价值的，还是价值意义较小的？这些分析和判断构成了主体从事行政决策活动的基本动机，影响了主体后续活动的方向。所以，如果行政决策主体的价值考量没有能够实现合目的性与合规律性的统一，没有能够实现个人需要与社会需要的统一，没有能够实现兼顾与急需的统一，没有能够实现择优与代价的统一，他就会在价值层面产生与理性行为相悖离的状态，从而引致行政决策非理性行为的产生。在行政决策活动中，价值层面的非理性行为主要表现为如下几种情况。

第一，试图使客观规律服从于主观需要的唯意志主义。唯意志主义是十九世纪上半期兴起的哲学思潮，"它泛指一切使情感意志和本能凌驾于理智之上的学说"。① 所以，倘若借用本文的分析工具来评价唯意志主义的错误的根源，即在于这一学说使得精神世界中的理性因素与非理性因素处于一种功能不耦合状态。在这里，笔者引入唯意志主义这一概念，来指代那些在行政决策中无视客观规律的制约性，试图将人的意志、人的需要凌驾于客观规律之上的偏颇行为。"世上无难事，只要肯登攀"。在社会实践活动中，强调世上无难事，强调人的意志努力是必要的。但是，人的实践活动是不能脱离客观实际而是必须服从于客观规律，因而"只要肯登攀"也就离不开登攀的条件、途径、手段。所以，"自由不在于幻想中摆脱自然规律而独立，而在于认识这些规律，从而能够有计划地使自然规律为一定的目的服务"。② 在行政决策活动中，妄图使客观规律服从于主观需要就很容易使决策价值的考量陷入盲目的冲动之中。以三门峡工程为例，在该项目的论证阶段，上至共和国的最高领袖，下到亲历其事的工程技术人员，都企望实现中华民族数千年来"海晏河清"的梦想，致力于"圣人出，黄河清"的浪漫构思和心理需求，以致于在善良的动机所激发出来的主观意志面前，黄河在泥沙、水文、生态等方面所具有的复杂性被淡化，自然界内在的客观规律被忽视。结果，三门峡工程建成之日，就是弊病显现之时。

第二，个人需要与社会需要相矛盾。个人需要与社会需要相矛盾，是指行

---

① 全增嘏：《西方哲学史》（下册），上海人民出版社1985年版，第402页。
② 《马克思恩格斯选集》（第3卷），人民出版社1995年版，第455页。

政决策主体采取个人主义的价值取向，致使其个人对于行政决策的需要与社会公众对于行政决策的需要发生了悖离。由于没有正确地认识到个人需要的满足与社会需要的实现之间的有机联系，没有将社会需要的实现视作自我需要满足的前提，行政决策主体就会将个人的各种需要凌驾于社会需要之上。由于这一价值取向的误区，当决策者个人的需要与社会需要发生冲突时，他们或者是对某一决策问题视而不见、置之不理，或者是对某一备选方案久议不决，或者是修改决策目标、备选方案使其与自我的需求相符合才得以罢休。个人需要与社会需要相矛盾，根源于主体精神世界中的理性因素与非理性因素的不耦合状态，即主体没有运用理智对自身的需要、兴趣等非理性因素实施有效引导和调节。由于这一矛盾，行政决策的根本价值取向就有可能与公共性发生偏离，成为行政决策主体的私利的集合，在价值层面引致非理性行政决策行为的产生。

第三，主要价值目标与次要价值目标相冲突。主要价值目标与次要价值目标相冲突，是指行政决策主体未能恰当权衡主要价值目标与次要价值目标的关系，未能在集中精力抓主要价值目标的同时，兼顾次要价值目标，或者是没有重点，眉毛胡子一把抓；或者是只有重点，忽视了次要的价值目标。主要价值目标与次要价值目标相冲突的根源，是行政决策主体未能运用逻辑性、自觉性、有目的性的理性因素对自身不同种类、不同方面、不同层次的价值予以统筹兼顾。在当前我国的行政决策活动中，主要价值目标与次要价值目标相冲突的现象在一定范围内还是相当普遍的。有的行政决策者以提高行政决策效率为借口，罔顾基本的决策程序上的公正，这是效率与公正的冲突。有的行政决策者过分重视那些有益于增进 GDP 总量、财政收入等经济效率方面的决策项目，忽视了那些与人民群众生活休戚相关的民生项目，这是效率与公平的冲突。有的行政决策主体总是无法正确处理灵活性与原则性之间的关系，其决策活动或者是无原则的极端灵活，或者是无灵活的机械原则，这是秩序与自由之间的冲突。以上所说的这些价值冲突现象的存在，使得行政决策主体的价值分析陷入系统紊乱之中，产生价值层面的非理性行政决策行为。

第四，价值收益与价值成本不匹配。价值收益和价值成本不匹配，是指主体在作出价值选择时未能考虑适当成本、追求恰当效益，因而其价值选择往往是得不偿失，未能实现补偿有余，甚至是有失无得。行政决策主体未能对价值成本和价值收益予以恰当权衡，往往体现为如下三种情况：其一，行政决策主体往往低估了该项目的实施成本，高估了主体的能力和条件，从而使得项目的实施成本超过了主体的承受能力；其二，主体对行政决策活动的风险认知出现偏差，他或者是对决策中的风险、不确定性持过度乐观的态度，而追求偏高的价值收益，或者是秉持过分悲观的态度，而追求偏低的价值收益；其三，行政决策主体没有将价值收益和价值成本结合在一起进行思考，重视价值收益，忽视价值成本，其所作的价值选择甚至有可能是价值成本大于价值收益的选择。由于价值收益和价值成本不匹配，行政决策主体所实施行政决策项目往往是好大喜功、劳民伤财、得不偿失的项目。价值收益与价值成本不匹配，反映了主体在择优与代价的价值权衡过程中陷入了与理性相偏离的状态。行政决策主体之所以未能考虑适当成本、追求恰当效益，很大程度上是由于其精神世界中理性因素与非理性因素的不耦合，从而使其处于冲动、偏执、夸张的情绪状态之中。

（2）工具层面的非理性行为

工具是实现一定的价值目标的方法和手段。工具层面的非理性行为，就是在行政决策价值目标既定的情况下，行政决策主体在采取一定的工具、方法和手段实现这一价值目标的过程中产生的与理性偏离的行为状态，也就是行政决策主体与行政决策环境的非拟合状态。具体来说，在行政决策活动中，工具层面的非理性行为主要包括如下几种情况。

第一，行政决策主体对环境信息反应迟钝。行政决策主体的理性是有限的，其感觉、知觉、表征、识别信息是具有一定的阈限的。笔者并不是希望行政决策主体是全知全能的，而是强调他应当能够具备与其工作职位相符合的必要的信息理解力、信息鉴别力以及对战略信息予以长久关注的自觉意识。如果不具备这些要素，他就很可能对行政决策中的环境信息不能很好的感知，就很可能造成决策滞后和决策失误，这种情况在危机决策中尤为明显。行政决策主体对环境信息反应迟钝，是由于理性因素与非理性因素处于功能不耦合状态，或者是非理性的情感、意志和欲望主导了理性认知，使主体总是只能感知、识别那些符合自身情感和意志的事物；或者是经验、习惯等非理性因素构成的认知图示过于僵化从而左右了理性思维，使得主体对某些环境信息视而不见、熟视无睹；或者是由于情感、意志、欲望、经验等非理性因素压制、替代理性思维，从而使得主体对环境信息的加工存在着巨大的偏差。

第二，行政决策主体的行为方式与决策环境不协调。行政决策主体的行为方式与行政决策环境不协调，是指行政决策主体未能敏锐地发现其所处的具体决策环境的特征，采取了与决策环境不协调的决策模式、领导方式、沟通方式。行政决策主体的行为方式与决策环境不协调根源于主体精神世界中的理性因素与非理性因素的功能不耦合。在以往的行政决策实践中，主体在获得行政决策的成功体验后，会自觉与不自觉地将这些世界中所采取的决策模式、领导方式、沟通方式以经验、直觉、习惯等非理性因素的形式存储于精神世界。毫无疑问，这些经验、直觉、习惯在一定范围内具有现实可行性，也是有利于行政决策活动展开的。然而，行政决策环境是动态的、复杂的，这就要求主体在应对复杂多变的环境时能够与时俱进，不断调整自我的各种经验，而采取灵活多样的决策模式、领导方式、沟通方式。但是，如果主体将经验、直觉、习惯予以绝对化，将其视为放之四海而皆准的绝对真理，就必然会使得这些非理性因素的活动主导、压制甚至是替代理性的认知过程，使其决策模式、领导方式、沟通方式陷入僵化，从而不能很好地适用其所处的具体决策环境。

第三，行政决策主体的推理水平与决策环境不匹配。行政决策主体的推理水平与决策环境不匹配，主要有两种情况，过度推理和推理不足。过度推理是指，行政决策主体的推理水平高于行政决策环境的需要程度，因而使得主体的心智资源大量耗费，决策事项久议不决。在现实的行政决策活动中，更为常见的是推理不足的现象，即行政决策主体的推理水平未能达到决策环境的要求，因而主体产生了各种各样的认知偏差。由前文中所提出的行政决策主体的推理水平与其推理能力和主观努力之间的关系式，"推理水平 = 推理能力 × 主观努力"，行政决策主体的推理水平偏低包括两种情况：[1] 其一，行政决策主体的推理能力偏低，其定向判断能力、类比联想能力、归纳推理能力、演绎推理能力等能力类型不能达到认知决策问题所必须的能力水平，就有可能导致其推理水平偏低；其二，行政决策主体主观努力不够，他未能对该决策问题予以足够的重视，因而未能够在行政决策中予以冷静思考、审慎选择。笔者坚信，人的能力能够在后天的社会活动中不断提高，最终使得人的能力与工作要求相匹配。所以，对于第一种情况，即行政决策主体的推理能力不够的情况，本书不予讨论，而是假定一切行政决策主体都具有与决策环境相匹配的推理能力。由

---

[1] 这里实际上还存在着第三种情况，即行政决策主体的能力太低，即使运用了充分的主观努力也不能达到决策环境所需要的推理水平。这种情况，实质上仍然是反映着主体推理能力偏低的问题，因而与文中的第一种情况没有本质区别，所以笔者没有论及。

此，笔者便将行政决策主体推理水平不足，转化为他主观努力不够。笔者认为，这一转换在符合科学研究的基本逻辑的同时，与现实中的行政决策推理水平不足的现象是大致吻合的。事实上，笔者希望反映的一个基本事实是，造成行政决策推理水平不足的主要原因，往往不是因为主体的能力不够，而是由于主体纯粹以"拍脑袋"决策代替严密的科学论证，未能付出充分的主观努力。

2. 非理性行政决策行为的基本结构

依据参与人数的多少，行政决策活动包括个体决策和群体决策两种类型，前者是指由单个人所作出的决策，后者是指由两个或者两个以上的人决策个体构成的集体决策。群体决策是"将不同成员对决策方案的偏好按照某种规则集结为决策群体一致或妥协的群体偏好序的过程"[1]，是各决策个体的利益、偏好博弈、整合的过程，因而群体决策并非是与个体决策完全分离的，而是建立在个体决策基础之上的。基于上述认识，笔者认为非理性行政决策行为的结构应当包括个体层面的非理性行为和群体层面的非理性行为。个体层面的非理性行为，是着眼于微观的决策个体，依据该个体的行为是否恰当地权衡了行政决策价值目标、是否与行政决策环境拟合来判断其是否理性。群体层面的非理性行为，则是将视角着眼于宏观的决策群体，是依据群体中的主流、大多数人的行为方式来判断该决策行为是否理性，因而是一个更为复杂的概念。

"人们判定群体选择行为的理性或非理性，通常是依据'大数定律'来对个体选择行为进行推论。之所以如此，是因为群体中大多数个体的行为会决定该群体行为的趋向和性质"。[2] 在行政决策活动中，对群体层面的行为是否理性的判断标准，同样是依据采取非理性行为方式的人数的多少来判断的，当决策群体中采取非理性行为的人数占优时，我们就可以断定此时的群体决策行为是非理性的。所以，对群体层面的非理性行为予以分析，实质上是试图借助于社会心理学的有关分析工具和方法，分析在一定的社会心理环境中个体与个体之间、个体与群体之间的心理和行为是如何相互影响，以及分析这一影响是如何促成个体的行为由理性向非理性转化的。

---

① Hwang, C. L. & Lin, M. L. Group Decision Making under Multiple Criteria. Spring – Verlag, 1987.

② 何大安：《个体和群体的理性与非理性选择》，载于《浙江社会科学》2007 年第 2 期。

4.2　个体层面的非理性行政决策行为

所谓个体层面的非理性行政决策行为，是指行政决策过程中在个体决策层面所发生的与理性行为标准相偏离的行为。由于理性因素与非理性因素在精神世界中的不可分割，由于个体理性能力的有限性，因而一切个体在行政决策过程中都存在着非理性行为倾向。具有发生非理性行为的潜在风险并不可怕，可怕的是对这一风险不认识、不了解、不重视。

4.2.1　个体层面的非理性行政决策行为的基本类型

非理性行为是与理性行为标准相偏离的行为。这些行为，或者是决策个体没有对行政决策的价值目标予以恰当考量，或者是决策个体没有实现与行政决策环境的拟合。在这些价值层面或工具层面的非理性行为中，不同的行为具有不同程度的非理性特质。依据这些非理性行为的生成原因及其行为表现，可以将它们分为习惯式非理性行为、冲动式非理性行为两种类型。

（1）习惯式非理性行为。习惯式非理性行为，是指决策个体精神世界中的经验、图示、直觉等非理性因素以习惯的方式误导着理性认知，从而使得他在价值权衡或工具选择中产生了与理性标准相偏离的行为状态。经验、图式、直觉等非理性因素是经由个体以往的实践证明的行之有效的心理因素，具有一定程度的理性化特征。所以，由这些精神因素所导致的非理性行为往往是个体难以体察的认知错觉，这种"认知错觉也不是通常而言的盲动冒进，它不源于猜想，而是来自一种强有力的（虽然是错误的）直觉判断（至少，乍一看令我们自己信服）。"①

（2）冲动式非理性行为。冲动式的非理性行为，是指决策个体精神世界中的本能、情感、情绪、欲望、需要、兴趣等非理性因素主导了主体对决策信息的认知过程，从而使得主体的价值权衡与工具规划呈现出冲动、不冷静的行为态势。对于冲动式非理性行为，主体虽然可以予以感知、体察，但是主体若要对其予以调解引导，既需要借助于理性指导下的意志努力，同时还离不开与之配套的心理环境。

---

① ［意］皮亚泰利—帕尔马里尼：《不可避免的错觉：理性的错误如何控制我们的思维》，欧阳绛译，中央编译出版社 2005 年版，第 26 页。

4.2.2 个体层面的非理性行政决策行为的基本表现

在现实的行政决策活动中，个体层面的非理性行为主要体现为在行政决策活动中所存在的决策陷阱、行为过度、损失厌恶、情境依赖、情绪决策等现象。

1. 决策陷阱

决策陷阱是指那些令个体作出错误的判断和选择的认知偏差。在行政决策活动中，决策陷阱主要包括如下几种偏差：

（1）知觉偏差

在认知心理学的概念体系中，"知觉是一个精细加工和解释刺激信息，从而产生组织和意义的过程"。① 个体对于各种行政决策信息的知觉过程，是一个积极能动的反映过程。个体知觉的能动性集中体现为个体知觉的选择性，即个体往往不是识别所有的环境信息，而是对外来信息有选择地进行加工。在许多情况下，个体对行政决策信息的选择性加工有利于个体对于各种环境信息去粗取精、去伪存真，迅速地作出决断，是其与行为环境相拟合的重要表现。但是，"知觉不仅仅受到人们的预期的影响，也受到其愿望的影响。那些与希望、欲望以及情感等因素相关的影响被称为'动机'因素"。② 一旦这些"动机"完全左右了个体的知觉过程，个体将仅仅识别那些符合其"动机"的信息，屏蔽那些不符合其"动机"的信息，其知觉将会产生重大偏差，致使个体与行为环境处于不拟合状态之中。

（2）记忆偏差

记忆是人脑对过去经验的反映，它通过识记、保持、再认三个基本环节达到积累知识、扩大经验、储存知识的目的。记忆在个体的整个决策活动过程中具有十分重要的地位和作用，它将个体决策活动的过去、现在和未来紧密地联系在一切，为决策活动提供必要的知识和经验基础。但是，个体的记忆能力不仅是有限的，而且总是与过去所发生的客观事实存在着一定的差距。在识记、保持、再认的各个环节，个体对经验的反映都会受到其认知能力、兴趣、信息特征的影响而使得这一反应存在着各种偏差，所以"人们最终唤起的信息，

---

① 彭聃龄、张必隐：《认知心理学》，浙江教育出版社 2004 年版，第 49 页。
② ［美］斯科特·普劳斯：《决策与判断》，施俊琦等译，人民邮电出版社 2004 年版，第 16 页。

乃是经过个人的大脑不断加工后的'重构式记忆'表现"。① 记忆所呈现的偏差，实质上就是个体经验系统未能形成对于既往的决策现实的客观、真实的反映，一旦这种偏差达到一定的程度，必将会影响到个体现在的决策活动和将来的决策结果，使得个体与其所在的决策环境处于不拟合状态之中。在行政决策活动中，记忆偏差的典型体现就是后见之明（hindsight bias），即决策个体"将已经发生的事情视为相对不可避免和显而易见的事情，却忽略了自己的判断实际上已经受到已知结果的影响。"②

（3）直觉偏差

直觉偏差是一种非常典型的习惯式非理性行为。当面对一个复杂的、不确定的决策问题时，由于自身信息加工能力的局限、时间紧迫等条件的约束，个体往往不会也不可能完全运用严密的逻辑推理规则来作出缜密的判断和推理，而是依据自己的直觉、经验来对问题进行简化，快速地对决策信息予以加工，从而做出决策。在一定条件下，个体采取这样一种直觉决策的模式，是符合其行为方式与行为环境相拟合的理性要求的。但是，个体的行为方式与行为环境的拟合是一个不断运动变化的动态过程，这就要求个体应当努力调整自身的各种直觉、经验以适应环境。倘若主体将以往某一次拟合过程中所获得的直觉和经验予以绝对化，刻舟求剑一般试图将这些直觉和经验普遍适用于一切决策活动过程，就有可能会导致其后续的行为方式与行为环境处于不拟合状态之中，就必然会产生直觉偏差。卡尼曼与其合作者将个体依据直觉或经验而产生的系统偏差归为三类：③

第一，代表性偏差。所谓代表性偏差，是指个体往往依据样本对于总体的类似的程度或代表性程度判断其发生的概率。代表性偏差主要表现为，个体对于样本的概率的判断深受其代表性所造成的刻板效应的影响，而忽视基础概率、忽视样本容量、错误理解概率特征、忽视回归现象。卡尼曼等人操作了这样一个实验。实验开始，首先向被试提供下列描述："斯蒂夫的邻居是这样描述他的，他是一个非常害羞、有些退缩的人，总是有求必应，但对人、对事没

① 项保华、李绪红：《管理决策行为——偏好构建与判断选择过程》，复旦大学出版社 2005 年版，第 35 页。

② ［美］斯科特·普劳斯：《决策与判断》，人民邮电出版社 2004 年版，施俊琦等译，第 32 页。

③ Kahneman, D. , Slovic, P. & Tversky, A. Judgement under Uncertainty：Heuristics and Bias［M］. Cambridge University Press , 1982.

有多大兴趣，他温顺、整洁，做事有条理，注重细节"。然后，给出下列选项：农民、售货员、飞行员、图书管理员、物理学家，请被试按照斯蒂夫最有可能的职业将上述选项予以排序。实验结果显示，大多数人认为斯蒂夫是一个图书管理员的可能性最大。事实上，农民的基础概率较图书管理员的基础概率要大得多，那么根据贝叶斯公理，斯蒂夫应该更可能是一个农民而非管理员。这一实验充分说明了代表性偏差对于基础概率的忽视。

第二，易得性偏差。由于对于信息加工和处理的能力有限，因而在决策判断中，个体大多利用自己熟悉的或者能够凭想象得到的信息来确定事件发生的可能性。易得性偏差就是指，个体依据客观事物或现象在其知觉中或记忆中获取的难易程度来判断其概率的现象。个体往往认为，他越容易联想到的事件就是越容易发生的事件。例如，请回答，每年是死于飞机失事的人多，还是死于火车事故的人数更多？许多人都会回答，死于飞机失事的人数大于死于火车事故的人数。但实际上，每年死于火车事故的人数远远高于死于飞机失事的人数。人们之所以高估飞机失事死亡人数的概率，是因为在人们的知觉、记忆中对飞机失事留下了更为深刻的印象。

第三，锚定和调整偏差。在对事物进行判断和评估的时候，个体常常依据一些典型特征和过去的经验对这些时间的发生形成某个锚定值。虽然在后续的决策中，个体会根据情况的不同作出一些调整，但是这一调整的范围仍然在该锚定值的临近区域内，因而这一调整是不充分的，这就有可能导致个体在决策中过分夸大或者缩小事件的发生概率。例如，同样一条未得到确证的消息，在不同的情况下，人们往往会赋予其不同的真实性概率。如果这一消息来自于亲近的人，由于亲近的人过去提供的信息已经锚定在"是真的"上面，所以，对于这一未得到确证的消息，人们大多会相信它是真的，从而很容易高估其真实性概率。如果这一消息来自于陌生人，由于对陌生人提供的信息已经锚定为"值得怀疑的"上面，所以，对于这一未得到确证的消息，人们大多会怀疑这一消息的真实性，从而低估其真实性概率。

（4）框架偏差

框架是个体依据自身的知识、经验和心理状态对输入的信息予以表征的形式。在许多情境中，框架的存在是有利于个体获得对行政决策信息的认知的，因为个体所有的认知活动都是在一定的认知框架的指导下进行的，个体正是通过框架方才获得了对信息的内容和意义的理解与诠释。但是，对相同的信息会产生不同表征，从而导致决策产生不同的结果。所以，在一定的条件下，框架也会导致个体对决策信息的错误认知，从而影响个体的认知和判断。[①] 请看卡尼曼等人操作的如下实验：

假设美国正在为亚洲即将爆发的非比寻常的疾病作准备，这场疾病可能导致600多人丧生，现在有两套方案，其对每种方案结果的科学估计如下：

如果实施A方案，能够挽救200人的性命
如果实施B方案，1/3的概率挽回600人的性命，2/3的概率无法挽回任何人的性命。

结果72%的人属于风险规避型，选择了A方案，希望可以确定挽救200人的生命，而不愿意如B方案一般以更多的生命作为赌注。但是，如果改变问题的框架，却又会得到不同的答案。

假设美国正在为亚洲即将爆发的非比寻常的疾病作准备，这场疾病可能导致600多人丧生，现在有两套方案，其对每种方案结果的科学估计如下：

如果实施C方案，将会有400人死亡
如果实施D方案，1/3概率没人死亡，2/3概率600人都会死亡

此时78%的人变得更愿意冒风险而选择D方案，而不愿意接受C方案中400人全部死亡的确定损失。事实上，C方案只是对A方案的不同信息表征，D方案只是对B方案的不同信息表征，人们之所以产生不同的选择就是由于信息表征不同而引起的。

（5）归因偏差

归因是指个体从各种可能导致行为的因素中，认定产生这一行为的原因并判断这一原因的性质的过程。通过归因，个体获得了对事件发生原因的解释、对自我或他人效能的评价。归因的结论将以经验的形式存在于个体的精神世界，成为个体后续决策活动的重要依据。因此，个体是否采取正确的归因方式以及其归因能力的强弱，对其所从事的行政决策活动具有重要影响。有研究表明，个体在归因活动中往往具有自我防御的倾向，在对自我的归因和对他人归因时往往会采取不同的归因标准。在对自我归因时，个体往往会将某一行政决

---

① Kahneman, D. & Tversky, A. Choices, Values and Frames [J]. American Psychologist. 1984 (39)：341～350.

策成功的原因主要地归结为自身的内在因素，将某一行政决策失败的原因主要地归结为外界的环境因素；在对他人归因时，个体又往往会将某一行政决策成功的原因主要地归结为外界的环境因素，将某一行政决策失败的原因主要地归结为他人的内在因素。所以个体的不正确的归因方式，很容易使得个体在行政决策取得成功时与他人争抢功劳；取得失败时，则诿过他人。个体的这种争功诿过的归因方式既破坏了人际关系的和谐，又造成了他很难正确地认识其决策活动取得成败的原因，从而也就难以为其后续决策提供科学的经验借鉴。

2. 行为过度

行为过度，是指个体在行政决策活动中的过度自信和过度反应两种非理性行为。

（1）过度自信。过度自信，是指个体过于相信自己的判断能力，高估自己成功的机会，在对不确定性事件的发生概率进行判断时，个体的主观概率高于实际事件出现概率的现象。过度自信既有好处又有弊端。其好处至少有两点：其一，过度自信是个体对自我效能的高度肯定，是个体对自我能够应对未来风险的正面评价，它使得个体处于自我满足、自我认同、乐观开心的心境之中；其二，倘若个体将其过度自信转化为克服困难的勇气，努力探索实现其预期目标的可行路径，那么他的过度自信又可以转化为个体获得成功的自我实现的预言，成为他克服困难、实现目标的强大精神力量。另一方面，过度自信也是有弊端的，它使个体估计数值的置信区间变得较为狭窄，既可能导致个体在价值权衡中出现失误，也可能会导致个体与决策环境处于不拟合状态。在行政决策活动中，过度自信的弊端主要体现为：其一，目标规划偏差，它使得个体对决策目标的规划总是雄心勃勃，过于乐观，忽视了目标达成所必须依赖的客观条件。其二，决策时机把握偏差，它使得个体在决策时机尚未成熟时就贸然决策，造成了决策的失误。其三，打无准备之仗，它导致个体对成功机会的估计要高于客观实际，因而使得个体的决策信息搜集不充分，决策分析不细致，决策实施的物资、人员、组织准备严重不足。

（2）过度反应。过度反应原是行为金融学领域的一个重要概念，它包括反应过度与反应不足两个方面。反应过度是指"投资者对最近价格的变化赋予更多的权重，对近期趋势的外推导致与长期平均值的不一致"[1]，而反应不

---

[1] 饶育蕾、张轮：《行为金融学》，复旦大学出版社 2005 年版，第 70 页。

足则是指投资者对决定股票价值的基本面消息没有充分及时的反映。在这里，笔者借用这一概念用于描述行政决策领域中个体对于决策信息反应的非理性行为状态。行政决策中的反应过度，是指个体对最新出现的决策信息的理解出现了情绪上的偏差，从而对新的决策信息赋予过高的权重，产生过激的行为反应。成语中的"三人成虎，千夫揉锤"、"曾参杀人"就属于典型的过度反应现象。行政决策中的反应不足，是指当有关键性的、战略性的新信息、新情况出现时，个体往往是倾向于坚持自己原有的观点，因而修正原有观点的速度较慢，会表现出对新信息的反应迟钝。例如，2005年夏天，在卡特里娜飓风所造成的巨大的危害面前，美国政府从联邦到地方行动迟缓、措施不力、应对失当，就是一个典型的决策者对决策信息反应不足的例子。

3. 损失厌恶

损失厌恶（loss aversion）是卡尼曼等人所提出的前景理论中的重要贡献。损失厌恶的存在表明，个体在决策是对获得与损失赋予了不对称的价值权重，对于同样一件事物，人们在失去它所经历的痛苦而产生的情绪反应，会大于获得它时所带来的快乐而产生的情绪反应。认知心理学的研究发现，"同样数量的损失带来的负效应是同量收益的正效应的 2～3 倍"。① 由于损失厌恶的存在，个体会在行政决策活动中表现出一系列的非理性倾向：

（1）禀赋效应。禀赋效应（endowment effect），是塞勒所发现的非理性行为现象，即个体不愿意失去自己已经获得的东西，当他卖掉已经属于他的东西时的要价要高于同样物品的买价。② 所以，"人们通常在使用不是自己的或者偶然得到的钱时，比起自己辛苦赚的钱时愿冒更大的风险。"③

（2）安于现状。由于损失厌恶，个体对自己已经拥有的东西赋予了较高的价值权重，因而倘若需要个体动用自身的资源来作出决策时，个体就会变得过于小心，为了规避失去自己已经获得的风险，宁可放弃获利的机会，选择安于现状。一些行政决策者之所以采取较为保守的决策方案，不愿意去抓住机遇、谋求发展而选择安于现状，实质上就是规避风险、逃避责任，害怕自己已有的职位、荣誉、待遇等因素蒙受损失。

---

① 孙多勇：《突发事件与行为决策》，社会科学文献出版社2007年版，第119页。

② Thaler, R. Toward a Positive Theory of Consumer Choice. Journal of Economic Behavior and Organization, 1980（1）：39～60.

③ 饶育蕾、张轮：《行为金融学》，复旦大学出版社2005年版，第309页。

（3）沉没成本效应。沉没成本是已经投入的不可回收的成本。就理性的价值权衡而言，既然已经不可挽回，那么沉没成本就不应该影响后续的决策活动。但是，行政决策活动中，往往存在着沉没成本效应，个体的决策活动往往会受到沉没成本的影响，从而在价值层面未能恰当权衡。所谓"沉没成本效应"（Sunk Cost Effect），是"一种适应不良的经济行为，具体表现为在社会活动中一旦投入金钱、努力和时间之后，个体具有的继续投入的巨大行为倾向"。① 例如，20 世纪 60 年代，英法两国政府决定联合投资开发大型超音速客机，即协和飞机。项目开始后不久，两国政府发现继续开发的话需要大量的投资，将会面临巨大的风险，但是停止开发也是可怕的，因为以前的投入将付诸东流，于是两国政府作出了继续开发的决定。后来，协和飞机虽然研制出来，但是因飞机缺陷太多、价格太高，最终被市场淘汰。英法两国没能够在该项目刚开始不久就"壮士断腕"，果断地终止这一项目，就是典型的沉没成本效应。

4. 情境依赖

某一信息对个体产生作用的强度，不仅取决于信息刺激的强度、个体的精神状态，而且在很大程度上取决于个体所处的情境。在不同的情境中，同一个体对同一信息刺激可能会产生截然不同的认知。个体对信息刺激的情境依赖性是个体非理性行为的重要表现。个体对行政决策信息的情境依赖性主要表现为如下三种心理效应：

（1）晕轮效应。晕轮效应源自于个体对不同的行为特质所建立的联系，当个体了解到某人具有某一方面的行为特质时，就很自然地推断他也具有其他相似的，或者相互关联的行为特质。"晕轮效应是难以避免的，它是人们快速地认识他人的一种策略、方式，但有时却可能会产生有害的结果"。② 晕轮效应之所以大多是非理性的，是因为个体对认知对象的不同行为特质所建立的联系，往往是依据个体的局部、狭隘的社会经验，因而具有很大的主观臆断成分。

（2）首因效应。首因效应是指个体在对他人进行认知和评价时，相对比

① Arkes, H. R. & Blumer, C. The Psychology of Sunk Cost. Organizational Behavior and Human Decision Process, 1985（35）：124~140.

② 沙莲香：《社会心理学》，中国人民大学出版社 2002 年版，第 106 页。

较重视最先得到的信息。泰勒（Taylor，S. E.）等人将首因效应的原因总结为两个方面：① 其一是个体一旦觉得自己已经具有足够的信息来作出判断，就不再或者很少注意随后的信息；其二是个体对不同阶段的信息赋予了不同的价值权重，个体大多认为后面的信息不如开始时的信息重要、有价值。因此，首因效应所反映的是个体的认知具有结构化的倾向，个体往往并没有不断对其原有的知识和判断予以检验和修正，而是将这些知识和判断作为绝对的真理在其经验系统储存。

（3）近因效应。近因效应是指个体在对认知对象予以评价时，过多地依赖最新的信息，而忽视其全部历史和一贯表现。近因效应的存在，既反映了个体对最新信息的过度反应，又反映了个体在识记一系列事物时，对末尾部分信息资料的记忆效果优于中间部分资料的记忆效果。

5. 情绪决策

情绪决策是指在行政决策活动中，个体放弃了对决策问题的冷静思考和理智分析，而是在强烈情绪的驱动下贸然地作出冲动的决策。毫无疑问，个体的焦虑、后悔等情绪反应是个体对其所处环境的无意识觉察，因而情绪具有生态理性的特征。但是，个体如果将其对决策问题的分析与判断完全建立在不自觉的、无逻辑的情绪体验之上，就很容易使其精神世界中的非理性因素主导了理性因素，从而导致非理性行为。

（1）焦虑。焦虑是指在预期某种情境中的不良后果时，个体在主观上所体验到的紧张、烦恼、忧虑、恐惧等情绪反应。个体的焦虑情绪，根源于行政决策所面临的高度心理压力，即要求个体在较短的时间内面对不确定的行政决策环境迅速作出决断。一定强度的焦虑对行政决策是有益的，它有利于主体审慎地进行目标规划和方案的设计与抉择，从而有效地应对不确定的风险。但是，一旦个体处于过度焦虑状态，就有可能使得这一恐惧、紧张的情绪左右个体的理性认知，从而使得个体产生"多做多错，少做少错，不做不错"的负面判断和认知，从而过于保守地维持现有政策而拒绝作出改变。

（2）后悔。在行政决策活动中，后悔是指个体意识到如果自己先前采取其他的决策方案将会获得更好的结果时产生的一种消极情感。后悔的产生实际

---

① Taylor, S. E., Peplau, L. A., & Sears, D. O. Social Psychology（8th ed.）. Prentice Hall Inc（1994）.

上是一种基于决策结果评价而产生的负面情绪，它是由于行政决策的现实状态与理想状态进行比较而产生的自责、失落、自我效能感减弱。"根据后悔发生的时间，把决策前所考虑的后悔称为预期后悔（anticipated regret），把决策后所体验的后悔称为体验后悔（experienced regret）"。① 不论是预期后悔，还是体验后悔都对个体的决策活动具有重要影响。按照卢姆斯等人提出的后悔理论，个体在决策时有后悔规避的倾向，即个体倾向于作出后悔最小化的方案选择。所以，一旦预期的或体验的后悔情绪的预期过于强烈，那么个体在风险预期、目标规划、方案选择等方面必然会具有非理性倾向。

4.3 群体层面的非理性行政决策行为

群体决策是在个体决策的基础上完成的，但是群体决策绝不是个体决策的简单叠加，而是用文化的、制度的、心理的途径使得个体决策融入群体之中，因而使得个体决策更加富于社会化色彩。在行政决策活动中，参与决策的个体在群体中受到了群体规范、群体气氛以及群体中其他个体的影响和制约，因而个体往往会表现出与其单独实施行政决策所不同的行为状态。个体的这一反应，既是群体压力之下的产物，又是其适应环境的方式。所以，要在群体层面探讨非理性行为，首先必须分析群体决策的心理环境。

4.3.1 群体决策的心理环境

格式塔派代表人物勒温（K. Lewin）曾经说过："每一心理事件，都取决于其人的状态及环境"。② 从这一论断出发，勒温认为人的行为是人与环境的函数，用符号可以表示为 B = f（P·E），其中 B 代表行为，P 代表人，E 代表环境。按照勒温的观点，行政决策活动中的人——行政决策主体的行为方式与行为态度深受其所处的环境的影响。在群体决策中，影响个体行为的心理环境的构成要素主要包括如下几个方面。

1. 群体规范

群体规范是指由群体所确定并要求群体中一切成员予以遵守的行为准则。行政决策活动中，群体规范主要包括行政决策体制、行政决策文化等方面的内

---

① 饶俪琳、梁竹苑、李纾：《行为决策中的后悔》，载于《心理科学》2008 年第 5 期。

② ［德］库尔特·勒温：《拓扑心理学原理》，高觉敷译，商务印书馆 2003 年版，第 14 页。

容。群体规范是构成群体决策的心理环境的最重要的内容，这是由其自身的内在属性决定的：

首先，群体规范是一种以强制性权力为后盾的具有一定权威性的体制力量，在其具体运作过程中存在着明显的命令—服从关系。韦伯曾经说过："'服从'应该意味着，服从者的行为基本上是这样进行的，即仿佛他为了执行命令，把命令的内容变为他的举止的准则"。① 将韦伯的观点延伸下去，个体对于群体规范服从，实质上是在强制性权力的压迫作用下，将外在的群体规范内化为自我的行为准则，因而这一服从过程必将会引起个体心理的变化。

其次，群体规范内含有一整套关于行政决策过程的活动程序、活动方法的行为规则。所以，个体对群体规范的遵守，既是一个遵循、运用活动程序、活动方法等行为规则的过程，也是一个对行为规则的认知、习得过程。经过长期的、反复的行政决策实践，群体中的一系列行为规则最终必然通过行政决策经验的形式在个体的精神世界中储存下来，成为其决策知识的重要组成部分。

最后，群体规范又内蕴着一定的价值观念、伦理准则等文化形式，是群体所认可的文化价值观念的载体。所以，个体对群体规范的服从，将会自觉或不自觉地将这些价值观念和伦理准则予以内化，成为其展开行政决策实践、评价行政决策效果的基本文化框架。所以，群体规范在文化层面影响着个体的文化心理和道德心理。

2. 群体压力

"群体成员的行为通常具有跟从群体的倾向，当发现自己的行为和意见与群体不一致的时侯，会感到一种心理紧张，即群体压力"。② 群体为改变个体的行为而采取的压力形式主要有四种：其一是理智说服，即对个体采取摆事实、讲道理的形式，对个体施行耐心的说服教育，使其能够正确认知群体规范。其二是舆论引导，即通过对正面典型的揄扬、对反面典型的贬损，在群体内部形成一致的言论、风尚和主流话语，从而引导个体认同群体规范。其三是情感鼓励，即对个体动之以情，以真挚、热烈的情感来感染、打动个体，鼓励其采取与群体一致的行为。其四是强制压迫，即采取强制的办法，通过处分、制裁、惩罚等手段，逼迫个体顺从群体。在理智说服、舆论引导、情感鼓励、

---

① ［德］马克思·韦伯：经济与社会（上卷），林荣远译，商务印书馆1997年版，第240页

② 徐玖平、陈建中：《群决策理论与方法及实现》，清华大学出版社2009年版，第107页。

强制压迫的联合作用下，群体对个体产生了强大的心理压力，必然会导致个体心理发生冲突，迫使个体在归属群体与坚持独立之间作出抉择。群体压力的存在，对群体和个体心理的发展都具有重要意义。就群体层面而言，群体压力的存在有助于协调各个体之间的行动，有助于完成群体的任务，维护群体的存在和延续。就个体层面而言，由于"人需要与自身之外的世界相联系，以免孤独"①，当个体在群体压力之下采取与群体一致的行动时，有利于获得自我的归属感、满足感和认同感。按照戴尔·米勒（Dale Miller）的观点，正是在群体压力的作用之下，为了维护群体和个人在其中的地位，为了增进一个人对他人的吸引力，为了避免与人对立，为了保持个人真实的自我形象，个体便积极开展自我审查，努力调整自身的思想与行为，努力使之与群体保持一致。②

3. 群体凝聚力

群体凝聚力是指群体中的大多数成员有机地聚集在一起，致力于群体目标实现的心理结合力。群体凝聚力由两个方面的要素构成，个体与个体之间的吸引力，群体对个体的内聚力。所以，群体凝聚力的强弱主要取决于这两个方面的情况。从个体与个体之间的吸引力来说，群体内个体与个体之间的吸引力赋予了个体情感上的满足。群体内部的各个个体在为群体目标达成上的价值观念越一致，个体之间具有的心理相容性越强，群体的凝聚力也就越强。就群体对个体的内聚力来说，群体内聚力赋予了个体归属感和认同感。群体越是能够为其成员提供需要的满足、分配的公平、良好的气氛，群体就越是能够在价值目标上整合、协调、平衡各个个体的利益，也就越能够具有较强的内聚力。在凝聚力较强的决策群体中，不同的决策个体在许多方面能够达成一致，彼此信赖、互相帮助，各个个体都具有较强的归属感和安全感，都愿意更多地承担群体的责任和义务。而在凝聚力较弱的决策群体中，不同的决策个体仅仅是在形式上属于该群体，其利益取向与群体的价值目标存在着巨大的分歧，因而决策个体必然是"各怀异志"的，他们往往会努力规避义务、推卸责任、争抢功劳。所以，在行政决策活动中，决策群体凝聚力的强弱对决策个体心理的发展有着重要的影响。

---

① ［美］埃利希·弗洛姆：《逃避自由》，刘林海译，国际文化出版公司2007年版，第17页。
② ［美］戴尔·米勒：《社会心理学的邀请》，汪丽华译，北京大学出版社2008年版，第5~9页。

4.3.2 群体层面的非理性行政决策行为的特征

"群体具有动力功能，每一成员的心理状况与其他成员息息相关，也与群体本身的特点密切相关"。① 所以，在群体规范、群体压力、群体凝聚力的作用下，决策群体层面的非理性行为具有明显的、与个体层面的非理性行为相区别的基本特征。

1. 个性潜隐

勒庞指出："自觉的个性的消失，以及感情和思想转向一个不同的方向，是就要变成组织化群体的人所表现出的首要特征"。② 事实上，处在群体中的个体并没有泯灭和丧失其"自觉的个性"，而是暂时的隐藏起来而已。所谓个性潜隐就是指，"个人在社会背景中，受角色预期、群体压力、人际互动等多种社会因素的作用，可能表现出的个性消减的现象"。③ 例如，王小波在其文学作品中所描述的"沉默的大多数"现象就属于典型的个性潜隐。"在我的周围，像我这样的人特多——在公众场合什么都不说，到了私下里则妙语连珠，换言之，对信得过的人什么都说，对信不过的人什么都不说。起初我以为这是因为经历了严酷的时期，后来才发现，这是中国人的通病。龙应台女士就大发感慨，问中国人为什么不说话。她在国外住了很多年，几乎变成了心直口快的外国人。她把沉默看做怯懦，但这是不对的。沉默是一种生活方式，不但是中国人，外国人中也有选择这种生活方式的。"④

在行政决策活动中，个性潜隐就是个体在群体压力和群体意识的作用下，其个性被淹没在群体中，其责任感、身份感在隐退，从而产生一些个体单独活动时不会作出的行为。这些行为包括：（1）搭便车。在群体决策活动中，由于个体的努力与群体行为结果之间并不存在着必然的因果联系，所以个体往往对自己的能力有所保留，并没有充分发挥自我的主观能动性，往往是将希望寄托在他人的思考与认知之上。（2）从众。由于他人的在场或者群体压力的作用，个体往往会受到真实存在的或者想象的压力的影响，从而改变自己的判断

① 时蓉华：《社会心理学》，浙江教育出版社1998年版，第511页。

② ［法］古斯塔夫·勒庞：《乌合之众：大众心理研究》，冯克利译，中央编译出版社，2004年版，第12页。

③ 项保华、李绪红：《管理决策行为——偏好构建与判断选择过程》，复旦大学出版社2005年版，第180页。

④ 王小波：《沉默的大多数》，北方文艺出版社2006年版，第3页。

和选择。（3）众从。在多数人相互独立、意见分歧时，意见一致、非常团结的少数人有可能通过一定的手段和方法能够对多数人的思想与行为产生显著的影响。（4）迎合。基于自身的各种利益需求，如获得他人的认可、谋求与他人建立良好的人际关系，个体往往会有意无意地根据他人的期望来调整、修正自己的言行。

由于搭便车、从众、众从、迎合等现象的存在，群体层面的非理性行为往往难以简单地套用个体层面的非理性行为的分析逻辑。这是因为，群体层面的非理性行为往往并不是由个体自身的精神世界而自主、独立生成的，而是在群体的作用下，特别是在群体中有重要的影响力的个体的作用下，个体放弃了自我的思考与认知，从而导致其各种个性特征为群体的、他人的心理特征所主导。事实上，个体作出与群体中其他人一致的决策时，特别是个体的内心意识到这一决策并不符合个体的理性尺度时，其内心世界可能面临着巨大的认知失调，即"明知道是错的，却又不得不做"，这种思想与行为的不一致、表里不一将会使个体处于深深的矛盾之中。

引致个性潜隐的原因包括群体决策中的责任分散、匿名性、自觉性减少等因素。（1）责任分散。个体单独决策时，由于个体必须以自我为单位来承担此决策所带来的一切后果和影响，这就促使个体必须从伦理、法律、经济等一切方面去思考这一决策的一切意义与后果。在群体决策中，个体则会感觉到决策的后果和价值都是归属于群体的，决策的责任人人有份，决策的后果人人承担，所以个体往往会放弃发挥自身的主观能动性，而是听从、服从、跟从他人的或群体中主流的意见。（2）匿名性。在群体决策中，决策的结果往往是以群体的方式展示出来的，对于群体中的一般个体而言，外界往往难以了解个体在制定此项行政决策过程中的行为表现，难以辨认个体在制定此项决策过程中的身份和角色，因而个体有可能在缺乏责任监督机制的情况下任意妄为，为所欲为。（3）自觉性减少。在群体决策中，个体之所以人云亦云、随波逐流，很大程度上是此项决策的后果与其自身没有切身的利害关系，因而个体采取事不关己、高高挂起的态度，关于这一点，本文将通过实验予以证明。

2. 群体极化

群体极化是指在群体决策中，群体成员更容易通过群体讨论达成一致意见，群体的主导倾向得到加强而获得支配性地位。斯通纳（Stoner, J. A. F.）在研究中发现，经过集体讨论之后，决策群体的成员更愿意提倡或者拥护冒险行为。① 请看下面这一实验：

B 先生是一位 45 岁的会计师，最近医生发现他患有十分严重的心脏病。这种疾病迫使 B 先生改变许多生活习惯：减轻工作压力、改变饮食习惯、放弃不良嗜好。医生建议他尝试外科手术，如果成功则可以完全治愈心脏病。当然，手术也可能失败。

假如你为 B 先生提供建议，请选择你能接受的最低手术成功率，并在下面的（　）内打勾。

（　）无论手术成功概率多大，B 先生都不应该接受手术。

（　）手术的成功概率为 90%。

（　）手术的成功概率为 70%。

（　）手术的成功概率为 50%。

（　）手术的成功概率为 30%。

（　）手术的成功概率为 10%。

在试验中，首先请被试独立地作出选择，然后进行分组讨论，并就选择达成一致意见。结果，群体的讨论提高了冒险的行为倾向，斯通纳将这一现象称为"风险转移"。在斯通纳之后，许多研究者对风险转移现象进行了研究。他们发现，群体讨论不仅存在着更加冒险的倾向，而且存在着更加保守的倾向。当初始的倾向性意见较为冒险时，经过群体讨论之后将会更加冒险；当初始的倾向性意见较为保守时，经过群体讨论之后将会更加保守。

在行政决策活动中，由于存在着群体决策向极端化发展的倾向，群体有可能会采取比个体更为极端的规定，群体层面的非理性行为往往具有比个体层面的非理性行为更为极端的特征，它使得非理性的程度进一步加深。这是因为，"当我们发现其他人和自己保持相同的观点时，为了使其他人喜欢我们，我们会将观点表达得更为强烈"。② 例如，当某位领导将其因头脑发热而产生的非理性决策方案交与集体讨论时，特别是这一领导在决策群体中拥有非同一般的地位和影响时，其他的决策群体成员往往会附和和论证这一方案，甚至为了获得该领导的赞赏，往往会把该领导的观点表现得更为极端。

① Stoner, J. A. F. A Comparison of Individual and Group Decisions Involving Risk. Unpublished master's thesis, Masachusetts Institute of Technology, 1961.

② ［美］戴维·迈尔斯：《社会心理学》，侯玉波等译，人民邮电出版社 2006 年版，第 225 页。

3. 群体盲思

当决策群体具有较高的凝聚力，并且相对封闭不受外界影响时，决策成员倾向于使自己的观点与群体保持一致，因而令整个群体缺乏不同的思考角度，不能全面客观地认识决策问题、分析决策方案。"群体盲思"这一概念最先是由贾尼斯（Janis, I. L.）提出来的，它是指决策群体的"心理活动效率、对现实的检验以及道德判断的退化，这种退化来自群体内压力"。[①] 其实质是决策成员迫于群体内压力，不愿意对群体决策提出质疑，从而导致整个决策群体自我封闭，缺乏批判性反思。通过深入地探究入侵猪猡湾、偷袭珍珠港、越战、古巴导弹危机、马歇尔计划、水门事件等美国政府历年的外交决策事件，并通过分析各个事件的决策环境、决策过程以及决策结果，贾尼斯提出了群体盲思的理论模型，系统地论证了群体盲思从外在特征到内在原因的各个环节。

贾尼斯将群体盲思的特征概括为八个方面：（1）无懈可击的错觉。群体中绝大多数成员都处于过分自信和盲目乐观状态，并没有意识到各种潜在的风险。（2）行为合理化。一旦决策群体形成某种决策方案后，决策群体就不会对这一方案予以重新评价和审视，更多地将时间和精力花费在论证这一方案的合理性上。（3）对群体的道德深信不疑。所有决策群体的成员确信，凡是经过集体制定的决策就是正义的、符合伦理准则的，不存在道德方面的问题。（4）对决策群体之外的异见分子的评价刻板化。决策群体的成员一旦陷入群体盲思，就会刻板地认为凡是与群体的意见和观点不一致的人都是软弱、愚蠢、邪恶的，因而不值得与之谈判、争论和对话。（5）从众压力。对于决策群体内部那些怀疑群体的立场和意见的人或者少数派，决策群体予以的不是摆事实、列证据、讲道理的说服式反驳，而是以冷嘲热讽的方式予以打击。（6）自我压抑。为避免提出与决策群体不一致的意见和看法，个体往往会自觉或不自觉地压抑自己对决策的困惑，甚至怀疑自己的担忧是否多余。（7）全体一致的错觉。由于从众压力和自我压抑，使得决策群体的意见看起来是十分一致的。（8）思想警卫。群体决策方案一旦形成以后，决策成员会屏蔽那些不利于此方案的信息和资料，限制异见分子提出不同的意见，以此来保证群体决策方案的合法性和影响力。

[①] Janis, I. L. Group Think: Psychological Studies of Policy Decisions and Fiascoes (2nd ed.). Boston: Houghton Mifflin, 1982.

贾尼斯认为，引致群体盲思的原因包括八个方面：（1）决策群体具有高度的凝聚力；（2）决策群体隔绝了外界信息，陷入了自我封闭；（3）决策群体内部采取命令式领导，缺乏自由、民主、宽容的心理氛围；（4）决策规范缺乏条理；（5）决策群体成员的知识背景和价值取向具有较大的相似性；（6）来自外部威胁以及时间限制的压力；（7）由于初始提出方案的决策成员具有强大的影响力，其他决策群体成员缺乏提出更好的决策方案的信心；（8）其他决策成员可能由于刚刚经历决策失败，自尊心受挫。贾尼斯认为，在以上各个因素中，导致群体盲思的至关重要的原因是群体凝聚力，当一个决策群体的成员表现出高度友善和团队精神时，就很容易经过与其他因素的相互作用而导致群体盲思。

如果将决策群体视为一个统一的行政决策主体，那么，陷入群体盲思的行政决策主体的决策过程的非理性行为倾向是十分明显的。它不充分地搜集决策信息、有偏见地认知决策信息、不全面研究决策目标、不全面研究替代方案、不考虑既定选择的风险。所以，在决策群体层面，群体盲思致使行政决策出现严重的过程性缺陷和非理性特征。由于群体盲思，个体层面的非理性行为上升到群体层面并充分表现出来，而且失去了对个体层面的非理性行为予以消解、遏制的可能性。

4.3.3 群体层面的非理性行政决策行为的生成逻辑

在群体决策的特定心理环境中，群体层面的非理性行为具有个体层面所不具有的个性潜隐、群体极化和群体盲思等特征。所以，在群体决策中，个体的决策行为很容易由理性向非理性转化，即个体受到决策群体或者决策群体中的其他决策成员的影响，不自觉地采取非理性的行为方式。如果决策群体中具有非理性行为特征的决策个体达到一定的限度，以至于这些决策个体已经占据了决策群体成员的大多数，那么非理性便成为了该决策群体的主要行为特征，个体层面的非理性行为便以决策群体的形式展现出来。"准确地说，种族中大多数人在同等程度上都具备这些普遍的性格品质，他们受无意识因素支配。正是这些品质构成了群体的共同特征。在群体心理中，个体才能的弱化导致个性的趋同。异质性被同质性吞噬，无意识取得上风"。① 所以，群体层面的非理性

---

① ［法］古斯塔夫·勒庞：《心理操控术》，周婷译，新世界出版社2009年版，第6页。

行政决策行为的生成过程，实质上就是决策群体中大多数成员的个体理性被群体无意识所取代、个体思考为群体心理所操控的过程。这就是群体层面的非理性行为的生成逻辑。

群体层面的非理性行政决策行为的生成是在各种因素的相互作用下得以完成的。在这些因素的作用下，个体的决策行为有可能由理性向非理性转化。同样，倘若有目的、有计划地改变这些因素的作用形式和方向，个体的决策行为又有可能由非理性向理性转化，从而逐渐遏制、消解决策群体层面的非理性行为。

1. 决策群体成员的决策能力

决策能力是个体在行政决策活动中运用科学的方法，对行政决策的目标、手段进行探索、判断与选择的本领。决策成员是构成决策群体的基本结构单元，所以他们的决策能力对于群体层面的行政决策行为的理性程度具有着重要的影响。

一方面，决策成员的决策能力水平对群体决策行为的理性程度影响深远。当大多数决策成员都具有较强的决策能力时，决策群体才能够有效遏制群体内部的各种非理性冲动，才能够以较为开放的姿态与那些对决策问题有不同意见与观点的人展开沟通、协商与对话，也才能够对决策问题形成较为正确的判断。反之，当大多数决策成员的决策能力较为低下时，决策群体的决策行为就很容易陷入非理性状态之中。

另一方面，决策成员的决策能力类型对群体决策行为的理性程度同样有着重要影响。在行政决策活动过程中，决策成员所需要的能力类型是多种多样的。就单个决策成员而言，一切行政决策者都必须具备一定的注意力、观察力、记忆力、思维能力和想象力；就决策过程而言，完整的行政决策过程得以顺利运转又离不开科学预测能力、信息处理能力、决策分析能力、创造性思维能力、决断魄力等方面；就整个决策群体而言，既需要参谋咨询人员"谋"的能力，又需要行政领导"断"的能力。所以，只有当决策成员能力类型比较完备，而且在决策群体内部形成较好的能力互补时，决策群体才能很好地遏制群体决策行为的非理性倾向。

2. 决策群体的规模

决策群体的规模是指构成行政决策群体的成员的数量，它对群体决策行为的理性与否有着重要的影响。当决策群体的规模过于庞大时，决策成员往往具有较强的疏离感和离心倾向，他们很可能会感觉自身对决策方案的选择是无能为力的，因而很有可能选择搭便车、从众、迎合等行为方式，放弃了对决策问题予以理性认知的主观努力。所以，决策群体的规模过于庞大不仅会增加决策群体的沟通和协调成本，而且会使得决策成员的参与机会减少，受少数人支配的可能性也会增加。当决策群体的规模过小时，群体决策也就具有越来越多的个人决策的特征，群体决策的优势也就会逐步丧失。库克（Cook，S.）等人将群体决策相较于个体决策的优势概括为三个方面：① 其一，群体决策具有比个体决策范围更广的备选方案；其二，群体决策具有更多的关于决策问题的信息；其三，群体决策能够为有创新的观点提供良好的载体，增强了决策成员的风险承受能力。所以，一旦决策群体规模太小，就有可能导致备选方案过于狭窄、决策信息严重不足、决策方案缺乏创新性、决策风险增加，因而很可能导致群体层面的非理性行为。所以，为了实现群体决策行为的理性化，必须依据行政决策问题的性质和特点，选择适度的决策规模。

3. 决策群体成员间的信息沟通

决策群体成员间的信息沟通是决策信息由一个决策成员向另一个决策成员的传递过程，也是决策成员对行政决策问题有关知识的学习过程。只有通过有效的决策信息沟通，决策成员才能够获得更多的决策信息，才能够从不同的角度和方面对行政决策问题予以较为全面的把握，从而增强决策成员的判断能力，提高群体决策的可靠性。如果决策成员之间的信息沟通不畅，就有可能导致信息的畸变和人为损耗，降低行政决策的可靠性。罗宾斯（Stephen P. Robbins）等人将有效沟通的障碍概括为七个方面：② （1）过滤，信息传递者故意操纵信息，使信息显得对接收者更为有利；（2）选择性知觉，信息接收者会根据自身的需要、动机、兴趣、爱好等各项特征来有选择性地感知信息；（3）信息过载，需要处理的信息量超出了决策成员的信息处理能力；（4）情绪，即信息接收者接收信息时的情绪状态；（5）语言，同样的语言对于不同的人来说具有不同的涵义，信息接收者往往会使用他所理解的涵义；（6）性别，男性和女性具有不同的沟通风格，他们对沟通的反应方式有着较大的差

---

① ［英］斯蒂文·库克、尼葛尔·斯莱克：《制定管理决策教程》，邸乐辉等译，华夏出版社2000年版，第65页。

② ［美］罗宾斯等：《管理学原理：第6版》，毛蕴诗主译，中国人民大学出版社2008年版，第363页。

别；（7）民族文化，不同的民族文化具有不同的沟通风格、沟通方式、沟通语言。在行政决策活动中，一旦上述各个因素发挥作用，而又缺乏其他的制约手段的话，决策成员之间的信息沟通就很容易失效，从而引致群体决策的非理性。

4. 决策群体的结构

所谓决策群体的结构，是指决策成员的构成方式以及决策成员之间的相互关系。决策群体的结构包括包括知识结构、权力结构、性格结构、年龄结构等方面的内容。决策群体在知识、权力、性格、年龄性别等方面的搭配与组合方式对于群体决策行为的理性与否同样有着重要的影响。

（1）知识结构。决策群体具有合理的知识结构是其行为理性得以实现的知识前提，决策群体的知识结构不合理必然导致群体层面的非理性行政决策行为。就决策成员而言，合理的知识结构是指每一个决策成员应当具有相对较为完备的知识体系，形成金字塔型的知识结构：塔尖为行政哲学层面的关于世界观、认识论、价值观、方法论等方面的知识，塔基为行政技术层面的关于具体行政决策领域、行政决策问题的知识。就决策群体而言，任何决策成员的知识数量都是有限的、难以完备的，这就需要通过群体决策的方式来形成决策成员之间的知识互补。为了实现群体决策的理性化，决策成员的理论性知识与实践性知识之间、领导型知识与技术型知识之间、伦理性知识与专业性知识之间必须形成良好的互补结构。

（2）权力结构。决策群体的权力结构是指决策成员之间的决策权力的分配方式。在行政决策活动中，合理的权力结构的实质就是正确处理行政首长与一般决策成员之间的权力分配关系。在决策群体内部，权力过分集中于行政首长或者过分分散于一般决策成员，都有可能加剧群体决策的非理性倾向。合理的权力分配方式应当是采取民主集中制的形式，将民主与集中有机结合起来，既强调行政首长的最后决定权，又充分发扬民主，保障每一个决策成员的平等议事权利，有效地防止过度分权和过度集权两种错误。

（3）性格结构。性格是"人对现实的态度和行为方式中比较稳定的心理特征的总和，它是个性中具有核心意义的部分"。① 决策群体的性格结构是指不同决策群体成员之间气质类型与决策风格的组合方式。决策成员的基本气质

---

① 俞国良、戴斌荣：《基础心理学》，武汉大学出版社 2007 年版，第 412 页。

类型大致可以划分为多血质的活泼型、胆汁质的兴奋型、粘液质的安静型以及抑郁质的抑制型四种①。决策成员以其独特气质类型为基础，在个性化的决策实践中必然生成迥然各异的决策风格。为了实现群体决策行为的理性化，决策成员之间的气质类型与决策风格应当相互配合、协调一致。

（4）年龄结构。决策成员之间年龄的组成方式以及状况如何也是影响群体决策行为是否理性的重要因素。不同的年龄阶段具有不同的优势，如年轻人敏感、有锐气、富于开拓精神，年长者富有经验、沉稳、谨慎。决策群体应当由老、中、青不同年龄阶段成员组成，并合理安排三者之间的比例关系。这有这样，才能充分发挥各年龄阶段的优势，取长补短，有效地遏制各种非理性行为。

5. 群体决策规则

群体决策规则是在一定的理念、价值观的指导下构建起来的，以规范群体决策行为的方式、程序、时效为目的，以权利和义务关系为基本内容的规则体系。合理的群体决策规则是在群体决策中对理性行为标准的结构化和模式化，亦是实现群体决策行为理性的手段、尺度和规范。因此，群体决策规则合理性与否、以及合理性程度是影响群体决策是否理性的制度性因素。群体决策规则的合理性有三个方面的规定性。首先，合理的群体决策规则应当是内蕴正义、民主、协商等价值的制度，以参与性、中立性、公开性为基本特征，从而能够为群体决策活动的参与各方提供一个合法而有效的博弈平台。其次、合理的群体决策规则应当具有较强的权威性、原则性、规范性。它是群体决策的基本规范，不容许决策群体中任何成员的地位凌驾于规则之上，不容许任意改变和随意扭曲。"经验使人们意识到，组织应该有一些根本规则。这些规则是不容轻易改变的，也不可以轻易'暂缓'——就是说为了某个目的，暂时不遵守某条规则，暂时忽略该规则的约束和限制，并在这个目的之后立刻恢复"。② 最后，合理的群体决策规则应当符合行政决策的实践需要，符合行政决策活动的运行规律，具有较强的可执行性、可操作性、科学性，它对群体决策各事项的规定明确、具体，各规则之间连贯一致，从而能够有效地规范群体决策行为。

---

① 周菲：《管理心理学》，清华大学出版社、北京交通大学出版社2005年版，第69页。

② ［美］亨利·罗伯特：《罗伯特议事规则（第10版）》，袁天鹏、孙涤译，格致出版社、上海人民出版社2008年版，第7页。

4.4　本章小结

理性行政决策行为，是在对价值目标予以恰当权衡的前提下，行政决策主体与行政决策环境的拟合状态。所以，非理性行政决策行为或者是主体没有对行政决策的价值目标予以恰当权衡的行为，或者是主体没有实现与行政决策环境拟合的行为。导致非理性行政决策行为的根源是主体精神世界中理性因素与非理性因素的功能不耦合。对非理性行政决策行为的分析可以从个体和群体两个层面来分析。在决策个体层面，非理性行政决策行为表现为冲动式非理性行为和习惯式非理性行为两种类型，具体表现为决策陷阱、行为过度、损失厌恶、情境依赖、情绪决策等现象。在决策群体层面，由于受到群体决策中的群体规范、群体压力、群体凝聚力等群体决策的心理环境因素的影响，群体层面的非理性行为具有个性潜隐、群体盲思、群体极化等方面的特征。群体层面的非理性行政决策行为的生成，实质上就是决策群体中大多数成员的个体理性被群体无意识所取代、个体思考为群体心理所操控，是在多种因素的综合作用之下得以完成的。

第 5 章

行政决策非理性的实证分析

在前文中，笔者主要通过理论演绎的方法对行政决策中内隐的非理性因素和外显的非理性行为进行了研究和分析。在本文的研究过程中，为了获取关于行政决策非理性的直接经验，笔者通过对有关研究对象的观察、实验和调查，获取了一定的客观材料。"大多数从事经验研究的学者都承认，质的研究方法与量的研究方法在社会科学研究中都能够发挥作用；而且，将这两种方法结合在一起加以应用具有明显的优势"。① 基于这一认识，在本章中，笔者将以这些材料为研究依据，通过量化分析技术与质化分析技术的结合，力图检验有关理论假设，并试图从个别到一般，归纳出行政决策非理性的本质属性和发展规律。

5.1　前景理论在行政决策领域的适用性实验

自前景理论提出以来，特别是卡尼曼教授获得 2002 年的诺贝尔经济学奖之后，这一理论的学术价值和实践指导意义获得了越来越广泛的认可。一部分公共行政的研究者也试图将这一理论运用到行政决策领域，并认为"全面科学地研究和分析当代中国公众的风险决策心理和行为规律，科学地吸纳和借鉴包括前景理论在内的有益的行为和心理科学成果，应该是政府决策者下一步应着重考虑的问题"。② 然而，任何理论的运用总是具有一定的环境条件的约束，要将前景理论运用于行政决策中的心理和行为规律的分析，首先必须解答这一

---

① ［英］大卫·马什、格里·斯托克：《政治科学的理论与方法（第二版）》，景跃进等译，中国人民大学出版社 2006 年版，第 239 页。

② 夏飞、李成智：《前景理论及其对政府决策的启示》，载于《现代管理科学》2005 年第 3 期。

理论能否适用于行政决策的问题，即前景理论在行政决策领域的适用性问题。这是因为，社会心理环境对主体的行为具有着重要的影响，在不同的文化背景和决策情境下主体完全有可能采取截然不同的决策思路，而前景理论是以美国大学生为实验对象，以经济决策为问题情境而得出的结论。所以，前景理论所得出的有关结论是否适用于我国行政决策中的行为个体，还需要进一步检验。这一检验的基本内容包括三个方面：一是前景理论在我国的适用性，二是前景理论在行政决策情境中是否成立，三是行政决策中是否存在确定性效应、反射效应和分离效应等非理性行为。

笔者拟采取实验研究的方法，人为地构建行政决策情境，测试行政决策主体在此情境中的行为活动规律，以检验前景理论在行政决策中的适用性。这一方法既不同于一般决策理论研究的逻辑演绎推理，又与一般的问卷调查方法存在着很大的不同，它是以一定的理论作为研究基础的心理实验，以实验的结果来检验和分析理论。在检验前景理论对行政决策领域的适用性时，运用实验研究方法是必要的。因为我们不可能观察并记录真实的行政决策情境中的所有行政决策行为，而是只能够从一定理论假设出发，进行精巧、有控制的观察，从而获得阶段性的研究结论。另一方面，运用实验研究方法来检验前景理论对于行政决策领域的适用性又是可行的，因为"通过系统的经验观察，实验心理学能将人们对一般生活事件的简单兴趣转化为成熟的理论体系"。① 实验心理学的研究已经充分证明，通过对仿真决策情境中的被试进行试验，是可以推测、把握和分析现实中的决策心理规律的。

5.1.1　实验设计

为了达到以上目的，笔者对本实验作了如下三个方面的设计。

1. 实验对象

检验前景理论在行政决策领域的适用性，实质上就是检测行政决策主体的决策活动是否存在确定效应、反射效应和隔离效应等非理性行为现象。所以，本实验将研究对象的范围限定为我国具有一定的行政决策经验的行政人员。在本实验中，笔者选取了四川省 Y 市市委党校和贵州省 S 州州委党校的主体班学员作为调查对象，共计投放 247 份问卷，回收有效问卷 236 份。实验对象的

---

①　郭秀艳：《实验心理学》，人民教育出版社 2004 年版，第 18 页。

平均年龄为 37.3 岁，在党政机关从事行政工作的平均时间为 12.8 年。应该说，被试的年龄、资历、经验等方面的条件是比较符合本实验的要求的。

2. 实验情境

卡尼曼等人所操作的实验是研究不确定条件下人们的经济决策行为的。所以，应当将卡尼曼所操作的实验情境转换为行政决策情境。二者虽然具有形式上的差异，但在问题的本质结构上具有高度的一致性，本实验作了如下一些技术处理：其一，将卡尼曼实验中的经济决策问题转换为被试所熟悉的行政决策问题，本实验设计的是危机情境中行政决策主体挽救社会公众的生命数量；其二，将卡尼曼实验中的经济利益得失数量转换为挽救或失去生命的数量，把被试的得失与挽救生命的数量结合起来；其三，为了有效达到在行政决策活动中检验前景理论的目的，卡尼曼实验中对各变量的赋值在本实验中保持不变。笔者设计的实验情境与卡尼曼实验中的问题情境对比如表 5 - 1：

表 5 - 1　前景理论在行政决策中的适用性实验情境对比表

	卡尼曼等人操作的实验	笔者操作的实验
总的场景	在两个赌局中作出选择	某镇爆发了严重的洪涝灾害，人民群众的生命财产遭受到了严重的威胁。作为该镇的镇长，需要您在有关专家的协助下选择科学可行的救援方案，最大限度地挽救人民群众的生命。
实验 1	请在赌局 A、B 之间进行选择： A. 33% 的机会获得 2500 英镑，66% 的机会获得 2400 英镑，1% 的机会什么也得不到。 B. 100% 获得 2400 英镑。	请在如下两套救援方案之间进行选择： A. 33% 的机会挽救 2500 人的生命，66% 的机会挽救 2400 人的生命，1% 的机会挽救不了任何人的生命。 B. 100% 的机会可以挽救 2400 人的生命。
实验 2	请在赌局 A、B 之间进行选择： A. 33% 的机会获得 2500 英镑，67% 的机会什么也得不到。 B. 34% 的机会赢得 2400 英镑，66% 的机会什么也得不到。	请在如下两套救援方案之间进行选择： A. 33% 的机会挽救 2500 人的生命，67% 的机会挽救不了任何人的生命。 B. 34% 的机会挽救 2400 人的生命，66% 的机会挽救不了任何人的生命。
实验 3	请在赌局 A、B 之间进行选择： A. 80% 的机会获得 4000 英镑，20% 的机会什么也得不到。 B. 100% 的机会获得 3000 英镑。	请在如下两套救援方案之间进行选择： A. 80% 的机会挽救 4000 人的生命，20% 的机会挽救不了任何人的生命。 B. 100% 的机会可以挽救 3000 人的生命。

续表

	卡尼曼等人操作的实验	笔者操作的实验
实验4	请在赌局 A、B 之间进行选择： A. 20% 的机会获得 4000 英镑，80% 的机会什么也得不到。 B. 25% 的机会获得 3000 英镑，75% 的机会什么也得不到。	请在如下两套救援方案之间进行选择： A. 20% 的机会挽救 4000 人的生命，80% 的机会挽救不了任何人的生命。 B. 25% 的机会挽救 3000 人的生命，75% 的机会挽救不了任何人的生命。
实验5	请在赌局 A、B 之间进行选择： A. 45% 的机会获得 6000 英镑，55% 的机会什么也得不到。 B. 90% 的机会获得 3000 英镑，10% 的机会什么也得不到。	请在如下两套救援方案之间进行选择： A. 45% 的机会挽救 6000 人的生命，55% 的机会挽救不了任何人的生命。 B. 90% 的机会挽救 3000 人的生命，10% 的机会挽救不了任何人的生命。
实验6	请在赌局 A、B 之间进行选择： A. 0.1% 的机会获得 6000 英镑，99.9% 的机会什么也得不到。 B. 0.2% 的机会获得 3000 英镑，99.8% 的机会什么也得不到。	请在如下两套救援方案之间进行选择： A. 0.1% 的机会挽救 6000 人的生命，99.9% 的机会挽救不了任何人的生命。 B. 0.2% 的机会挽救 3000 人的生命，99.8% 的机会挽救不了任何人的生命。
实验7	请在赌局 A、B 之间进行选择： A. 80% 的机会损失 4000 英镑，20% 的机会不会有经济损失。 B. 100% 的机会损失 3000 英镑。	请在如下两套救援方案之间进行选择： A. 80% 的机会失去 4000 人的生命，20% 的机会不会失去任何人的生命。 B. 绝对（100% 的机会）失去 3000 人的生命。
实验8	请在赌局 A、B 之间进行选择： A. 20% 的机会损失 4000 英镑，80% 的机会不会有经济损失。 B. 25% 的机会损失 3000 英镑，75% 的机会不会有经济损失。	请在如下两套救援方案之间进行选择： A 方案：20% 的机会失去 4000 人的生命，80% 的机会不会失去任何人的生命。 B 方案：25% 的机会失去 3000 人的生命，75% 的机会不会失去任何人的生命。
实验9	请在赌局 A、B 之间进行选择： A. 90% 的机会损失 3000 英镑，10% 的机会不会有经济损失。 B. 45% 的机会损失 6000 英镑，55% 的机会不会有经济损失。	请在如下两套救援方案之间进行选择： A. 45% 的机会失去 6000 人的生命，55% 的机会不会失去任何人的生命。 B. 90% 的机会失去 3000 人的生命，10% 的机会不会失去任何人的生命。

续表

	卡尼曼等人操作的实验	笔者操作的实验
实验10	请在赌局 A、B 之间进行选择： A. 0.1% 的机会损失 6000 英镑，99.9% 的机会不会有经济损失。 B. 0.2% 的机会损失 3000 英镑，99.8% 的机会不会有经济损失。	请在如下两套救援方案之间进行选择： A. 0.1% 的机会失去 6000 人的生命，99.9% 的机会失去不了任何人的生命。 B. 0.2% 的机会失去 3000 人的生命，99.8% 的机会失去不了任何人的生命。
实验11	考虑一个两阶段赌局，第一阶段有 75% 的概率什么也得不到，只有 25% 的概率可以进入第二阶段。当进入第二阶段时，请在赌局 A、B 之间进行选择： A. 80% 的机会获得 4000 英镑，20% 的机会什么也得不到 B. 100% 的机会获得 3000 英镑。	专家为您设计了一个分为两个阶段的援救方案。在第一阶段，有 75% 的机会挽救不了任何人的生命，有 25% 的机会可以进入救援工作的下一阶段。当进入到第二阶段时，可以采取如下两种救援方案。这时您会选择（ ）方案。 A 方案：80% 的机会挽救 4000 人的生命，20% 的机会挽救不了任何人的生命。 B 方案：绝对（100% 的机会）可以挽救 3000 人的生命。

3. 实验伦理

本实验以行政决策主体为实验对象，以不确定情境下的行政决策行为为实验内容，因而必须严格遵守相应的伦理道德准则。在试验之前，所有被试均被告知实验的目的与内容，而且被试对本实验的参与完全是出于自愿。为了真实地反映被试的现实决策行为，本实验还要求被试作出承诺，他的所有选择都代表他真实的想法。同时，所有被试均被告知，问题没有标准答案，完全可以根据自己的直觉、经验、知识作出选择。问卷均采取匿名的方式，尽可能减轻被试的心理压力。这些实验伦理的遵守，既是实验心理学学科属性的内在要求，同时又是保障本实验的科学、合理、客观的重要手段。

5.1.2 实验结果的对比分析

在本次实验中，笔者共发放问卷 247 份，回收有效问卷 236 份。为了问题研究的便利，笔者将以概率 P 获得收益 Y，1－P 什么也得不到的情境设计记作（Y，P；0，1－P），或者简记作（Y，P）。例如，（2500，0.33；2400，0.66；0，0.01），是指 0.33 的概率获得 2500 的收益，0.66 的概率获得 2400 的收益，0.01 的概率获得不了任何收益。将本次实验结果与卡尼曼实验的结果进行比较，从而产生了表 5－2。

表5-2　前景理论在行政决策中的适用性实验结果对比表

样本	情境设计	卡尼曼等人实验的结果	本实验的结果	结果评价
实验1	A. (2500, 0.33; 2400, 0.66; 0, 0.01)	18%	24.7%	大体一致
	B. (2400, 1.0)	82%	75.3%	
实验2	A. (2500, 0.33)	83%	79.1%	基本一致
	B. (2400, 0.34)	17%	20.9%	
实验3	A. (4000, 0.8; 0, 0.2)	20%	15.3%	基本一致
	B. (3000, 1.0)	80%	84.7%	
实验4	A. (4000, 0.2; 0, 0.8)	65%	70.3%	大体一致
	B. (3000, 25%; 0, 0.75)	35%	29.7%	
实验5	A. (6000, 0.45; 0, 0.55)	14%	30.7%	不完全一致
	B. (3000, 0.9; 0, 0.1)	86%	69.3%	
实验6	A. (6000, 0.001; 0, 0.999)	73%	88.4%	完全一致
	B. (3000, 0.002; 0, 0.998)	27%	11.6%	
实验7	A. (-4000, 0.8)	92%	87.3%	基本一致
	B. (-3000, 1.0)	8%	12.7%	
实验8	A. (-4000, 0.2)	42%	39.3%	基本一致
	B. (-3000, 0.25)	58%	60.7%	
实验9	A. (-3000, 0.9)	8%	11.6%	基本一致
	B. (-6000, 0.45)	92%	88.4%	
实验10	A. (-6000, 0.001)	30%	24.1%	大体一致
	B. (-3000, 0.002)	70%	75.9%	
实验11	A. (4000, 0.8×0.25)	22%	22.4%	基本一致
	B. (3000, 1.0×0.25)	78%	77.6%	

　　在将本实验的结果与卡尼曼等人的实验结果进行比较的过程中,笔者将各单项实验之间的数值差别作为评价标准。当二者之间的数值差别在5%以内时,将实验结果评价为"基本一致",即该实验结果与卡尼曼实验结果基本一

致；当二者数值差别为 5% ~ 10% 时，将实验结果评价为"大体一致"，即该实验结果与卡尼曼实验结果大体一致；当二者数值差别为 10% ~ 20% 时，将实验结果评价为"不完全一致"，即该实验结果与卡尼曼实验结果不完全一致；当二者数值差别为 20% 以上时，将实验结果评价为"不一致"，即该实验与卡尼曼实验结果不一致。由表 5 - 2，本实验结果与卡尼曼等人操作的实验结果之间存在着基本一致的单项实验为 6 项，存在着大体一致的单项实验为 3 项，存在着不完全一致的单项实验为 2 项，存在着不一致的单项实验为 0 项。这一结果说明，当笔者将实验的场景转换为行政决策，将被试的范围限定为行政人员，仍然在较大程度上取得了与卡尼曼等人的实验比较一致的结果。

5.1.3 前景理论的主要效应在行政决策中的检验与分析

要检验前景理论在行政决策中的适用性，不仅需要考察本实验与卡尼曼等人的实验的结果在数值上的一致性，而且需要依据本实验的结果，结合前景理论所提出的确定效应、反射效应、分离效应，检验这些心理效应在行政决策活动中是否存在。

1. 确定效应的检验与分析

"相对于仅仅可能的结果，人们会超估确定的结果，这种现象我们称之为确定效应"。① 确定性效应表明，人们在面对收益时存在着风险厌恶。当某个事件由不可能变为可能时，即其发生概率由 0 变化为 1% 时，或者由可能变为确定时，即其发生概率由 99% 变为 100% 时，这一变化给个体该来的心理影响超出了中间阶段的任何相应变化。这也就是说，人们对小概率事件的决策权重赋值，远远大于高概率事件的决策权重赋值。经济学家理查德·泽克豪泽（Richard Zeckhauser）曾经列举了一个十分生动的例子来说明确定效应是如何起作用的。② 他发现，与从 4 粒子弹中拿走一粒的情况相比，大多数人倾向于付出更多的钱拿走俄式轮盘赌中的唯一一颗子弹。虽然拿走一颗子弹之后，两种情况下被击中的概率都等量减少了，即在两种情况中人们的收益是一致的。但是，人们仍然会感觉到 0 颗子弹与 1 颗子弹的差异，比 3 颗子弹和 4 颗子弹的差异要重要得多。本实验的结果表明，行政决策活动中同样存在着确定

① Daniel Kahneman, Amos Tversky：《前景理论：风险决策分析》，胡宗伟译，载于《经济资料译丛》2008 年第 1 期。

② ［美］斯科特·普劳斯：《决策与判断》，施俊琦等译，人民邮电出版社 2004 年版，第 87 页。

效应。

实验 1 表明，75.3％的被试选择方案 B，24.7％的被试选择方案 B，由期望效用理论可得 U（A）＞U（B），即：

U（2400）＞0.33 U（2500）＋0.66 U（2400）＋0.01 U（0）

将该式简化即为 0.34U（2400）＞0.33 U（2500）。同理，由实验 2 可得：0.34U（2400）＜0.33 U（2500）。实验 3 表明，0.8U（4000）＜U（3000）。而实验 4 表明，0.2U（4000）＞0.25 U（3000），即 0.8U（4000）＞U（3000）。所以，实验 1 和实验 2 的结果之间、实验 3 和实验 4 的结果之间存在着明显的矛盾现象。这一矛盾现象说明，预期效用理论对于解释行政决策主体在面对风险和不确定情况时的决策行为并不适用，因为行政决策主体对各类事件的概率估计以及决策权重的赋值是非线性的。在实验 1 和实验 3 中，大多数行政决策主体之所以选择完全具有确定性的方案 B，就是因为高估了 0.01 U（0）和 0.2 U（0）的发生概率。在面对不确定条件下，行政决策主体为了防止一无所得，更愿意消除风险，而不是降低风险。

实验 5 和实验 6 表明，即使没有确定结果，确定性效应仍然存在。行政决策主体在面对高概率事件时，往往会高估高概率事件。在实验 5 中，与 0.45 的概率挽救 6000 人生命的方案相比较，行政决策主体认为 0.9 的概率挽救 3000 人的生命的方案更可能发生，更具有可行性。在面对低概率事件时，行政决策主体又往往会低估不确定的结果。在实验 6 中，0.001 的概率挽救 6000 人生命的方案与 0.002 的概率挽救 3000 人生命的方案都具有较低的发生概率，因而行政决策主体倾向于认为二者都是难以发生的，从而选择具有较大收益的方案。

2. 反射效应的检验与分析

反射效应是指人们对于收益和损失的偏好是不对称的，当面对可能损失的前景时，人们有风险追求（risk seeking）的倾向；当面对收益的前景时，人们有风险规避（risk averse）的倾向。如上所述，由于存在确定效应，人们具有对不确定性予以规避和厌恶的倾向。但由于存在着反射效应，确定效应的结论需要予以修正，即人们在经济决策中对不确定性的厌恶只有在面临收益的时候方才表现出来，当他面对损失的时候刚好相反而是风险寻求。划分收益或损失所依据的是某个参考点（reference point）的财富变动，而不是最终财富部位的平均收益（即期望收益值）。参考点是人们对某事物的期望。比如说这个月你得到 5000 元的奖金收入，对你来说到底是收益还是损失？这要看你的期望（即参考点），如果你期望的奖金额是 4500 元，那么相对于 4500 元这个参考点来说，5000 元是一种获得；假如你期望得到 6000 元的奖金额，那么相对于 6000 元来说 5000 元就是一种损失。

为了检验行政决策中是否存在反射效应，本实验采取了实验对照的方法，将所有被试区分为实验组和对照组。由实验组回答实验 3、实验 4、实验 5、实验 6 中的问题。将以上四个实验中的收益转化为损失，便产生了实验 7、实验 8、实验 9、实验 10 的问题情境，由对照组来作答。在回收的 236 份有效问卷中，实验组为 124 份，对照组为 112 份，数据统计整理的结果见表 5 - 3。

表 5 - 3　行政决策中的反射效应检验表

实验组：面对收益（挽救生命）			对照组：面对损失（失去生命）		
样本	问题	回答	样本	问题	回答
实验 3	(4000，0.8)	15.3%	实验 7	(-4000，0.8)	87.3%
	(3000，1.0)	84.7%		(-3000，1.0)	12.7%
实验 4	(4000，0.2)	70.3%	实验 8	(-4000，0.2)	39.3%
	(3000，0.25)	29.7%		(-3000，0.25)	60.7%
实验 5	(3000，0.9)	69.3%	实验 9	(-3000，0.9)	11.6%
	(6000，0.45)	30.7%		(-6000，0.45)	88.4%
实验 6	(3000，0.002)	11.6%	实验 10	(-3000，0.002)	75.9%
	(6000，0.001)	88.4%		(-6000，0.001)	24.1%

表 5 - 3 说明，行政决策过程中存在着明显的反射效应，在面对收益和损失时，行政决策主体的偏好是不对称的。实验组是以"挽救生命"作为问题表述框架的，因而该组被试所面临的是收益多少的问题，在实验中该组被试亦表现出了明显的风险规避偏好。对照组是以"失去生命"作为问题表述框架的，所以该组被试所面临的是损失多少的问题，在实验中改组被试表现出了明显的风险追求偏好。例如，在实验 7 中，与 100% 地损失 3000 生命相比较，行政决策主体更愿意承受以 0.8 的概率损失 4000 生命，尽管后者期望损失更多。又如，在实验 10 中，相对于 1% 的概率损失 6000 生命而言，2% 的概率损失 3000 生命收益更高，但需要面对更高的风险，却仍然有 75.9% 的对照组被试选择了 B 方案。

3. 分离效应的检验与分析

在对两个方案进行选择时，为了达到简化的目的，人们大多集中关注两种方案之间的差别，往往会有意或无意地忽略二者之间的共同之处。这种方案选择的方式有可能导致不一致的偏好。因为对同一个方案的描述可以用不止一种方法分解为共同的和不同的部分，不同的分解将会产生不同的偏好。这就是前景理论所提出的分离效应。本实验的结果表明，分离效应在行政决策中仍然是存在的。通过简单的计算，我们就可以知道，实验 11 与实验 4 实质上是同一个问题。但是，在实验 4 中 70.3% 的被试选择了 A 方案，而在实验 11 中77.6% 的被试选择了 B 方案。这说明，行政决策主体对方案的选择受到了方案分解方式的影响。

5.1.4　基本结论

通过实验，笔者得出了如下基本结论：首先，传统的预期效用理论难以解释不确定条件下的行政决策行为，主要是因为行政决策主体对于决策权重的赋值往往不是依据线性的预期收益，而是受到了问题的表述、框架、参照点等因素的影响；其次，前景理论很好地描述了行政决策主体在应对风险时的心理和行为规律，能够对行政决策中的许多现象提供比较好的解释，因而它对行政决策领域具有广泛的适应性；最后，与一般经济决策一样，行政决策活动中存在着确定效应、反射效应、分离效应，如何充分发挥这些心理效应的积极作用、规避其消极影响，应当是行政决策研究的重要努力方向。

5.2　行政决策主体认知偏差的检验分析

5.2.1　过度自信效应检验

本文研究的结果显示，过度自信是行政人员中广泛存在的普遍现象，参加调查人员大多认为自己的决策能力高于同事们的一般水平。

表5－4 过度自信效应检验

问题：回想一下你身边的同事，您认为您自己作出决策时的能力高于、低于还是与一般同事差不多。

样本	选项	选择人数	所占比例
236	A. 高于同事们的一般水平	173	73.3%
	B. 低于同事们的一般水平	14	5.9%
	C. 和同事们的一般水平差不多	49	20.8%

5.2.2 后见之明效应检验

如前文所述，后见之明是在行政决策活动中记忆偏差的典型体现，即行政决策者往往具有"事后诸葛亮"的心态，往往将已经发生的事情视为相对不可避免和显而易见的事情，并总是强调自己当初就"预测"到这一事件，而没有看到自己的判断实际上已经受到已知结果的影响。笔者以当下普遍关注的房价问题为切入点，让被调查人员现在（具体时间为2010年10月至11月房价处于高位运转时）来评价自己过去（具体时间为2008年房价处于低谷时）对房价走势预测的准确性。调查结果显示，大多数人宣称自己在当时就预测到房价必然会上涨。但是，笔者与他们私底下闲聊时，又有很大一部分人后悔当时没有能够果断地作出买房的决策。这说明，被调查者当中在一定的范围内是存在后见之明的。

表5－4 后见之明效应检验

问题：我国的房价在经历了2008年的短暂低谷后，于2009年年初至2010年4月又经历了一轮爆发式上涨的行情。在2008年时，您是怎样预测房价的？

样本	选项	选择人数	所占比例
236	A. 我当时就认为房价必然会上涨	187	79.2%
	B. 我当时认为房价上涨的可能性很大	29	12.3%
	C. 我当时认为房价上涨的可能性很小	11	4.7%
	D. 我当时认为房价不可能上涨	9	3.8%

5.2.3 反应过度效应检验

反应过度的实质是主体对于最新的信息赋予过高的决策权重，而且这些信息往往是以未经证实的"传闻"、"传说"、"风闻"、"流言"的形式传入主体的精神世界的。因此，要检验行政决策主体是否具有反应过度的非理性行为倾向，就需要考察他们在面对各种流言、传闻时的行为反应。本次调查显示，大多数行政人员对于传闻处于将信将疑的状态，当听说某种少数民族的草药能够抵御某种流行性疾病时，62.3%的调查对象表示自己处于"半信半疑"状态，另有9.7%和4.7%的调查对象表示自己对这一传闻"大部分相信"和"完全相信"，这三部分调查对象所占的全体人数超过了3/4。同时，调查结果显示，大部分被调查者处于信息不充分的条件下时，很容易受到流言的引导，从而产生"宁可信其有，不可信其无"的心理，开始观望甚至相信传闻从而采取行动，有56.8%的调查对象选择少量购买这一草药，有7.2%的调查对象选择大量购买这一草药。

表5-5　反应过度效应检验（1）

问题：有关于某种疾病即将流行的传闻，已经在您的朋友和同事中传开一段时间了。现在您听说少数民族的某种草药可能抵御这一疾病，您对此消息的第一反应是：

样本	选项	选择人数	所占比例
	A. 完全相信	11	4.7%
	B. 大部分相信	23	9.7%
236	C. 半信半疑	147	62.3%
	D. 有的不相信	52	22.0%
	E. 完全不相信	3	1.3%

表5-6　反应过度效应检验（2）

问题：有关于某种疾病即将流行的传闻，已经在您的朋友和同事中传开一段时间了。现在您听说少数民族的某种草药可能抵御这一疾病。这时您可能采取的行动是：

样本	选项	选择人数	所占比例
	A. 大量购买这一草药	17	7.2%
236	B. 少量购买这一草药	134	56.8%
	C. 看看再说	53	22.5%
	D. 不能确定	32	13.5%

5.2.4　沉没成本效应检验

沉没成本效应是指已经消耗的成本和已经付出的代价会对主体的后续决策

产生重要影响。调查结果显示，面对已经付出的成本和十分不明朗的未来，大部分被调查者并不是选择止损逻辑，而是倾向于继续付出。可见，沉没成本效应在调查对象中有一定的表现。当然，本文中笔者只是对沉没成本效应作出了初步的检验，有待于进一步检验。这是因为，本文选择的是重病中的病人是否需要继续治疗的问题，许多个体也许是出于对生命的珍视，而认为面对生命的损失一定经济利益损耗是微不足道的。因而即使痊愈的希望十分渺茫，而且前期已经付出了巨大的成本，人们仍然会倾向于继续付出。

表 5 - 7　沉没成本效应检验

问题：某人得了重病，治疗不到一个疗程已经花了很多钱，继续完成这一疗程还需要部分开支。从已有的治疗效果来看，痊愈的机会可能很小。这时候您认为：

样本	选项	选择人数	所占比例
236	A. 应该继续治疗	174	73.7%
	B. 应该放弃治疗	62	26.3%

5.2.5　框架效应检验

为了检验在被调查者中是否存在框架效应，笔者采取了卡尼曼等人关于"亚洲病"问题的研究方案，采取了实验对照的方法。由实验组回答的问题从获救的角度予以描述，方案相对于参考点"没有人获救"就是收益，以检验被调查者在面对收益时是否具有风险规避偏好。由对照组回答的问题从死亡的角度予以描述，方案相对于参考点"没有人死亡"就是损失，以检验被调查者在面对损失时是否具有风险追求偏好。调查结果显示，在实验组中有79.2%的被调查者选择方案 A，在对照组中有81.4%的被调查者选择方案 B。这一结果充分说明，被调查者受到框架效应的影响，对同样一个问题的不同描述产生了截然不同的观点和行为。

表 5 – 8   框架效应检验

样本	方案	选择人数	所占比例	样本	方案	选择人数	所占比例
	实验组：目前有一种未知的传染性疾病正在流行，预计将会导致 600 人死亡。现有两种抗击疾病的方案，请您作出选择（　）				**对照组：目前有一种未知的传染性疾病正在流行，预计将会导致 600 人死亡。现有两种抗击疾病的方案，请您作出选择（　）**		
124	方案 A：将有 200 人获救	98	79.2%	112	方案 A：将有 400 人死亡	21	18.6%
	方案 B：1/3 的可能性 200 人获救，2/3 的可能性无人获救	26	20.8%		方案 B：1/3 的可能性无人死亡，2/3 的可能性 600 人死亡	91	81.4%

5.3   行政决策的行为模式考查

5.3.1   行政决策的动机模式考察

利益是主导行政决策的基本动因。正是由于利益的诱导，行政决策主体的各种需要、情感、欲望、兴趣等非理性因素方才得以激发出来，构成了主体行政决策活动的基本动机模式。然而，"利益"这一概念是十分复杂多元的，不同的阶层、部门、社会群体具有不同的利益诉求。所以，有必要探求的是，主导行政决策活动的主要利益动机是什么，或者说，行政决策主体的利益动机究竟是如何构成的。石亚军教授主持的课题组曾经以 2499 名国家公务员为调查对象，要求他们在"当地各阶层的利益"、"当地民间精英的利益"、"当地党政部门及公务员的利益"、"上级领导的利益"、"当地弱势群体的利益"、"其他社会群体的利益"六个利益选项中选择当地政府决策最为重视的利益，其具体调查结果见表 5 – 9。① 针对这一问题，笔者希望探究的是，倘若将调查对象转换为一般社会公众，调查结果是否会有所不同？于是，笔者将同样的问题对社会公众进行了随机调查，产生了表 5 – 10 的调查结果。当然，受制于有限

---

①   石亚军：《中国行政管理体制现状问卷调查数据统计》，中国政法大学出版社 2008 年版，第 23 页。

的研究条件，在所任课班级的学生的帮助下，笔者仅回收有效问卷447份。相对于石亚军课题组而言，笔者调查的样本数量明显是不够的，笔者只是希望大致地分析不同的评价主体，尤其是公务员与社会公众之间，对政府决策的利益动机的认识是否有所不同。

表5-9（石亚军课题组调查结果）　　当地政府决策最重视：

选项	选择计数	百分比（%）
［1］当地各阶层的利益	1324	55.0
［2］当地民间精英的利益	177	7.1
［3］当地党政部门及公务员的利益	181	7.2
［4］上级领导的利益	357	14.3
［5］当地弱势群体的利益	392	15.7
［6］其他社会群体的利益	68	2.7
总计	2499	100.0

表5-10（笔者的调查结果）　　当地政府决策最重视：

选项	选择计数	百分比（%）
［1］当地各阶层的利益	151	33.7
［2］当地民间精英的利益	41	9.1
［3］当地党政部门及公务员的利益	95	21.5
［4］上级领导的利益	78	17.5
［5］当地弱势群体的利益	76	16.9
［6］其他社会群体的利益	6	1.3
总计	447	100.0

由表5-9，公务员群体认为，当地政府决策中最为重视的三种利益依次是"当地各阶层的利益"、"当地弱势群体的利益"、"上级领导的利益"，分别占55.0%、15.7%、14.3%。由表5-10，一般社会公众认为，当地政府决策最重视的三种利益依次是"当地各阶层的利益"、"当地党政部门及公务员的利益"、"上级领导的利益"，分别占33.7%、21.5%、17.5%。二者之间的差别集中体现为，当地政府决策在多大程度上代表了当地政府部门及公务员的利益。与公务员群体的看法不同，一般社会公众认为，当地政府决策的利益动

机在很大程度上是出于对政府部门自身的利益考量。造成公务员群体与一般社会公众认识差别的原因可能包括如下三个方面：其一，当地政府决策的透明度不够，从而导致社会公众未能掌握充分的信息，从而对当地行政决策的利益动机存在着误解；其二，一般公众缺乏必要的行政知识，因而对政府的运作流程不够了解，不具备客观评价行政决策的知识和能力；其三，当地政府的决策确实在很大程度上是出于行政决策主体自身的本位利益考虑，只是公务员群体有意或者无意地予以否认。具体的、真实的原因究竟如何，有待于通过进一步调查研究来发现该地的现实情况。但是，无论出于何种原因，综合石亚军课题组与笔者的调研结果，能够激发行政决策主体的动机和兴趣的利益形式主要包括四个方面，即"当地各阶层的利益"、"当地弱势群体的利益"、"上级领导的利益"、"当地党政部门及公务员的利益"。

5.3.2　行政决策的行为方式考察

行政决策的行为方式是指行政决策主体受主、客观条件限制所采取的行政决策的活动方式，包括决策方法和技术的选择、信息沟通方式、工作方式等方面。行政决策主体的行为方式是其心理活动状态的外化和具体体现。所以，为了考察内隐的非理性精神因素的活动状况，笔者以行政决策方法和群体决策行为作为观察对象，同样以前文中所提到的四川省 Y 市市委党校和贵州省 S 州州委党校的主体班学员作为调查对象，试图观察行政决策主体在决策方法选择和群体决策中的行为特点。

1. 行政决策方法考察

当笔者要求调查对象回答贵单位在决策过程中主要采取了何种决策方法时，选择"决策者的经验把握"为 133 人，占全体调查对象的 56.3%。调查结果显示，58.1% 的调查对象认为，为了制定可行的决策方案，丰富的实践经验比充足的决策信息和充分的专业信息更为重要。因此，调查对象在实际的行政决策活动中所采用的决策方法仍然以经验决策为主。当然，本次调查的对象大多属于正科级或副科级公务员，在整个公务员序列中，他们属于权力等级较低的层次。所以，他们的日常决策活动主要是一些例行的日常事务，因而其所面对决策问题的程序性、结构性特征决定了他们大多选择经验性的决策方法。对那些处于权力较高等级的行政决策主体，他们所面临的大多是非程序性的决策问题，他们的决策方法选择究竟如何，有待于进一步的调查。

表5-11 行政决策方法考察（1）

问题：贵单位在决策过程中主要采取了下列哪种方法？

样本	选项	选择人数	所占比例
236	A. 公众参与	12	5.1%
	B. 专家论证	21	8.9%
	C. 成本效益分析	17	7.2%
	D. 决策程序公开	53	22.5%
	E. 决策者的经验把握	133	56.3%

表5-12 行政决策方法考察（2）

问题：在实际的行政工作中，您认为为了制定可行的决策方案，（ ）最重要

样本	选项	选择人数	所占比例
236	A. 丰富的实践经验	137	58.1%
	B. 充足的决策信息	35	14.8%
	C. 充分的专业分析	64	27.1%

2. 群体决策行为考察

为了考察群体决策的实际情况，笔者首先对群体决策的权力结构进行了调查。在遇到重大决策问题时，58.1%的调查对象认为其所在单位是由领导班子集体讨论后由首长决定，22.5%的调查对象认为其所在单位是由首长个人决定，13.1%的调查对象认为其所在单位是由领导班子集体表决。这一结果说明，在正式制度层面，民主集中制的行政决策权力体制得到了较好的贯彻，但是威权决策、个人独断仍然在一定范围内存在。

表5-13 群体决策行为考察（1）

问题：贵单位在作出重大决策时，通常采用下列哪种做法？

样本	选项	选择人数	所占比例
	A. 领导班子集体表决	31	13.1%
	B. 领导班子集体讨论后由首长决定	137	58.1%
236	C. 首长个人决定	53	22.5%
	D. 首长请示上级后决定	13	5.5%
	E. 说不清楚	2	0.8%

表5-13所反映的只是行政决策活动中正式制度层面的权力架构。在领导班子集体讨论的过程中，实际的决策权力分配方式和运行机制究竟如何，行政首长是否具有其他一般决策成员所不具备的权威地位，行政首长隐性的心理影响力是否影响正式的决策权力体制运行，这些问题都有待作出进一步的调查研究。为此，笔者设计了表5-14中的问题，要求调查对象回答究竟是权威领导的倾向性意见还是一般与会人员的共识决定决策方案的选择。调查结果显示，63.3%的调查对象认为权威领导的倾向性意见最终决定了行政决策方案的选择。通过与调查对象私下交流，他们之所以产生上述判断是因为，他们认为权威领导的倾向性意见将会对一般与会人员产生较大的影响，甚至一般与会人员的共识就是在权威领导的倾向性意见的引导下产生的。所以，在群体决策中，行政首长具有强大的心理影响力，如何使决策群体在这一心理影响力的作用下仍能够保持民主、宽容的心理氛围是一个有待研究的重要问题。

表5-14 群体决策行为考察（2）

问题：在您所经历的实际工作中，（ ）将最终决定行政决策方案的选择。

样本	选项	选择人数	所占比例
236	A. 权威领导的倾向性意见	147	62.3%
	B. 一般与会人员的共识	89	37.7%

在群体决策中，决策成员很容易选择从众的行为方式。决策成员选择从众的原因是多方面的，有可能是该事项对决策成员并不具有切身的利害关系，有可能是决策成员试图保持良好的人际关系。所以，笔者设计了表5-15中的问题，笔者试图采取实验对照的方式，考察决策事项与决策成员的利益切身相关

时，决策成员是否仍然会具有强烈的从众倾向。调查结果表明，当未讲明决策事项与调查对象的利益关系时，有 70.2% 的调查对象选择从众；当强调了决策事项与调查对象的利益关系后，选择从众的比例下降为 47.3%。这说明，群体决策中的从众行为很大程度上是由于决策成员"事不关己，高高挂起"的心态造成的。

表 5 - 15　群体决策行为考察（3）

实验组：在针对某一问题召开的决策会议中，当您的意见与大多数人的意见不一致时，您会（　）				对照组：在针对某一问题召开的决策会议中，这一问题与您的利益密切相关，当您的意见与大多数人的意见不一致时，您会（　）			
样本	选项	选择人数	所占比例	样本	选项	选择人数	所占比例
124	A. 据理力争，明确地表明自己的态度和观点	37	29.8%	112	A. 据理力争，明确地表明自己的态度和观点	59	52.7%
	B. 表面附和大家的观点，内心并不认同这些观点	87	70.2%		B. 表面附和大家的观点，内心并不认同这些观点	53	47.3%

决策成员之所以选择从众也有可能是出自于个性倾向和性格特征的缘故。于是，笔者对实验组的 124 名调查对象的个性心理倾向进行了简单测定，见表 5 - 16。笔者假定，选择 A 的为重视关系型人格，选择 B 的为重视工作型人格，然后再将实验组中对于表 5 - 15 问题的回答予以重新统计，便产生了表 5 - 17。重视关系型人格选择从众行为的占 66.1%，重视工作型人格选择从众行为的占 73.8%，所以本次调查并未发现人格倾向与从众行为是否存在密切联系。

表 5 - 16　群体决策行为考察（4）

样本	选项	选择人数	所占比例
	问题：依据您在党政机关从事行政工作的经验，您认为（　）		
236	A. 保持融洽的人际关系比干好本职工作更重要	59	47.3%
	B. 干好本职工作比保持融洽的人际关系更重要	65	52.7%

表5－17　群体决策行为考察（5）

实验组：在针对某一问题召开的决策会议中，当您的意见与大多数人的意见不一致时，您会（　　）

样本	选项	选择人数	所占比例	样本	选项	选择人数	所占比例
59	A. 据理力争，明确地表明自己的态度和观点	20	33.9%	65	A. 据理力争，明确地表明自己的态度和观点	17	26.2%
	B. 表面附和大家的观点，内心并不认同这些观点	39	66.1%		B. 表面附和大家的观点，内心并不认同这些观点	48	73.8%

本次调查结果显示，超过3/4的调查对象认为采取不记名投票的方式有利于实现行政决策活动的民主化，其中认为具有很大作用的占28.4%，认为具有一定作用的占47.9%。

表5－18　群体决策行为考察（6）

问题：您认为，采取不记名投票对于实现行政决策活动的民主化（　　）

样本	选项	选择人数	所占比例
236	A. 具有很大的作用	67	28.4%
	B. 具有一定的作用	113	47.9%
	C. 没有什么作用	56	23.7%

5.4　本章小结

对行政决策过程中的非理性因素和非理性行为展开实证分析是行政决策非理性维度研究的重要环节。在本章中，笔者首先通过对调查材料的整理和分析，检验了前景理论在行政决策领域的适用性。然后，运用认知心理学的研究方法，对行政决策主体的各种认知偏差进行了检验。最后，对行政决策主体的动机模式和行为方式进行了调查分析。本章的研究结论表明，非理性因素是影响行政决策活动的重要因素，非理性行为在现实的行政决策活动中是一个不能忽视的客观存在。因此，对行政决策非理性予以合理调适，使内隐的非理性因素与理性因素之间实现功能耦合，遏制非理性行为的消极影响，是行政决策非理性维度研究的基本目标所在。

第6章

合理调适行政决策非理性的路径分析

为了避免非理性行政决策行为的发生，必须对行政决策主体的精神世界和行为方式予以调适。非理性行政决策行为产生的心理根源是主体精神世界中的理性因素和非理性因素处于功能不耦合状态。所以，实现主体的理性因素与非理性因素的功能耦合，既是合理调适行政决策非理性的价值目标，又为实现这一目标提供了基本思路。笔者认为，要使得理性因素与非理性因素在行政决策过程中相互依赖、相互渗透、相互作用、相互促进，就必须综合运用决策制度、组织氛围、行政伦理、决策技术等多种手段，引导、规范、感染行政决策主体。就其本性而言，科学的决策制度、良好的组织氛围、崇高的行政伦理、先进的决策技术都是人们基于理性的价值观念，结合公共行政的现实状况和发展趋势，对行政生活所作出的理性的建构、营造和安排。所以，不论是在工具性意义上，还是在价值性意义上，这些因素都属于行政理性的基本载体，都是行政理性的基本形式。从这个意义上说，运用科学的决策制度、良好的组织氛围、崇高的行政伦理、先进的决策技术来调适行政决策非理性，实质上就是运用理性的形式来统驭、支配、引导非理性因素，因而这样的调适路径才是"合理"的。

6.1　建立和完善科学的行政决策制度

各种行政制度是构成行政生活的基本结构要素，是行政生活实现规范化的必要条件。胡锦涛同志在党的"十七大"报告中明确指出："要坚持用制度管权、管事、管人"，就是看到了制度对规范权力运行的重要价值和意义。在行政决策活动过程中，行政决策制度同样具有规范功能，在宏观层面，这一功能体现为对行政决策权力运作过程的规范；而在微观层面，这一功能则体现为对行政决策主体的非理性因素和非理性行为的调适。在本文的研究领域中，科学的行政决策制度是合理调适行政决策非理性的中心环节。

6.1.1 行政决策制度的内涵

要理解行政决策制度的内涵，首先必须对"制度"这一概念予以深刻的把握。在人类社会的各种交往活动中，总是存在着十分多样的制度类型，包括政治的、经济的、社会的等方面。这些制度类型相互结合，并与一定社会环境和时代特征相联系，便构成了人类社会的制度体系。美国制度学派的先驱凡勃伦（Thorestein Veblen）率先将制度问题引入社会科学的研究领域。他指出："制度实质上就是个人或社会对有关的某些关系或作用的一般思想习惯；而由此构成的生活方式是，在某一时期或社会发展的某一阶段通行的制度综合"……"今天的制度，也就是当前公认的生活方式"……"因此遗留下来的这些制度，这些思想习惯、精神面貌、观点、特质以及其他等，其本身就是一个保守因素。这就是社会惯性、心理惯性和保守主义因素"。[1] 诺斯（D. C. North）认为："制度是为约束在谋求财富或本人效用最大化中个人行为而制定的一组规章、依循程序和伦理道德行为准则"。[2] 舒尔茨（T. W. Schulz）则明确指出："制度是一种行为规则，这些规则涉及社会、政治及经济行为"。[3] 克劳福德（Sue E. S. Crawford）和奥斯特罗姆（Elnior Ostrom）将人们对制度的定义归结为三种类型：其一，制度是一种均衡，它是理性的个人在相互理解偏好和选择行为的基础上的一种结果，呈现出稳定状态；其二，制度是一种规范，许多观察到的互动方式是建立在特定的形势下的，很大程度上来自一种规范性义务；其三，制度是一种规则，如果不遵守这些制度将受到惩处或低效率。[4] 豪（Peter A. Hall）与泰勒（Rosemary C. R. Taylor）详尽地分析了历史制度主义、理性选择制度主义和社会学制度主义三种不同的

① ［美］托马斯·本德·凡勃伦：《有闲阶级论——关于制度的经济研究》，蔡受百译，商务印书馆1981年版，第139~141页。

② ［美］道格拉斯·C. 诺斯：《经济史上的结构和变迁》，陈郁、罗华平等译，上海三联书店2003年版，第196页。

③ ［美］T. W. 舒尔茨：《制度与人的经济价值的不断提高》，载于R. 科斯、A. 阿尔钦、D. 诺斯等著《财产权利与制度变迁——产权学派与新制度学派译文集》，刘守英等译，上海三联书店2003年版，第253页。

④ Sue E. S. Crawford, Elnior Ostrom: A Grammar of Institutions. American Political Science Review, 1995 (3): 582~599.

制度观，历史制度主义将制度理解为扎根于政体的组织结构或政治经济中的各种正式的与非正式的程序、惯例、规范和风俗，理性选择制度主义将制度理解为影响到理性选择结果的选择规则，社会学制度主义认为"制度"的外延不仅包括正式的规则、程序、规范，而且还包括符号系统、认知规定和道德模板，它将文化也纳入了制度的范畴。①

在本节中，"制度"这一概念采用的是制度经济学中比较通行的观点，即"制度在这里被定义为由人制定的规则。它抑制着人际交往中可能出现的任意行为和机会主义行为。制度为一个共同体所共有，并总是依靠某种惩罚而得以贯彻"。② 这一定义包括三个方面的内容：第一，制度的基本形式是正式的或非正式的行为规则。正式的行为规则是由法律与政治体系所认可和规定的、具有强制性约束力的行为规则体系，非正式的规则是人们在社会交往活动中无意识形成的，具有持久生命力的规则体系；第二，制度的功能是抑制人际交往中可能出现的各种不利于交往双方总体利益的行为。不论制度是由社会群体的外部供给而生成，还是由人们在社会交往活动中自发产生，它能够为人们的社会活动提供规范的准则，有利于交往活动的各方处于循规蹈矩的克制状态；第三，制度的实施依靠一定的激励约束机制。制度的贯彻总是离不开正面的激励和负面的约束，总是以一定的奖励与惩罚措施结合在一起的。

由"制度"这一概念的规定性可知，行政决策制度是调整和规范行政决策活动中各种社会关系和行为方式的规则体系的统称，它规定了行政决策的组织体系、行政决策权力的分配方式、行政决策的程序性要求。

1. 行政决策的组织体系

按照现代公共行政的职能特征，行政决策组织体系主要由四个子系统构成：

（1）行政决策中枢系统。行政决策中枢系统在整个行政决策组织体系中处于主导地位，它由拥有行政决策权力、承担行政决策责任的领导者或领导集体构成。行政决策中枢系统主要承担行政决策备选方案的选择功能，即主要负责行政决策中决断、抉择。在我国，行政决策中枢系统的决断主要受到四个方

---

① Peter A. Hall, Rosemary C. R. Taylor. Political Science and Three New Institutionalisms. Political Studies, 1996（XLIV）：936~957.

② ［德］柯武刚、史漫飞：《制度经济学——社会秩序与公共政策》，韩朝华译，商务印书馆2000年版，第32页。

面因素的影响和制约。① 其一是执政党，中国共产党不仅为行政决策提供指导思想、行动纲领和战略目标，而且对行政决策者实施着组织领导，并对其实施监督；其二是国家权力机关，各级人民代表大会通过立法、审议政府工作报告、审核和批准政府的预算决算等活动从宏观上、整体上规定着行政决策的方向；其三是司法机关，司法机关拥有行政诉讼案件的审判权，有权对行政行为的合法性展开审查，从而间接地干预和影响行政决策；其四是新闻媒体，新闻媒体通过对行政决策的公正性、合理性、合法性和社会效益予以评价和披露，执行着行政决策效果的社会评价功能，因而必然会对行政决策的制定过程、选择标准和实施方式施以影响。

（2）行政决策信息系统。行政决策信息系统的主要任务是为行政决策者收集、处理、传输决策信息，它是行政决策组织体系的神经单元，对于保障行政决策的及时性、准确性、可行性具有重要的作用和意义。在我国，行政决策信息系统主要由各级各类信息中心和办公厅（室）等综合信息部门及调研部门组成。

（3）行政决策咨询系统。行政决策咨询系统是指为行政决策提供咨询服务的各级各类咨询机构。在国外，这些咨询机构被称为"智囊团"、"头脑公司"、"思想库"、"智库"等，不一而足。我国行政决策的咨询机构主要由政府系统内部咨询机构和政府系统外部咨询机构组成。政府系统内部的咨询机构主要包括国务院研究室、国务院各部委、各省市县人民政府设立的政策研究室等。政府系统外部的咨询机构主要包括各级科学院、社科院、高校以及专业研究机构等。行政决策咨询机构能够为行政决策者提供备选方案，提供专业的分析与判断，提供全新的分析视角和观点。所以，在现代行政决策活动中，行政决策咨询系统发挥着越来越重要的作用。

（4）行政决策反馈系统。行政决策反馈系统的中心任务是将行政决策实施的基本情况和存在的问题，如实、及时地反馈给决策的中心以便对决策进行追踪和调整，以逐渐接近目标。行政决策反馈系统在行政决策过程中具有重要作用，有利于及时发现和纠正错误的决策，防止国家和社会公共利益遭受重大损失。

---

① 浦兴祖：《中华人民共和国政治制度》，上海人民出版社1999年版，第212页。

2. 行政决策的权力分配

行政决策权力分配主要解决一级政府或政府部门内部决策权力的分配问题。从1949年新中国成立至今，以1982年宪法颁布为时间界限，我国行政决策权力的分配经历了由合议制向行政首长负责制的转变。1954年的《国务院组织法》明确规定："国务院发布的决议和命令，必须经国务院全体会议或者国务院常务会议通过"。这里的"通过"意味着国务院的决策采取少数服从多数或者全体一致的决策规则，这明显是一种合议制的行政决策权力分配形式。实行合议制容易造成责任模糊、推诿扯皮、行动迟缓、效率低下等弊端。因此，1982年，我国以宪法的形式明确了行政首长负责制，"国务院实行总理负责制，各部、委员会实行部长、主任负责制"，"地方各级人民政府实行省长、市长、县长、区长、乡长、镇长负责制"。行政首长负责制强调行政首长拥有最后决策权，这一决策权力分配方式不是采取少数服从多数的表决方式进行决策，而是在决策群体充分讨论的基础上，由行政首长集中正确意见，作出最后的决策。需要指出的是，我国的行政首长负责制是民主集中制基础上的个人负责制，它在强调行政首长拥有最后决策权的同时，又赋予了决策群体成员对决策问题予以充分讨论、发表意见的权力。所以，"从制度设计的理想目标来看，我国的行政首长负责制兼有'合议制'和'首长制'两者的优点，同时又避免两者的弱点，即既重视民主讨论，又强调首长的最后拍板权；既避免合议制影响效率的弱点，又避免首长制容易忽视民主、走向专断的弱点。"①

3. 行政决策的程序要件

所谓"行政决策的程序要件"，是指由行政决策制度所规定的程序性要求，它是行政决策具有合法性、合理性、正当性的基本保障。我国行政决策制度的各种程序性规定主要包括如下方面的内容：

（1）重大决策问题的集体讨论程序。《国务院组织法》第四条明确规定："国务院工作中的重大问题，必须经国务院常务会议或者国务院全体会议讨论决定。"在1982年颁布实施的《地方各级人民代表大会和地方各级人民政府组织法》中，并没有具体规定各级地方政府在对重大问题进行决策时的决策规则。1986年12月，六届全国人大第十八次会议以修正案的方式专门增加了第54条规定："县以上地方各级人民政府工作中的重大问题，须经政府常务

① 张立荣：《论有中国特色的国家行政制度》，中国社会科学出版社2003年版，第79页。

会议或者全体会议讨论决定"。

（2）行政决策告知程序。行政决策主体在作出行政决策过程中，应当将有关事项告知行政相对人或者利害关系人。行政决策告知程序包括告知行政决策主体的身份、告知行政相对人在行政过程中享有的程序权利、告知行政决策内容等方面。

（3）行政决策听证程序。行政决策主体在作出影响行政相对人的权利和义务的重大行政决策之前，应当先给予行政相对人陈述、申辩和质证的机会，在听取行政相对人的意见和辩论的基础上再作出行政政策。行政决策听证程序起源于英美普通法中古老的自然公正原则，其最基本的要求是排除偏见和听取对方的意见。由于它在司法程序中的重要作用，因而逐渐被追求行政法治的人们所关注，并引入行政领域。在我国，1996年的《行政处罚法》也首次规定了听证制度，尽管我国行政决策听证程序的适用范围目前还只限于一些较重的行政处罚和价格决策领域，可以相信，在今后的行政决策中，听证程序将会获得越来越广泛的运用。

（4）行政决策回避程序。行政决策回避程序，是指当行政决策主体与行政决策事项存在着直接利害关系时，主动申请回避或应利害关系人申请而回避，由其他与该决策事项没有直接利害关系的行政决策主体加以处理。行政决策回避程序同样起源于英美普通法上的自然公正原则，"任何人都不得在与自己有关的案件中担任法官"。行政决策回避程序是行政程序公正的重要内容，因而是实现行政决策结果公正的必要条件。

（5）行政决策说明理由程序。行政决策说明理由程序，是指行政决策主体在作出对行政相对人合法权益产生不利影响的行政决策时，除法律有特别规定外，必须向行政相对人说明其作出该项行政决策的事实根据、法律依据和政策性、公益性考虑因素等理由。行政决策主体说明理由的内容包括行政决策的合法性理由和正当性理由，前者是证明和支撑行政决策合法的事实根据和法律依据；后者是证明和支撑行政决策合理的事实根据和法律依据。

（6）行政决策信息公开程序。行政决策信息公开程序，是指行政决策主体依法主动或者应行政相对人的要求，通过各种方式和途径使行政相对人知晓并获取行政决策活动及相关信息资料的法律制度。一般而言，从国家安全和他人隐私权保护的需要等方面考虑，总有某些行政决策信息是不宜对行政相对人公开的。但是，从保护行政相对人合法权益的需要考虑，行政信息应尽可能向行政相对人公开。

6.1.2　行政决策制度对行政决策非理性的调适功能

制度是人的存在方式，制度塑造着人的社会属性。人的本质是什么，或者说人究竟是何种属性的存在物？这是一个古往今来引起无数思想纷争的重大问题。不管思想家们在这一问题上存在着多么大的分歧，他们较为一致地认为人的本身是一个包含着丰富矛盾的多样性存在，它并不是一种一成不变的存在，而是一种在社会文化环境中不断生成、进化、演变的存在。恩格斯说："人只需要了解自己本身，使自己成为衡量一切生活关系的尺度，按照自己的本质去估价这些关系，真正按照人的方式，根据自己本性的需要，来安排世界，这样的话，他就会猜中现代的迷了"。① 随着人类对自身认识的不断深化，人必然会"按照人的方式，根据自己本性的需要，来安排世界"，即构建各种社会制度来安排人类的社会生活。制度构成了社会存在的基本结构要素。一旦我们承认人的存在是一种社会性存在，就必须肯定人的存在亦是一种制度性存在。制度对于人类社会的功能主要体现为如下两个方面。

一方面，制度是社会交往活动得以展开的必要条件。任何合作的达成、社会交往目标的实现，都必须借助于一定的制度框架，这不仅是因为制度构成了社会交往活动的游戏规则，而且因为制度具有合理性、合法性，对于社会交往活动的参与者而言，是一种强制性力量，是一种必须遵守的秩序与规范。奥地利经济学家安德鲁·肖特指出，如果社会交往活动属于重复博弈范畴，而且所有参与者都认识到了这一点，那么，社会交往活动的参与者就会认识到使用撒谎的策略对自己是不利的。随着情况重复出现，所有参与者将可能会期待一个显示参与各方真实偏好的规范得以发展，在这一规范之上，说真话的惯例得以建立。由此，反复出现的囚徒困境问题可能期待社会制度的演化来解决。② 因此，适用的制度是远离社会交往活动种种困境的关键。

另一方面，制度塑造着人的社会属性。人的社会属性是对一定社会制度的内化，一定的社会制度赋予人性以社会历史性内涵。制度对社会交往活动的规范，主要是约束交往活动的各方的行为模式、方式和程序。但是，制度对于交

---

① 《马克思恩格斯全集》（第 1 卷），人民出版社 1956 年版，第 651 页。
② ［奥］安德鲁·肖特：《社会制度的经济理论》，陆铭、陈钊译，上海财经大学出版社 2003 年版，第 37～38 页。

往活动参与者的规范并不是约束其外在行为之后便戛然而止，而是将制度内蕴的各种价值观念和行为准则传递到了人们的精神世界，从而影响了人们的意识、塑造了人们的灵魂、约束了人们的思想。在社会活动中，人长期依据某种制度行事，就会产生固定的行为习惯，无意识地保持自我行为的一致性，这种无意识还将在心理层面不断积淀，成为人的社会属性的重要组成部分。所以，社会制度是由社会交往活动中的人建构生成的，而社会制度又在建构着社会交往活动参与者的社会属性，在其人性上打上了深深的制度烙印。

行政决策制度的功能是一般社会制度的功能在行政决策领域的具体化和实现。制度塑造着人的社会属性，行政决策制度则塑造着行政决策主体的精神世界，对其非理性因素和非理性行为具有重要的调适功能。事实上，行政决策制度通过其规范功能、信息功能、保障功能的发挥，对行政决策主体施加影响，塑造着行政决策主体的心理状态和行为方式，有促使非理性因素处于理想的功能形态，促进行政决策主体精神世界中的理性因素与非理性因素实现功能耦合。

1. 行政决策制度的规范功能

行政决策制度具有规范功能，它对行政决策主体从事决策活动的方式、权限、时间、方向等内容都予以了明确的界定。行政决策制度对行政决策行为的规范可以从个体与群体两个层面来分析。就单个的行政决策者而言，行政决策制度通过对合乎规范行为的引导和激励、对不合规范行为的否定与制裁，有利于行政决策个体的正确行为的强化和错误行为的矫治。就决策群体而言，科学的行政决策制度有利于协调和整合决策成员之间的各种利益关系，将他们之间的利益矛盾和冲动控制在一定的范围之内。所以，行政决策制度，既有利于单个的行政决策主体遏制自身的各种冲动、偏执、夸张的非理性情绪冲动，又有利于行政决策成员之间结成和而不同、既紧密团结又具有相对独立性的工作关系，为遏制群体层面的非理性行为构筑坚实的制度基础。

2. 行政决策制度的信息功能

行政决策制度具有信息功能，它明确地规定了行政决策主体能够做什么，不能够做什么，应该怎么做，不应该怎么做。行政决策制度以明文规定或者显著的社会符号等形式，为人们提供了丰富的关于行政决策活动的内容、方式、程序、时限等方面的信息。借助这些信息，决策主体就能够十分有效地降低行政决策活动的不确定性，因为只要决策主体的活动符合行政决策制度的有关规定，他的行政决策活动就很容易达成预定的目标。同时，借助于行政决策制度所提供的信息，决策群体的成员就能够预知其他决策成员的行动，从而大大地降低了群体决策互动过程中不同主体之间的猜忌、怀疑，有利于营造和谐的心理氛围。所以，行政决策制度能够为行政决策的参与者提供多样的信息，这些信息一方面承担着行政决策知识的功能，为遏制主体的非理性行为倾向提供知识引导，另一方面承担着行政决策文化的功能，为避免服从、从众、群体极化等群体层面的非理性行为提供良好的文化心理环境。

3. 行政决策制度的保障功能

行政决策制度具有保障功能，它明确地规定了行政决策活动参与者的责、权、利，有效地保障了他们参与行政决策活动所必需的权利与权力。从行政决策制度所确认和保障的权利来看，这一权利是指行政决策参与者的利益、资格和自由，它是行政决策活动参与各方相互联系的纽带。对于行政决策参与者权利的忽视，就会使得他们听命于长官意志、臣服于威权，丧失自我和自由意志，丧失个性，生成奴性，最终使得行政决策活动"丧失共同体的理性目的"[1]。所以，以制度的形式来保障行政决策参与者的权利是合理调适行政决策非理性的重要一环。从行政决策制度所确认和保障的权力来看，这一权力是行政决策主体从事行政活动所必须的资源和工具。在赋予行政决策主体一定的权力资源的同时，行政决策制度又规定了与之相匹配的责任，既赋予行政决策主体一定的权能，又施加了一定程度的、以责任感为主要内容的心理压力。这一心理压力将迫使行政决策主体充分发挥自身的主观能动性，对行政决策问题予以冷静、客观分析，努力克服各种非理性行为倾向。

6.1.3　合理调适行政决策非理性的制度安排

为了合理地调适行政决策非理性，促进行政决策主体的理性因素与非理性因素实现良好的功能耦合，必须从充分发挥行政决策制度的规范功能、信息功能、保障功能，对行政决策的组织体系、权力分配和程序要件等方面作出科学的制度设计与安排。

1. 进一步完善行政决策的组织体系

"我国行政决策体制高度集权的传统在改革开放中有所打破，但一个健全

---

① ［美］弗利登：《权利：人类必不可少的属性》，孙嘉明译，载于《现代外国哲学社会科学文摘》1995 年第 10 期。

完善的、能够有效发挥行政决策组织体系的整体功能的行政决策体制尚未真正形成"。① 实事求是地说，我国的行政决策组织体系建设仍然处于起步阶段，存在着诸多的欠缺与不足。一方面，行政决策组织体系的各子系统的建设严重滞后，现有的信息系统、咨询系统、反馈系统的决策能力难以适应行政决策的实践需要。另一方面，未能正确处理各子系统之间的关系，子系统之间并未形成相对独立、相对分工、相互配合、相互制约的有机关系，因而也就难以发挥行政决策组织体系的系统的整体功能。针对上述这些不足，为了合理调适行政决策的非理性，必须采取如下几个方面的手段和措施，对行政决策组织体系予以完善。

（1）进一步加强行政决策信息系统建设。首先，应通过增加投入、完善机构、人员培训等方式努力增强各信息部门的信息处理能力。其次，应当正确处理决策中枢系统与信息系统之间的相互关系。二者之间应保持紧密的业务联系，由中枢系统向信息系统提出决策信息搜集的范围和方向，信息系统及时、准确地搜集处理决策信息以此作为中枢系统决策的依据。同时，中枢系统应保障信息系统在信息搜集方面的相对独立性，对信息系统搜集的信息应予以正确看待，决不能"以权定数"。最后，加大对造成决策信息失真责任者的惩罚力度，确保信息部门如实地传输决策信息，有效避免信息的人为损耗。

（2）进一步加强行政决策咨询系统建设。为了适应行政决策的实践需要，应从如下几个方面着手发展行政决策咨询系统：其一，各级行政决策主体应强化咨询意识、重视咨询成果。行政决策主体要摒弃个人独断的决策思维，要充分意识到仅凭个人的聪明才智和经验判断是难以适应重大问题的决策要求的，要充分认识到专业的决策咨询是避免决策失误的有效措施。其二，正确处理行政决策中枢系统与行政决策咨询系统之间的关系。在行政决策机构提供决策咨询时，应尊重咨询机构的独立研究精神，要给他们创造独立工作的条件，使其能够独立地提出决策意见，决不能以长官意志取代专业咨询。应当明确，不论是政府内的咨询机构，还是政府外的咨询机构，他们与行政决策中枢系统之间在提供行政决策咨询时并不是被领导者与领导者的关系，不是秘书与领导的关系，而是业务服务关系。其三，努力提升决策咨询者的素质。不仅应提升他们的专业素质，而且应采取各种手段提升他们的政治素质、职业道德素质，培育

---

① 浦兴祖、竺乾威：《当代中国行政》，复旦大学出版社 1995 年版，第 108 页。

他们的创新意识。其四，大力发展外部决策咨询机构。必须借鉴发达国家经验，采取财政方面的直接补贴、间接补贴以及税收方面的减免税种和信贷方面的低利率贷款等扶持措施，促进我国民间行政决策咨询机构的发展，培育"中国的兰德公司"。

（3）进一步加强行政决策反馈系统建设。首先，应构建科学有效的行政决策效果评价机制，客观、真实地反映行政决策实施的效果、效益、效能。其次，行政决策主体应自觉深入到人民群众中去，深入了解、全面把握人民群众对该项政策的真实态度，以人民群众的态度作为行政决策反馈的基本依据，以人民群众满不满意、高不高兴、答不答应、赞不赞成作为行政决策反馈的基本标尺。最后，对那些"数字出官、官出数字"的弄虚作假予以严厉打击，不仅应依法剥夺弄虚作假者所取得的非法利益，而且必须施以党纪、国法的严惩。

2. 进一步完善行政决策权力分配方式

自 1982 年宪法确立行政首长负责制这一行政决策权力的分配方式以来，它对于改变行政决策中的争功诿过、人浮于事、效率低下的状况起到了积极作用。然而，行政首长负责制的行政决策权力分配方式仍然存在着不少尚待研究和解决的问题，这些问题集中体现为如下两个方面。

一方面，行政首长的权力存在着滥用的现象。孟德斯鸠（Charles de Secondat, Baron de Montesquieu）指出："行政贵乎迅速，与其托付于多人，不如托付于一人"。① 为了保障行政决策活动的效率，将最终决策的责任托付于行政首长个人是必要的。需要强调的是，我国的行政首长负责制是建立在民主集中制组织原则基础上的个人负责制，强调行政首长拥有最终决定权，但决不能忽视、否认决策群体其他成员提出不同意见和观点的权利。但是，从现实的行政决策活动来看，在执行行政首长负责制的过程中，行政决策权力完全集中于行政首长个人的现象比较突出，其主要表现为集体讨论仅仅是走过场、走程序的形同虚设，行政首长惯于独断专行，一言堂和家长制作风盛行。行政决策群体内部讨论问题或者作决策时，行政首长往往具有举足轻重甚至一言九鼎的作用，其他决策成员或者是出于对行政首长的尊重，或者碍于情面，或者顾忌与行政首长之间的关系，往往总是揣摩他的意图，看他的脸色发言。这些情况的

---

① ［法］孟德斯鸠：《论法的精神》（上册），张雁深译，商务印书馆 1961 年版，第 156 页。

存在，使得群体决策变成了行政首长个人决策，必然难以听到不同意见，使得行政决策活动完全依赖于行政首长个人的聪明才智。美国管理学大师彼得·F. 杜拉克（Peter F. Drucker）说过："有成效的决策并不是来自对事实的一致意见。正确政策的基础在于对正确意见的理解，而这种理解是从不同意见的冲突和矛盾发展而成的，是从对各种竞争方案的考虑中得到的"。① 一旦行政首长未能对自身的各种非理性因素和非理性行为予以合理调适，那么，整个行政决策将不可避免地陷入非理性的泥沼。

另一方面，行政首长负责制的法治化程度较低。现行宪法虽然确立了行政首长负责制，但是关于这一制度的许多配套制度、规定和机制并没有相应地建立起来。所以，行政首长负责制的实施过程中遇到了许多有待法律法规予以规范的问题，如各级行政首长的职权配置和行使规则问题；行政首长个人负责的具体方式和范围问题；行政连带责任的承担问题；行政首长罢免、辞职的条件、标准和程序问题；行政首长缺位代理的法律责任问题等。颇为遗憾的是，我国对上述问题的立法工作仍然相当薄弱，进展十分缓慢，仅有的一些规定还停留在批示、决议、决定上，远远没有上升为国家的法律。

针对行政首长负责制在实施过程中权力过分集中于行政首长个人的现象，有必要采取一些措施来予以完善。

首先，在实施行政首长负责制的过程中，必须始终坚持民主集中制的组织原则。民主集中制"是民主的，又是集中的，就是说，在民主基础上的集中，在集中指导下的民主"②，是在制度层面实现的民主与集中的有机统一。所以，在强调行政首长所拥有的最后决策权的同时，必须有效保障其他决策群体成员的权利和权力。

其次，应当在制度上严格界定行政首长的权力边界。行政首长无权独自处理一级政府或部门的重大问题，不能用首长办公会、碰头会来替代政府常务会议和全体会议。同时应充分发挥同级党委、国家权力机关、审计机关对行政首长的监督职能。行政首长"有事要跟同志们商量，要充分酝酿，要听各种意见，反对的意见也可以让他讲出来。要讲民主，不要'一言堂'，一开会就自

---

① ［美］彼得·F. 杜拉克：《有效的管理者》，钟少光译，新世纪出版社1986年版，第166页。
② 《毛泽东选集》第3卷，人民出版社1991年版，第1057页。

己讲几个钟头，不让人家讲话。共产党人要搞民主作风，不能搞家长作风"。①

最后，应当对政府常务会议和全体会议的运作程序作出严格规定，从而有利于民主决策的实现。应当规定，在针对重大问题召开政府常务会议和全体会议之前，行政首长应当张贴"安民告示"，让大家知道要讨论什么问题，解决什么问题，并且早作准备，不能采取行政首长"临时动议"的形式，草草作出决定。在竞争性决策方案的选择过程中，行政首长不应急于表态，而是应当虚心听取其他决策成员的意见。决策群体成员要把彼此知道的情况互相通知、互相交流，这样既可以取得共同语言，而且又可以避免一些错误的决定。

针对行政首长负责制实施过程中法制化程度较低的现状，应当大力加强相关的立法工作。按照马克思主义的观点，法律现象同其他一切政治现象一样，其产生的动力根源于社会实践的现实需要。因此，行政首长负责制的立法，必须从公共行政的客观实际出发，适应现代行政决策活动的实践需要。所谓适应行政决策的实践需要，并不是将现实中所有的具体需要都作为立法的依据，而是把现实行政决策中本质的、主要的、迫切的、能够解决的需要作为依据。所以，应当利用和借助我国正积极稳妥地推进政治体制改革、行政体制改革的大好机会，针对经济发展和体制改革中暴露出来的行政决策行为的种种弊端，结合行政首长负责制在实施过程中的经验和教训，适应形势发展的需要，及时、主动地做好与行政首长负责制有关的立法工作。

首先，最新修正的《中华人民共和国地方各级人民代表大会和地方各级人民政府组织法》② 虽然明确地规定了"省长、自治区主席、市长、州长、县长、区长、乡长、镇长分别主持地方各级人民政府的工作"，从而确立了行政首长的核心地位，但并没有全面规定各级行政首长在本机关中所享有的权力和应承担的责任，因而有必要通过立法的形式予以明确。

其次，应当全面清理和综合审查既有的与行政首长负责制相关的各种规范性文件和制度。该废止的应马上废止；该修正的应及时修正；可以继续执行

---

① 《建国以来毛泽东文稿》第11册，中央文献出版社，1996年版，第86页。

② 《中华人民共和国地方各级人民代表大会和地方各级人民政府组织法》于1979年7月1日由第五届全国人民代表大会第二次会议通过，并且分别于1982年12月10日第五届全国人民代表大会第五次会议、1986年12月2日第六届全国人民代表大会常务委员会第十八次会议、1995年2月28日第八届全国人民代表大会常务委员会第十二次会议、2004年10月27日第十届全国人民代表大会常务委员会第十二次会议修正。

的，应申明其效力的存在；比较成熟的规范，应上升为国家法律。

最后，应着手研究和制定行政首长负责制的系统详规。应系统地规定各级行政首长行政决策过程中的决策权、任免权、奖惩权、建议权、授权权的行使范围和程序，应明确地规定行政首长在行政决策过程中能够做什么、不能做什么、应该如何做、不应该如何做，从而构建行政首长决策权力运行的价值机制、整合机制、协调机制、激励机制、控制机制、适应机制。①

3. 大力加强关于行政决策程序的立法工作

如前所述，在《国务院组织法》、《地方各级人民代表大会和地方各级人民政府组织法》、《行政处罚法》等法律规定中，我国对行政决策的程序已经作出了初步的规范。但是，这些关于行政决策程序的立法距离法治政府的要求、距离合理调适行政决策非理性的需要，仍然存在着许多不足。其一，行政决策程序立法比较零散，各程序法之间甚至存在着相互矛盾的现象。其二，缺乏一个整体的行政决策程序体系，导致一些行政决策行为在行为规范上出现空白。其三，已有的一些行政决策程序缺乏科学性和可操作性，如重大决策问题的集体讨论程序中，什么是"重大问题"并没有明确规定。所以，有必要加强行政决策程序的立法工作，对行政决策行为的程序要件应予以更为明确的规定。从全国范围来看，湖南省关于行政决策程序的立法工作走在了全国前列。2008年10月1日，我国第一个地方性行政程序规定《湖南省行政程序规定》正式实施，该规定对行政决策中的许多程序性问题作出了明确规范，在许多方面取得了立法上的突破，并在行政决策实践中取得了良好的效果，这些先进经验有必要在全国予以推广。

（1）《规定》对"重大行政决策"作出了明确规定。它是指县级以上人民政府作出的涉及本地区经济社会发展全局、社会涉及面广、专业性强、与人民群众利益密切相关的下列行政决策事项：制定经济和社会发展重大政策措施，编制国民经济和社会发展规划、年度计划；编制各类总体规划、重要的区域规划和专项规划；编制财政预决算，重大财政资金安排；重大政府投资项目；重大国有资产处置；资源开发利用、环境保护、劳动就业、社会保障、人口和计划生育、教育、医疗卫生、食品药品、住宅建设、安全生产、交通管理

---

① 颜佳华：《当代中国社会转型期政府权力运行机制重塑研究》，湖南人民出版社2009年版，第69~76页。

等方面的重大措施；重要的行政事业性收费以及政府定价的重要商品、服务价格的确定和调整；行政管理体制改革的重大措施；其他需由政府决策的重大事项。重大行政决策在集体审议的基础上由行政首长作出决定。

（2）《规定》明确了行政首长的最终决策权。它明确规定，行政首长可以对审议的事项作出同意、不同意、修改、暂缓或者再次审议的决定。作出暂缓决定超过1年的，方案草案退出重大决策程序。行政首长的决定与会议组成人员多数人的意见不一致的，应当说明理由。政府常务会议或者政府全体会议，应当记录重大行政决策方案的讨论情况及决定，对不同意见应当特别载明。

（3）《规定》详细规定了政府常务会议和政府全体会议在审议重大行政决策方案草案时应遵循的程序。这些程序包括，决策承办单位作决策方案草案说明，政府法制部门作合法性审查或者论证说明，会议其他组成人员发表意见，决策事项的分管负责人发表意见，行政首长最后发表意见。

（4）《规定》强调了行政决策公开程序。它要求除依法不得公开的事项外，决策承办单位应当向社会公布重大行政决策方案草案，征求公众意见；由行政机关作出决定的重大行政决策，决策机关应当在作出决定之日起20日内，向社会公布重大行政决策结果；决策机关应当定期对重大行政决策执行情况组织评估，并将评估结果向社会公开。

（5）《规定》明确了行政决策中必须展开听证的情形。凡涉及公众重大利益的，公众对决策方案有重大分歧的，可能影响社会稳定的，法律、法规、规章规定应当听证的情形必须展开听证。

（6）《规定》还对行政决策程序的其他重要内容作出了规定。如决策承办单位对拟决策事项应当深入调查研究，全面、准确掌握决策所需信息，结合实际拟定决策方案，并按照决策事项涉及的范围征求有关方面意见，充分协商协调，形成决策方案草案；决策承办单位应当组织3名以上专家或者研究咨询机构对重大行政决策方案草案进行必要性、可行性、科学性论证；重大行政决策方案草案公布后，决策承办单位应当根据重大行政决策对公众影响的范围、程度等采用座谈会、协商会、开放式听取意见等方式，广泛听取公众和社会各界的意见和建议等。

6.2　营造良好的行政组织气氛

在行政组织的运行过程中，总是有可能出现性质截然不同的两种组织气氛，即良好的行政组织气氛和恶劣的行政组织气氛。恶劣的行政组织气氛是落后的、腐朽的思想、观念和意识的外在体现，其内容充斥着腐败、退化的价值追求和行为方式，充满片面、极端、荒诞的成分。在这一组织气氛的作用下，行政决策主体将会斗志涣散、悲观消极、工作飘忽，不利于对其非理性因素和非理性行为予以合理的调适。良好的行政组织气氛直接体现了先进的、符合行政活动客观规律的理念和意识，它向人们展示的是积极向上的价值追求和行为取向。在这一组织气氛的作用下，行政决策主体将会精神振奋、乐观积极、工作踏实，努力实现理性因素与非理性因素的功能耦合。所以，营造良好的行政组织气氛是调适行政决策非理性的重要途径之一。

6.2.1　行政组织气氛的内涵

对于组织气氛的研究源自于心理学家勒温对"心理的生活空间的研究"。勒温认为："心理学描述整个的情境可先区分为人（P）及其环境（E）。每一心理事件，都取决于其人的状态及环境，虽然其相对的重要性随不同的个人而异"。① 因此，他为每一心理事件所规定的 B = f（S）的行为公式又被称为 B = f（PE）公式，其中的（S）指心理的生活空间，（P）指人，（E）指环境。B = f（PE）公式表明，人的行为是人与环境的函数，人的行为方式是在人与环境的互动中产生的。勒温所提出的"心理的生活空间"概念为组织气氛的研究奠定了坚实的基础。后来，在关于群体动力学的研究中，勒温又展开了对群体氛围的研究，从而推动了组织气氛研究的进一步深化。

1927 年至 1932 年，梅奥等人在西屋电器公司操作了著名的"霍桑试验"。这一实验表明，工作效率的高低与"小组中精神状态的巨大改变"存在着紧密的联系。霍桑试验的结论主要有如下三个方面：其一，物质利益的满足对员工的激励效果是十分有限的，心理因素对工作效率的影响不容忽视；其二，潜藏于正式的组织结构之内的各种非正式组织对员工有着重要影

---

① ［德］库尔特·勒温：《拓扑心理学原理》，高觉敷译，商务印书馆 2003 年版，第 14 页。

响；其三，组织的领导气氛直接影响了员工的工作绩效。梅奥等人的研究成果不仅促进了行为科学的诞生，而且在管理学领域真正开启了组织气氛研究的先河。自此，对组织气氛的研究成为了管理学、组织行为学的一个重要研究领域。

利特温（G. H. Litwin）等人认为，知觉是组织气氛的一个主要成分，并将组织气氛界定为是一套可测量的组织内在环境的相对持久的特征，这些特征包括三个方面：可以被组织成员亲身体验和感知、可以影响组织成员的行为、可以依据一套独特的组织特征的标准加以描述。这一定义强调组织气氛的感知过程和组织成员的可主观描述性。戴维斯（D. Davies）认为，组织气氛是组织成员所经验、感受的组织文化。霍埃（W. K. Hoy）等人则认为，组织气氛是组织内部特性的集合，包含有组织价值观、信念、评价标准等因素。综合上述观点，笔者将组织氛围界定为一个组织的社会心理环境，它是组织内各种因素相互作用以后而产生的整体特性，它具有如下几个方面的特征：第一，组织气氛是一个组织独特的心理特征，是它区别于其他组织的特性；第二，组织气氛的这些特性是被组织成员知觉到的并在组织成员中共享的意识；第三，组织气氛对组织成员的行为和效能具有重大影响；第四，组织气氛能够通过个体或群体对组织环境的认知而予以测量。

依据对组织气氛的定义，行政组织气氛是指由某一行政组织中的行政人员共同表现出来的共性或习惯行为，它是人们对该行政组织整体精神面貌的主观感觉，并可以依据一定的手段进行测量，它是该行政组织中制度、权力、文化等多种因素相互作用的结果，是在行政组织运作过程中形成的各种表现的复合体，对行政组织的绩效具有重要影响。行政组织气氛具有如下几个方面的特性。

（1）整体性。整体性是行政组织气氛在构成主体上所具有的特征。行政组织气氛不是行政组织中的个别人或少数人的行为所表现出来的特征，而是由行政组织中的多数组织成员的共同意识、价值观、行为取向所体现出来的组织共性。尽管行政组织气氛是由组织中许多个体的行为方式所构成的，但是行政组织气氛又不能归结为个别行政人员的行为方式。通过行政组织中各行政人员的行为方式之间相互作用、相互折射、相互效仿、相互印证，从而使得某一种行为方式成为了该行政组织中的大多数行政人员的共同选择，此时，该种行为方式便表现为一种组织行为模式，以整体化的方式展现了行政组织的精神风貌。所以，整体性是行政组织气氛的首要特征。

（2）普遍性。普遍性是指行政组织气氛所存在的时间的延续性和存在空间的广泛性。就其存在的时间而言，行政组织气氛的存在并非仅仅存在于当下，并非仅仅存在于人们对其发生感知的一刹那，而是已经存在于过去，并将存在于未来的一段时间。行政组织气氛是由行政组织中的多种因素相互作用而生成的，是行政组织的各种因素在某种状态下长期运行的结果，因而当前的行政组织气氛必然已经存在于过去的某一段时间序列之中，只不过这一时间序列的长度因各行政组织的特性不同而有所不同。另外，行政组织气氛一经形成即具有一定的稳定性和可延续性，所以当前的行政组织气氛必然在未来的相当一段时期内仍然存在。就其存在的空间位置而言，行政组织气氛并非存在于行政组织的某一层级、某一部门、某一职位，而是突破了行政组织各结构单元的限制，成为一个行政组织中全部或者大多数层级、部门和职位共同存在的精神面貌。

（3）表层性。表层性是行政组织气氛在整个行政组织意识结构中所处的位置而显现出来的特征。行政组织的意识结构由三个层次构成：处于最里层、最核心层次的是行政组织的基本理念，它是行政组织在长期行政实践中形成的并用于指导行政实践的根本性的思想观念和价值尺度；处于中间层次的是行政组织的思想意识，它是在行政理念的指导下产生的具有一定具体性的思想和观点的综合，包括行政组织的责任意识、效率意识、法治意识等方面的内容；处于行政组织表层部位的则是行政组织气氛，它是行政组织基本理念和思想意识的直接外在体现，它以可感受的生动形式展现在人们的面前，只要人们在理性思维的指导下运用视觉和听觉就能获得它的全部内容，并时刻感受到它的存在。

6.2.2　行政组织气氛对行政决策非理性的调适功能

马克思说："环境的改变和人的活动或自我改变的一致，只能被看作是并合理地理解为革命的实践"。[①] 行政组织氛围与处身于其间的行政组织成员也存在着密切的互动关系，行政组织氛围是行政组织成员行政活动的产物，又对其行政活动施加着重要的影响。行政决策主体的决策活动总是在一定的组织氛

---

① 《马克思恩格斯选集》（第 1 卷），人民出版社 1995 年版，第 55 页。

围中作出的，良好的行政组织氛围为调适行政决策非理性提供了重要的心理环境，有利于主体精神世界中的理性因素与非理性因素的相互依赖、相互渗透、相互作用、相互促进，实现良好的功能耦合。具体而言，行政组织气氛对行政决策主体非理性的调适功能主要体现在两个方面。

1. 个体行为的修正尺度

行政组织氛围为行政决策主体修正、调整自身的行为方式提供了重要的标杆和尺度，尽管这一标尺只具有参考性意义，而不具备强制性执行功能。对行政组织氛围的体验，是行政人员适应行政组织环境的重要渠道和基本手段。正是经由行政组织氛围的感染和引导，行政人员逐步地认识行政生活，积极地学习行政知识，有效地把握行政规律。因此，处于一定的行政组织氛围之中，行政人员必然会自觉或不自觉地受这一氛围的影响，服从和仿效其中的价值观念、道德规范、行为方式，内化其中内蕴的各种价值观念和行为规范，从而为行政决策主体自觉地克服自身的非理性行为倾向提供参考。同时，行政决策主体对良好的组织氛围的体验、服从和仿效，在一定程度上有利于他们认识行政决策环境的现实状态，把握行政组织未来发展的基本趋势，从而有利于行政决策主体努力地调整与这一趋势不相适应的行为和角色规范，努力避免自身的行为与行政决策环境处于不拟合状态之中。

2. 群体关系的调节机制

行政组织气氛对于行政组织中各种正式的、非正式的人际关系具有重要的调节功能。良好的行政组织氛围有利于在行政决策群体中营造健康、和谐的人际关系，从而大大地避免群体层面的非理性行为。首先，良好的行政组织氛围训练促成了决策群体成员生成共同的感受性和鉴别力，而且使它们朝着符合公共行政发展趋势的共同方向变化。这种共同的感受性和鉴别力构成了决策群体成员同呼吸、共命运的心理共鸣，对他们和谐地共处于一个不断发展和变迁的行政生活世界，具有明显的价值。其次，良好的行政组织氛围能够有效地增强决策群体的凝聚力，从而使得决策群体成员能够勇于承担与其职位相符合的决策责任，以坚定的立场勇敢地提出自己的观点和意见，有效地避免搭便车、"事不关己，高高挂起"等机会主义行为。最后，良好的行政组织氛围有利于增强人际间吸引力，减少人际间摩擦，能使决策群体成员对未来充满信心，使他们心情愉快、精神振奋，以一种友好、互助、亲密的态度来面对决策问题和其他决策成员，大大地避免了从众、群体盲思等非理性行为。

6.2.3 努力营造良好的行政组织气氛

良好行政组织氛围是行政组织内各因素相互作用的结果，是权力、制度、文化等组织因素良性运行的反映。为了合理地调适行政决策非理性，必须通过制度的、文化的、心理的多种途径和手段，努力营造以宽容、信任、认同为基本特征的行政组织气氛。

1. 努力营造宽容型的行政组织气氛

"宽容"一词源自于拉丁语的 tolerare，其原意为容忍或忍耐，也带有承认和保护的涵义。美国学者房龙（Hendrik Willem Van Loon）在其名著《论宽容》一书中采用了《大英百科全书》所作出的界定，宽容就是"容许别人有行动和判断的自由，对不同于自己或传统观点的见解能够耐心公正地容忍"。①这一定义主要强调的是，人们在社会交往过程中对异己的、有悖于传统的思想观点所应持有的一定限度的容忍态度，其核心即在于对思想自由的肯定：既有持有某一观点和见解的自由，又有表达这一观点和见解的自由。在社会交往活动中，人们对于他人的观点和见解必须持有两种态度：其一，对他人所持的观点和见解的内容的态度，是完全赞成、部分赞成还是反对；其二，对他人表达其观点和见解的权利的态度，是准许还是反对，是认真倾听还是百般阻挠。评价是否宽容所依据的标准主要取决于第二种态度，即作为宽容者，不管你是完全赞成、部分赞成还是反对他人的观点和主张，都必须肯定他人对这一观点和主张予以表达的权利。正是基于这一评价标准，人们在论述宽容时，常常会引用伏尔泰的经典表述："我不赞成你说的，但我支持并誓死捍卫你表达你的观点的权利"。所以胡适说："至少在现代，自由的保障全靠一种互相容忍的精神，无论是东方压了西风，还是西风压了东风，都是不容忍，都是摧残自由。多数人若不能容忍少数人的思想信仰，少数人当然不会有思想信仰的自由，反过来说，少数人也得容忍多数人的思想信仰。"②

为了合理调适行政决策主体的非理性因素、非理性行为，需要营造宽容型的行政组织气氛。但是，在行政决策活动中，并非在所有的冲突和对立中的相互容忍都属于宽容。因为，在冲突和对立中的相互容忍还包括纵容、懦弱、冷

---

① ［美］房龙：《论宽容》，马晓晗、治晓梅译，中国民族摄影艺术出版社 2003 年版，第 4 页。
② 胡适：《自由主义》，载于胡明主编《胡适精品集》（第 14 册），光明日报出版社 1998 年版，第 73 页。

漠等状态，必须将宽容与它们有效地区别开来。首先，良好的行政组织气氛所需要的宽容不是无原则、无底线的纵容。宽容者不但有自己的立场，而且有清楚的原则底线，只有在对方不触及这一底线时，他才不轻易地去抵触、谴责、压制与自己不同的偏好。纵容者的立场是动摇的，其底线是模糊的，他明知对方这样做有可能造成不良后果也不去阻止和干预，而是予以迁就、保护。其次，良好的行政组织气氛所需要的宽容不是懦弱。"懦弱则是一种对强权的恐惧，是无能为力时的消极，是苟且偷生时的策略。它不仅不能制止强权的扩张，还可能留下被强权耻笑的屈辱"。① 宽容是宽容者有足够力量去干预的情况下却保持克制，凸显了宽容者的心胸和气度。最后，良好的行政组织气氛所需要的宽容不是冷漠。粗略看来，冷漠与宽容在行为方式上具有较大的共性，都是对负面判断采取不作为的态度，但二者在行为动机上却存在着本质区别。宽容者采取不作为的行为方式是基于对他人表达其观点的权利的认可，其克制和容忍不是为了逃避，而是承认他人的观点的合理性。冷漠者之所以采取不作为的方式，是因为他奉行"事不关己，高高挂起"的行为逻辑，其不判断、不介入、无所谓的行为方式与其说是一种气定神闲的淡定，不如说是一种袖手旁观的麻木。

由于宽容，行政决策群体成员具有了相互展开对话和交流的必要心理环境，既使得各种矛盾和冲突获得了缓冲和调解的可能，避免了决策群体成员之间的关系处于剑拔弩张的紧张状态之中，又使得各种不同的观点和见解能够相互指正和完善，从而避免了决策群体成员的思维结构处于固步自封的僵化状态，有利于整个行政决策群体知识总量的增长。所以说，宽容是良好的行政组织气氛的基本特征之一。为了营造宽容型的行政组织气氛，必须从如下三个方面着手：其一，领导者应当保持良好的领导作风和工作作风，具有虚怀若谷、自我克制的人格境界，能够谦虚地倾听各种不同意见；其二，应当采取制度化的途径切实保障行政组织成员的各项权利，免去他们发表不同意见和观点的后顾之忧；其三，努力构建各种积极对话、友好协商的平台，为行政组织成员发表意见提供机会和渠道。

2. 努力营造信任型的组织气氛

"信任可以被定义为对一个人或一个系统之可依赖性所持有的信心"。② 在

---

① 朱凤阳等：《政治哲学关键词》，江苏人民出版社 2006 年版，第 273 页。

② ［英］安东尼·吉登斯：《现代性的后果》，田禾译，译林出版社 2000 年版，第 30 页。

《行政伦理的观念与视野》一书中，张康之教授分析了公共行政中的信任问题，他以人类社会历史发展为脉络深刻地解析了信任，将"习俗型信任"、"契约性信任"、"合作型信任"等信任类型置于历史的坐标中，进而对公共行政的信任理论作出了系统全面的阐释。① 事实上，就信任存在的空间位置而言，公共行政中的信任主要有两种类别，其一是公共行政组织与社会公众之间的信任关系，其二是公共行政组织内部成员之间的信任关系，本文所分析的信任主要着眼于第二类信任关系。

信任型的行政组织气氛是指行政组织内部成员之间的信任关系是一种理智与情感相统一的心理状态。就理智层面而言，信任并不是一种盲目的忠诚，而是信任者依据理性分析而作出的审慎选择。信任意味着信任者依据长期交往的经验，坚定地认为对方的未来行为方向将按照自我的预期运作。就情感层面而言，信任意味着信任者对对方的道德水准或行为作风的认可和接受。信任者往往将被信任者视为等同，引为同类，对其产生了休戚与共、密不可分的情感。

研究行政组织、行政伦理的学者十分关注信任问题，将其视为除价格和权威之外的另一个重要的组织控制机制。研究者们视信任为管理理念和管理哲学的重要要素，视信任为行政组织实现网络形式运转的必要条件。"作为基于信任的管理之例证的组织间合作有着巨大的优点。对于合作的普遍预期极大地降低了大多数商业行为的不确定性"。② 在行政组织的各项活动中，信任能够增强行政人员的安全感，降低各类交往活动的不确定性，减少交往活动的障碍，减少交往成本，减少甚至消除各种道德冷漠现象，提高行政人员对行政组织的归属感。所以，营造信任型的行政组织气氛是合理调适行政决策非理性的一个重要途径。

3. 努力营造认同型的行政组织气氛

认同是人们在社会交往活动中广泛存在的心理现象。就微观层次而言，人们之间的交往活动很容易发生人际认同，即某一社会个体将另一社会个体视为同类予以接受和认可。就中观层次而言，人们在社会交往活动中又存在着群己认同，即自觉地将自己视为某一群体、某一组织的组成成员。就宏观层次而

---

① 张康之：《行政伦理的观念与视野》，中国人民大学出版社 2008 年版，第 205 ~ 255 页。

② 沃尔特 W. 鲍威尔：《基于信任的管理形式》，于静、樊燕卿译，载于罗德里克·M. 克雷默、汤姆·R. 泰勒主编《组织中的信任》，中国城市出版社 2003 年版，第 64 页。

言，人们又会产生对整个社会系统、民族国家的认同，即族群认同和政治认同。本文中所研究的认同，是行政决策主体对其所属的行政组织的"一种情感和意识上的归属感"。① 从心理学的角度而言，行政决策主体的"情感和意识上的归属感"是由认知、情感、意向等多种心理因素统合而成的整体心理结构，是承认、接纳、认可、赞同行政组织的认知、情感、意向的高度统一。所以，分析认同型行政组织气氛的内涵应当从认知、情感、意向三个既相互区别又相互影响、相互渗透的心理层面来予以界定。②

首先，从认知层面来看，认同是指行政决策主体对行政组织较为稳定而正面的印象与评价。认知是个体对外界信息输入进行信息加工，从而"获得和应用知识的过程"。③ 在行政决策活动中，行政决策主体经由感觉、知觉、记忆、思维、想象等行政决策认知形式把握了行政组织与自我之间的利益关系的契合性，明确了自我在行政组织中的权利与义务，从而获得了认同行政组织所必需的稳定而正面的印象与知识。

其次，从情感层面来看，认同是指行政决策主体对行政组织积极的、肯定的情绪感受。与认知强调客观地、理性地反映对象不同，情感更为注重对反映对象的主观的、感性的体验。所以，情感层面的认同实质上就是行政决策主体对于行政组织的积极的、肯定的主观体验。

最后，从意向层面来看，认同是指行政决策主体对行政组织予以参与、支持、拥护的心理准备和行动倾向。尽管认同还不是行政决策主体的各种支持行动，而是作出行动之前的思想倾向，但是行政决策主体已经接受和认可了自身作为行政活动的参与者、行政价值的追求者、行政信念的实践者的角色定位，从而具有了联结行政心理与行政行为的桥梁与纽带。

行政决策主体对行政组织的认同包括对组织文化的认同、对组织制度的认同、对行政组织各项方针政策的认同等方面的内容。在行政组织中，大多数行政决策主体对行政组织的认同从而形成认同型的行政组织气氛，对于合理调适行政决策非理性具有重要的意义。行政决策主体对行政组织的行政理念、价值观、未来愿景等组织文化因素的认同，有利于主体对这些行政文化的习得与内

① 马振清：《中国公民政治社会化问题研究》，黑龙江人民出版社 2001 年版，第 110 页。

② 苏曦凌：《政治认同的生成机制分析——基于政治心理学的研究路径》，载于《学术论坛》2010 年第 2 期。

③ 彭聃龄、张必隐：《认知心理学》，浙江教育出版社 2004 年版，第 3 页。

化，从而树立、养成行政组织所提倡的信仰和伦理习惯。行政决策主体对行政组织的规章、条例、规定等制度因素的认同，既有利于增强维护这些制度的合法性，又有利于提升这些制度的执行效率。行政决策主体对行政组织的各项方针政策的认同，能够激励他们积极主动地参与到这些方针、政策的执行中去，从而使得这些方针政策得到落实。所以，营造认同型的行政组织气氛是行政组织管理的重要精神资源，是合理调适行政决策非理性的又一重要途径。

6.3 促进行政伦理的内化

行政伦理是公共行政职业道德规范的总和，既是构成行政活动的重要组成部分，又是保障行政活动合理性、正当性、规范性的基本依据。美国宪法之父詹姆斯·麦迪逊（James Madison）曾经说过："如果由天使来治理凡人的话，政府就无需内在或者外界的制约。在规划一个由凡人来管理凡人的政府时，老大难的问题在于：你必须首先设法让政府能够控制被统治者，然后又强迫政府去控制自己"。① 行政伦理就是一种重要的政府自控手段。行政决策主体经过对行政伦理的学习，将外在的各种行政伦理规范内化为自身的自觉道德追求，从而在强烈的道德感的支配下努力修正自身的行为，规避各种非理性倾向。所以，促进行政决策主体内化行政伦理规范，有利于在主体的精神世界中实现理性因素与非理性因素的功能耦合。

6.3.1 行政伦理对行政决策非理性的调适功能

"尽管当代的政府伦理运动可能缺乏改革运动的热忱，但它却是自觉的，可见，承担政府伦理工作和责任的有关机关和官员对伦理问题日益担心，不仅各种道德问题在公共生活中蔓延，道德力量的运用也无处不在"。② 行政伦理之所以引起了公共行政实践工作者和理论工作者的关注，就是现代公共治理的多元化、复杂性特征凸显了行政伦理的价值与功能。就宏观视角而言，这一功能集中体现为对行政权力运行的干预和调节，促进行政生活理性化的实现。就微观视角而言，行政伦理的功能集中体现为对行政人员的道德心理和道德行为

---

① James Madison：Federalist No. 51，February 8，1788.

② ［美］乔治·弗雷德里克森：《公共行政的精神》，张成福等译，中国人民大学出版社 2003 年版，第 140 页。

予以引导、约束和规范，从而促使行政人员自觉地选择行政系统所期望的行为模式，有效地规避自身的非理性行为倾向。具体而言，行政伦理对行政决策非理性的调适主要表现为如下几个方面。

1. 强化行政决策主体对职业义务的自觉意识

行政职业义务是指行政决策主体在伦理上对社会、集体、他人应尽的强制性责任。黑格尔指出："道德之所以是道德，全在于知道自己履行了义务这样一种意识"。① 行政伦理的灌输和训练，使得决策主体自觉地意识到了自身所承担的行政职业义务。他们逐渐意识到，自己不仅对自己的良心承担着义务，而且对社会公众、对行政组织也承担着义务。行政决策主体对行政职业义务的自觉意识具有两个方面的后果：在价值层面，这一自觉意识将会驱使行政决策主体勇于承担公共责任，以维护和增进公共利益为己任；在工具层面，这一自觉意识将会驱使行政主体客观、冷静地分析决策问题，积极主动地寻求和探索各种解决方案。所以，不论是在价值理性层面，还是在工具理性层面，对职业义务的自觉意识都有利于实现行政决策行为的理性化，有利于合理地调适行政决策非理性。

2. 激发行政决策主体对职业荣誉的追求意识

行政职业荣誉是社会对行政职业与行政人员的认可，是一种肯定性的、褒奖性的社会评价。对行政职业荣誉的追求意识是行政决策主体习得行政伦理的重要成果。同时，行政职业荣誉又是促使行政决策主体谨守行政职业道德规范的动力来源之一，它从正面激励着行政人员正确履行行政职责。所以，"对行政荣誉的追求是行政人员职业使命感的实现过程"②，对行政职业荣誉的追求意识是行政人员职业道德精神的重要组成部分。行政决策主体处于对行政职业荣誉的珍视与追求，必然会恪守行政职业的各种伦理规范，必然会小心谨慎地努力避免决策失误，必然会自觉地排除冲动、盲目、夸张等非理性情绪的干扰，希求以自身的决策成果来获得相应的荣誉回报。

3. 培育行政决策主体对职业节操的坚守意识

行政职业节操是指行政决策主体应当具备的气节和操守，它反映的是行政决策主体在政治上和道德上的坚定性与坚韧性。对行政职业节操的坚守意识，

---

① ［德］黑格尔：《精神现象学》（下卷），贺麟等译，商务印书馆1979年版，第157页。
② 张康之、李传军：《行政伦理学教程》，中国人民大学出版社2009年版，第188页。

是行政决策主体习得行政伦理的又一重要成果。行政人员生成了对职业节操的坚守意识，也就意味着他们能够运用道德意志对自身的思想和行为予以省察、约束、修正，养成了优秀的道德品质，也就意味着他们具有了政治坚定、忠于国家、勤政为民、清正廉洁等方面的职业道德修养。所以，在行政决策活动中，他们必定能够坚持自我的原则和底线，不屈从和迷信权威，勇敢地申明自我的主张和见解，从而使得决策群体的构成不再是"沉默的大多数"，因而能够有效地避免从众、服从、群体极化等非理性行为。

6.3.2　行政伦理的内化机制分析

"内化"是社会意识向个体意识转化的过程，即社会意识植根于个体的精神世界中，成为个体观念系统的内在结构，并对其思想和行为发生影响。行政伦理的内化，是指在公共行政活动中，行政决策主体通过对行政职业道德规范的学习和认同，将其转化为自身内在的行为准则和价值目标，形成相应的行政职业道德素质的过程。美国行政伦理学家库珀（Terry L. Cooper）认为："内化在行政人员心中的价值观总是能在决策过程中起作用。即使上级不在场、纪律松弛或存在腐败现象，行政人员的内心控制仍然在起作用。甚至当某行为缺乏相应的法律规定指导时，行政人员仍可以求助于内心的伦理指导准则"。[①] 所以，行政伦理内化的实质，是行政决策主体将他律性质的行政伦理规范转化为自律性质的职业道德修养。对行政伦理内化机制的分析可以从静态的构成要件和动态的运作过程两个不同的方面着手。

1. 构成要件：行政伦理内化机制的静态分析

就静态视角而言，行政伦理的内化机制表现为构成行政伦理内化活动的各种条件和因素，即行政伦理内化得以顺利展开的基本条件。行政伦理的内化机制包括利益诱导机制、监控调节机制、社会参照机制三个构成要件。

（1）行政伦理内化的利益诱导机制

行政伦理内化的利益诱导机制，是指通过提高行政决策主体对现实利益及其利益关系的认识，改变行政决策主体的现实利益状况，从而引导行政决策主体认可、遵循、习得行政伦理规范的作用机理和方式。利益是激励和支配行政决策主体进行道德认知和选择的能动因素和真实动机。当行政决策主体因其行

---

① ［美］特里·L. 库珀：《行政伦理学——实现行政责任的途径》，张秀琴译，中国人民大学出版社 2010 年版，第 158～159 页。

为合乎行政伦理规范而获得荣誉、职位、薪酬等方面的利益满足时，无疑会支持、鼓励、推动和诱导其后续的道德行为。利益诱导机制对行政伦理的内化发挥着三个方面的重要作用。

首先，利益诱导起着始动作用，能激发行政决策主体产生积极的道德需要和道德情感，是引致行政伦理内化的原动力。其次，利益诱导起着导向作用，能将行政决策主体的思考和行动的方向导入到行政伦理规范的要求上来，是引致行政伦理内化的指示器。最后，利益诱导起着续动作用，能使行政决策主体对于行政伦理规范的遵循在自身利益诉求的满足中得以维持和延续，是促使他们的道德心理得以累积和稳固的续动力。

需要指出的是，利益诱导机制只是行政伦理内化机制的构成要件之一，有其自身的局限性。一方面，利益诱导常常只注重对行为结果的调节，不易深入至行为者的动机之中，更多的只能在行为调节的层面上发挥作用。另一方面，过分强调利益诱导的作用，有可能强化行政决策主体的利己心，甚至可能会产生使行政人员以德谋利的副作用。所以，要使得行政伦理内化活动的顺利展开，还需要借助于监控调节机制和社会参照机制功能的发挥。

（2）行政伦理内化的监控调节机制

行政伦理内化的监控调节机制，是指行政系统以行政伦理规范为准则，采取各种措施，对行政决策主体实施监督、控制和调节，从而促使其内化行政伦理规范的作用机理和方式。行政伦理内化的监控调节机制不仅规范着行政决策主体的道德行为，而且制约着他们道德心理的形成和发展，塑造着他们的道德人格。福柯（Michel Foucault）曾经说过："愚蠢的暴君用铁链束缚他的奴隶，而真正的政治家则用奴隶自己的思想锁链更有力地约束他们"。① 无论是借助于制度约束所产生的行为锁链，还是运用道德教化所产生的思想锁链，都是监控调节机制的重要组成部分，都对行政决策主体内化行政伦理发挥着重要的监控调节功能。

一方面，制度约束是引致行政伦理内化的硬性监控调节力量。涂尔干（Emile Durkheim）指出："道德不只是一个习惯行为体系，而是一个命令体系"。② 通过命令性、强制性的制度对行政决策主体实施支配、规范与形塑，

---

① ［法］福柯：《规训与惩罚》，刘北成、杨远婴译，三联书店1999年版，第113页。
② ［法］爱弥儿·涂尔干：《道德教育》，陈光金等译，上海人民出版社2001年版，第33页。

是行政伦理规范发挥功能的基本途径。制度约束并不是在规范行政决策主体的道德行为后便戛然而止，而是通过自身所具有的心理威慑力影响了他们的意识、塑造了他们的灵魂、约束了他们的思想。因此，对制度的服从将会促使行政人员逐渐接受、认可、内化蕴涵于制度背后的伦理原则和价值观念，从而影响自身的道德认知、道德情感和道德意志。

另一方面，道德教化是引致行政伦理内化的柔性监控调节力量。道德教化是行政系统将行政伦理的原则和规范向行政决策主体传授和灌输，以培养他们的道德选择能力和优良的道德品质。开展各种形式的道德教化活动，不仅能够使他们明确行政伦理的内在规定性，而且能够对他们道德心理的发展进行方向性引导，对其偏离行政伦理规范的思想和行为进行纠正和矫治。所以，道德教化对行政伦理的内化具有柔性的监控调节功能。

（3）行政伦理内化的社会参照机制

行政伦理内化的社会参照机制，是指行政决策主体在具体的社会生活中受到各种社会心理效应的影响，从而接受、认同、习得行政伦理规范的作用机理和方式。行政决策主体的道德心理和道德意识并不是个体所固有的抽象物，而是来源于社会生活、受到社会实践活动的制约。所以，对于行政伦理内化的分析，需要到一定的社会环境中去探究根源，在特定的社会情境中确立恰当的解释。引致行政伦理内化的心理效应包括从众、模仿、暗示等方面，尽管这些社会心理效应并不一定具备强力贯彻的特征，但是却为行政决策主体内化行政伦理提供了基本的参考与仿照的社会性标杆、模板和尺度。

2. 运作过程：行政伦理内化机制的动态分析

就动态视角而言，行政伦理内化机制的运作过程实质上就是利益诱导机制、监控调节机制、社会参照机制向行政决策主体施加作用和影响的过程，是其道德意识由正确的道德认知向高尚的道德情感转化，最终升华为良性的道德习惯的过程。

（1）服从阶段——正确的道德认知的萌芽

在这里，服从是指行政决策主体从趋利避害的功利性动机出发，为了获得利益、规避惩罚而对行政伦理规范采取表面化的依从。在此阶段，行政人员服从于行政伦理规范，仅仅是出于对它的被动接受和顺应，并不是出自于真实的、自觉的意愿。但是，行政决策主体对行政伦理规范的被动服从，不仅有利于他们获得感性的、直观的道德感知和经验，而且有利于他们对行政伦理知识的习得和良性道德思维的养成。因此，服从阶段是行政决策主体正确的道德认知萌芽，亦是其生成职业道德修养、内化行政伦理的开始。

（2）认同阶段——高尚的道德情感的生成

随着行政决策主体的道德认知不断积淀，逐渐生成了对行政伦理的认同。所谓认同，是指行政人员通过不断的道德认知，逐渐了解和领会行政伦理对于自身的意义和价值，生成了对行政伦理的情感层面的接纳与趋同。"激情、热情是人们追求自己对象的本质力量"①，在高尚的道德情感的驱动下，服从阶段所萌生的被动的、表面的服从必将转化为主动的、自愿的赞同，对行政职业义务的自觉意识、对行政职业荣誉的追求意识、对行政职业节操的坚守意识逐渐在行政决策主体的道德意识中累积起来。

（3）强化阶段——良性的道德习惯的养成

强化是指利益诱导机制、监控调节机制、社会参照机制不间断地对行政决策主体的道德意识施加影响，从而使得他们的道德行为不断重复，促使良性的道德习惯的养成。在强化阶段，随着道德意志作用的发挥，行政决策主体的道德认知和道德情感将会升华、凝结为结构化、模式化的思维方式和行为定势——道德习惯。自此，道德习惯成为他们职业道德修养的主要组成部分，成为了他们量度、评价、审视行政现象与行政生活的道德尺度和标准，行政伦理的内化最终得以完成。

6.3.3 行政职业伦理教育的基本模式

惠特贝克（Caroline Whitebeck）指出："面临伦理问题，人们不能满足于仅仅作出理论判断，而是必须明确指出怎么去行动"。② 要提高行政伦理的实用性、可操作性，向行政决策主体"明确指出怎么去行动"，就必须提高行政职业伦理教育的针对性和实效性。对行政伦理内化机制的分析，其根本目的即在于寻求一种科学、有效的行政决策主体的职业伦理教育的基本模式。如前所述，行政伦理的内化机制，是以利益诱导机制、监控调节机制、社会参照机制为构成要件，以服从—认同—强化为发展阶段的运作机理与运作过程。所以，为了实现行政伦理的内化，促使行政决策主体生成对职业义务的自觉意识、对职业荣誉的追求意识、对职业节操的坚守意识，合理调适

---

① 《马克思恩格斯全集》（第 42 卷），人民出版社 1979 年版，第 169 页。

② 丁煌：《西方行政学理论概要》，中国人民大学出版社 2005 年版，第 325 页。

行政决策非理性，行政决策主体的职业伦理教育的基本模式应当包含如下几个方面的环节和内容：

1. 晓之以理——行政伦理理论教育

行政伦理理论教育，是指综合运用行政伦理内化的各种机制，采取知识灌输的形式，促使行政决策主体熟悉行政伦理规范、树立正确的行政伦理观念。虽然对行政伦理规范、理念的认识并不必然会引发道德的行政行为，但行政决策主体的道德行为必然是以一定的道德认识为基础的。所以，灌输行政伦理的理论知识，是行政职业伦理教育的基础和关键环节。通过行政伦理理论的学习，有助于行政决策主体掌握行政伦理分析的技术与方法，提高其认识和分析行政生活中各种伦理现象与问题的能力，从而提高其理性层面的道德认知、选择的能力。

2. 动之以情——行政道德情感培育

行政道德情感的培育，是指综合运用行政伦理内化的各种机制，采取需要满足、荣誉激励的形式，促使行政决策主体生成职业自豪感、荣誉感、责任感、使命感。首先，应当尊重行政决策主体各个方面的合理、合法的利益诉求，并努力创造条件予以满足。其次，应当通过优秀的文学作品、生动的生活实例、榜样的先进事迹等多种途径，丰富行政决策主体的道德情绪体验，从而引导他们切身体验实施道德行为时的欣慰感、光荣感、自豪感。最后，应当努力促进行政决策主体道德情感的升华，应当引导他们将自身的职业自豪感、荣誉感转化为忠于国家、服务社会的责任感和使命感。

3. 导之以行——行政伦理实践教育

行政伦理实践教育，是指综合运用行政伦理内化的各种机制，在实践中认识、评价、监督行政决策主体的道德意识和道德行为，从而促使其提升道德品质与修养。行政伦理的内化过程，是行政决策主体的道德意识在现实的行政活动中不断实践的过程。在行政伦理实践教育中，对符合行政伦理规范的行为予以奖励，对违反行政伦理规范的行为予以惩罚，有利于行政决策主体检验和修正自身的各种道德观点和意识，有利于正确的道德认知、高尚的道德情感的强化和巩固。因此，应当组织有效的道德实践活动，创造良好的道德实践环境，促进行政决策主体实现行政伦理的内化。

6.4 科学地运用行政决策技术

在世界上第一部系统性的公共行政学教科书——《行政学概论》中，怀特（Leonard D. White）开宗明义地指出："行政在大体上，仍系一种技术"。① 行政技术的存在不仅是公共行政实现职业化、专业化的基本标志，而且是达成行政目标、实现公共利益的基本途径。一百多年来，随着公共行政学的不断发展，公共行政活动的各种技术手段取得了长足的发展，特别是行政决策领域大力引入了其他决策领域的技术手段，从而使得行政决策技术的发展取得了重大突破，极大地提高了行政决策的科学化程度。本文要探讨的是，以精确性、可检验性、规范性为主要特征的行政决策技术对行政决策非理性的调适，以及为了实现主体精神世界中理性因素与非理性因素的功能耦合应该如何合理地使用行政决策技术。

6.4.1 行政决策技术的概念阐释

对行政决策技术作出概念阐释，不仅需要从内涵层面分析行政决策技术的本质属性从而明确其质的规定性，而且需要从外延层面分析行政决策技术的基本类型从而明确其量的规定性。

1. 行政决策技术的内涵

行政决策技术是一般技术在行政决策领域的具体化，它所关涉的是行政决策领域的技术问题。因此，要界定行政决策技术的内涵，就必须对"技术"这一概念的内涵作一番梳理和概括。纵观人类思想史，人们对技术的理解无非是从人性论、工具论以及知识论三个不同的视角予以界定的。从人性论的视角看来，技术是人类才具有的、后天习得的改造环境的能力，而技术活动则是人类所特有的存在方式。从工具论的视角看来，技术是与目的相对应的，是人们为达成一定的目标而采取的手段、方法、技艺、技能的总和。如丹尼尔·贝尔（Bell，D.）就指出，技术"是一种体现目的—手段关系的理性秩序，是工作甚至是生活要素的理性化"。② 在知识论的视角看来，"技术"则是与理论性

---

① ［美］怀特：《行政学概论》，刘世传译，商务印书馆 1947 年版，第 1 页。
② ［美］丹尼尔·贝尔：《＜技术轴心时代——后工业社会的来临＞1999 年版前言》，载于《当代世界社会主义问题》，2003 年第 2 期。

知识相对应的，是在实践过程中使用的各种工艺操作方法、技能、程序等实践性知识的统称。理论性知识以发现未知事物的规律并作出原理性解释为价值诉求，而"技术"的知识则不然，它具有强烈的实践取向，是关于应该"做什么"、"用什么做"、"怎样做"的知识。综合人性论、工具论与知识论这三种不同视角的技术观，可以将技术界定为主体为达成实践目标而使用的工具性、实践性的技能、技艺、手段、方法、规则等知识体系的统称。

依据对"技术"这一概念的梳理与界定，我们可以对"行政决策技术"的概念作出一般意义上的理解和把握。行政决策技术就是指行政决策主体在行政决策活动过程中为实现一定的决策目标而创造、掌握、运用的各种工具性、实践性的知识体系的统称。除具备一般技术的工具性、实践性、操作性等方面的共性外，行政决策技术还具备如下三个方面的特殊规定性。

（1）行政决策技术的公共性

行政决策技术不仅是一种政治统治手段、行政控制方式，而且是行政决策主体为实现、增进、维护公共利益而采取的有效方法和手段。所以，行政决策技术必然具有公共性，即行政决策技术的使用必须以公共需求为导向，以是否增进公共利益为评价标准。行政决策技术的公共性是其最根本的社会属性。行政决策技术的公共性表明，它并不是一种完全没有好坏、善恶、对错之分的中性的工具性手段，而是负荷着公共行政的价值观念。行政决策技术的公共性具体表现为如下三个方面：首先，行政决策技术的主体是代表着公共利益诉求、具有明显公共属性的行政决策主体；其次，行政决策技术的作用对象是属于公共领域的、关于政府内部管理事务和社会公共事务的各种行政决策问题；最后，行政决策技术的运作过程必须体现法治、公平、公正等方面的公共权力特质。

（2）行政决策技术的权变性

行政决策技术的权变性是指在保证公共行政活动的合法性、合理性的前提下，允许行政决策主体对于行政决策技术作出灵活、变通的运用。一切技术都具有模式化、标准化、规范化的特征，行政决策技术也不例外。但是，相对于许多技术门类在运作过程中的简单化重复不同，行政决策活动总是需要面对多样化的行政对象，因而行政决策技术的运用更为灵活与变通。行政决策技术在对行政决策活动的方式、程序、时限等技术性问题予以严格规定的同时，还必须赋予行政决策主体一定的自由裁量权限。在一个具有高度不确定性的行政环境中，具有一定的权变性是某项行政决策技术能够顺利实现行政目标的必要条件。

（3）行政决策技术的综合性

行政决策技术的综合性是指行政决策技术涉及社会科学、自然科学、思维科学等多方面的知识的综合运用。行政决策技术属于综合性的知识体系，不仅意味着行政决策技术所涉及知识种类的多样性，而且意味着这些不同种类的知识之间形成良好的分工协作关系。行政决策技术的综合性根源于行政决策活动的复杂性。行政决策活动是一个复杂的社会实践系统，这一系统不仅包含政治的、经济的、文化的、社会的多重因素与变量，而且这些因素和变量还处于不断的动态变化之中。由于行政决策活动的复杂性，"管理者管理的'执行结构'越来越复杂"①，行政决策主体所采用的技术手段必须综合运用各种相关的知识，方能获得对行政决策活动的有效把握。

2. 行政决策技术的外延

作为承载概念所反映的属性的载体，行政决策技术的外延十分宽泛。在目标规划、方案构建和判断选择过程中，行政决策主体所采用的一切技术方法都属于行政决策技术范畴，这些技术方法可以分为"硬性"的行政决策技术和"软性"的行政决策技术两个类别。"硬性"的行政决策技术是指行政决策中的数学模型分析技术，这一技术有力地推动了行政决策分析的定量化、精确化、模型化。"硬性"的行政决策技术主要包括模型法、关联数法、回归分析法、马尔科夫法、最小二乘法、投入产出法等技术类型。"软性"的行政决策技术是指行政决策中的行为分析技术，这一技术有助于从人的情感、需要、价值观等行为因素去描述、分析和解释现实的决策行为。"软性"的行政决策技术包括鱼缸观鱼法、对演法、集体谈判法等技术类型。

6.4.2　行政决策技术对行政决策非理性的调适功能②

行政决策技术对行政决策非理性的调适，是行政决策技术功能的实现。行政决策技术丰富了行政决策主体的认识手段、规范了行政决策主体的行为方式、提高了行政决策主体的活动效率，因而促进了行政决策主体的理性因素与非理性因素的功能耦合。

---

① ［美］B. 盖伊·彼得斯：《官僚政治（第五版）》，聂露等译，中国人民大学出版社 2006 年版，第 395 页。

② 苏曦凌：《行政技术论》，载于《内蒙古社会科学》2012 年第 5 期。

1. 行政决策技术的认识功能

韦伯（Max Weber）指出："在正常情况下，只有证明接受专业培训者成绩合格，才有资格参加一个团体的行政管理班子，才允许被任命为'官员'"。①韦伯之所以认为，经过专业技术培训而掌握一定的技术知识是官员胜任工作的必要条件，是因为各种技术性知识是官员认识行政生活的基本媒介。正如海德格尔（Martin Heidegger）所言："技术乃是一种解蔽方式"。② 行政决策技术的"解蔽"，实质上就是其认识功能的实现，即以明晰的技术标准、技术参数和技术方案将复杂的行政决策活动予以具体化，为行政决策主体认识、揭示行政决策活动的内在规律提供技术指南。行政决策技术的认识功能可以从主体性与主体间性两个方面来理解。就主体性而言，行政决策技术是行政决策主体认识决策问题的工具和手段。就主体间性而言，由于行政决策技术具有可通约性，对于同一行政决策技术在不同行政决策主体之间能够得到很好的理解，因而行政决策技术又为不同的行政决策主体提供了交流与对话的知识平台。由于行政决策技术的认识功能，行政决策主体的认识手段得以丰富、认识能力得以提高。所以，行政决策技术的运用，有利于行政决策主体获得对决策环境和决策问题的客观把握，为主体克服自身的非理性行为倾向提供认识手段。

2. 行政决策技术的规范功能

行政决策技术的规范功能是指行政决策技术能够有效地调整行政决策中的各种社会关系，能够规制行政决策活动的行为方式，为行政决策活动提供具有普遍约束力的行为规则。从行政决策技术的结构要素来看，任何一种行政决策技术都是由工序、规程、方法、准则等要素构成的。行政决策技术的这些结构因素具有明显的实践理性特征，它们详细地规定了行政决策主体在一定的情境条件下分析问题、解决问题的行为样式，从而为行政主体克服自身意志的随意性提出了约束性要求。因此，行政决策技术的使用降低了行政决策活动的不确定性，提高了行政活动的可预期性和精确性，为行政决策主体的理性因素统驭、支配、引导非理性因素提供了明确的标准和尺度。

3. 行政决策技术的效率功能

行政决策技术的效率功能是指行政决策技术具有优化行政决策活动过程、

---

① ［德］马克思·韦伯:《经济与社会》（上卷），林荣远译，商务印书馆1997年版，第244页。
② ［德］海德格尔:《海德格尔选集》，孙周兴译，上海三联书店1996年版，第930页。

提高行政决策活动的效率、效能的作用与职能。行政决策技术的效率功能表现为：第一，行政决策技术将行政活动中的各种社会关系予以规范化，有力地减少了行政活动的不确定性和主观随意性。第二，行政决策技术通过科学合理的结构设计和机构设置，实现了行政决策活动的人、财、物的合理调配与使用。第三，行政决策技术通过对行政决策活动的未来状态作出具有一定预见性的安排，提高了行政决策活动的前瞻性。第四，行政决策技术推动了决策信息在行政决策主体之间、行政决策主体与行政决策对象之间的有效传播，为实现决策科学、指挥有力和行动统一提供信息资源。第五，行政决策技术通过对决策活动中各种偏差行为的纠正，实现了对行政决策活动的有效控制。总之，由于行政决策技术的效率功能，行政决策主体的时间资源得到大大的节省，从而大大减轻了行政决策主体的时间压力，既为主体充分利用理性的逻辑思维分析决策问题提供了更为宽松的时间期限，又为非理性因素诱导、调节、补充理性因素提供了相对宽松的心理环境。

6.4.3　科学地运用行政决策技术

为了充分发挥行政决策技术的认识功能、规范功能和效率功能，促进行政决策主体的理性因素与非理性因素的功能互补与协调，为调适行政决策非理性提供技术支撑，必须科学地使用行政决策技术。

1. 应当正确地定位行政决策技术的功能

对行政决策技术等技术手段功能的界定，是一个在公共行政学的"元理论"中存在着巨大分歧和争论的话题，不同的学者基于不同的哲学思维产生了截然相反的评价与认识。一部分论者基于现代性的思维方式，聚焦于行政决策技术的重要功能，忽视了行政决策技术的固有局限，因而具有对行政决策技术予以盲目崇拜的"技术决定论"倾向。例如，古利克（Luther H. Gulick）就认为，行政决策技术能够实现"以能力取代无知、以专业人员取代非专业人员、以专家取代杂而不精者、以日益加剧的分化和专门化取代华而不实、以训练有素的行政人员取代训练无素的新手"。[①] 另一部分论者则基于后现代性的思维方式，着眼于行政决策技术的局限性，将行政决策技术的彰显视为当代公共行政价值迷失的重要原因，因而具有否定行政决策技术功能的"技术无

---

① 丁煌：《西方行政学理论概要》，中国人民大学出版社 2005 年版，第 81 页。

用论"倾向。例如，法默尔（David John Farmer）就明确指出："公共行政学的基调或技术基调，常常因追逐时尚而自降身份"。① 笔者认为，对行政决策技术的功能定位不应偏执于一端，而应当既看到行政决策技术的功能，亦看到这一功能的固有局限，在"技术决定论"与"技术无用论"之间来寻求行政决策技术的合理发展空间。

现代公共行政的一大特点，就是各种技术手段在公共行政中的地位获得不断提升，技术水平的高低成为了评价、选拔、任用公共行政专业人才的重要标准。正如美国公共行政学家亨利（Nicholas Henry）所说的，在"一个高度复杂和技术导向的社会中，控制和操纵信息的人获得了权力。知识就是力量这句老话比以往更加正确"。② 承认行政决策技术具有认识功能、规范功能、效率功能，强调行政决策技术的意义与价值无疑是具有合理性的，但是一旦将这种意义和价值予以绝对化，无视行政决策技术的局限，就有可能走向"技术决定论"。行政决策技术的局限性是指行政决策技术对行政决策活动的功能与作用的有限性。行政决策技术的局限性表现为如下三个方面。

首先，行政决策技术的局限性表现为这一技术所承载知识量的有限性。尽管它具有高度的综合性，但是相对于结构复杂、动态多变的行政决策环境而言，它承载的知识量总是有限的，它不可能为主体提供完备的知识资源，不可能为主体提供解决各种矛盾的现成答案。这就要求，主体在使用行政决策技术时具有良好的技术批判与技术反思能力，既积极地借助行政决策技术手段，又不盲目地依赖行政决策技术，有效地避免行政决策过程被技术因素所宰制。

其次，行政决策技术的局限性表现为行政决策技术的功能属性的有限性。行政决策技术所秉持的是一种典型的工具合理性思维方式，在给定目标的前提下它能较好地规划、建构实现目标的行动路径。尽管总是负荷了一定的价值观念，但是行政决策技术在价值合理性的考量方面是缺乏的，它难以衡量工具性手段的前提——目标和价值的合理与否。所以，在运用行政决策技术时，行政决策主体既需要强调行政价值观、行政伦理对决策活动的引导，又需要运用强有力的规章制度予以规范。

---

① ［美］戴维·约翰·法默尔：《公共行政的语言——官僚制、现代性和后现代性》，吴琼译，中国人民大学出版社 2005 年版，第 147 页。

② ［美］尼古拉斯·亨利：《公共行政与公共事务（第 7 版）》，项龙译，华夏出版社 2002 年版，第 19 页。

最后，行政决策技术的局限性表现为行政决策技术作用空间的有限性。行政决策技术作用范围总是局限于行政决策系统自身。但是，由于社会各子系统之间的紧密相关性，许多公共决策问题往往包含着各方面的因素，有经济因素、政治因素、社会因素、心理因素等。这些因素相互影响、相互作用构成了一个极为复杂的系统。所以，单纯的行政决策技术在应对具有高度的社会相关性的社会问题时，如城市农民工问题，往往是乏力的。这就要求在面对复杂的公共决策问题时，行政决策主体不仅需要运用科学、有效的行政决策技术，而且需要借助于政治的、法律的、社会的、文化的手段，才有可能达成决策目标。

2. 行政决策技术的使用应当"软硬兼施"

"硬性"的行政决策技术以其科学性、精确性和可度量性获得了许多决策者的推崇，并且也确实发挥了一定的作用。于是，有许多决策者便认为，数字化管理和分析是行政决策的最高阶段，要提高行政决策的科学性，就要在行政决策活动中尽可能多的使用数学模型。然而，"硬性"的行政决策技术并不是万能的，在实际的运用过程中将会面临许多的困难。首先，"硬性"的行政决策技术在面对非程序化决策时往往显得软弱无力。其次，"硬性"的行政决策技术所建构的数学模型只能够近似地反映决策现实，并不能保证其最优解所选择的方案就是最佳方案。最后，采用"硬性"的行政决策技术往往需要耗费巨大的人力、物力和财力，需要具备十分充足的时间资源，因而造成了高昂的决策成本。所以，必须清醒地认识到行政决策活动决不能仅仅依靠"硬性"技术，行政决策的科学化绝不等于行政决策的模型化，行政决策还需要充分决策的组织行为、决策者的非理性因素，必须充分重视"软性"的行政决策技术的运用。

3. 应当积极探索行政决策技术的发展规律，努力促进行政决策技术的发展

为了更好地使用行政决策技术，进一步在实践层面彰显行政决策技术的优势，就必须在理论层面积极探讨行政决策技术的发展规律，不断推动行政决策技术的完善。在这里，笔者仅就行政决策技术发展的原因、路径以及过程作出初步探讨。

（1）行政决策技术发展的原因

行政决策技术的发展是多重因素相互作用的结果。不论是行政决策实践，

还是行政决策基础理论的创新，甚至是其他社会领域的技术变革，都有可能成为促成行政决策技术发展的生长点与"触发器"，推动行政决策技术的不断发展。

首先，行政决策实践是推动行政决策技术发展的根本动力。一方面，行政决策的现实需要是推动行政决策技术发展的诱因。恩格斯说："社会上一旦有技术上的需要，则这种需要就会比十所大学更能把科学推向前进"。[①] 在行政决策实践需要的诱导下，行政决策主体有意识、有目的地创造和使用更为先进的技术手段，从而推动了行政决策技术的创新和发展。另一方面，行政决策实践的结果为行政决策技术发展的成果提供了检验标准。行政决策技术的使用，必须以是否有利于行政决策实践中公共利益的实现为评价标准。基于这一检验标准，行政决策主体才能不断对行政决策技术的内容和形式予以检验、修正、补充和完善。

其次，行政决策基础理论的创新是行政技术发展的理论先导。行政决策的基础理论是对行政决策活动的一般性规律的概括和总结，具有扎实的理论依据、丰富的事实根据、稳固的科学基础。相对于操作层面的行政决策技术而言，行政决策的基础理论具有较强的前瞻性和导向性。所以，理论创新是技术变革的先导，行政决策基础理论的创新对行政技术的发展起着理论引导的重要作用。

最后，其他社会领域的技术变革是推动行政决策技术发展的重要力量。由于人类社会的行政、法律、经济、军事、科技等不同领域之间存在着紧密的联系与协作，这些领域的专业技术手段之间必然存在着共享、交叉、渗透关系。所以，其他社会领域的技术变革有可能会推动行政决策技术的改造与更新。例如，发轫于军事领域、科技领域的现代信息技术，有力地推动了行政决策的数字化、模型化。

（2）行政决策技术发展的路径

行政决策技术的发展是因循横向移植与纵向深化两条基本路径而展开的。

所谓"横向移植路径"，是指行政决策主体主动地对不同社会领域的技术形式予以整合与协调，将其他社会领域的技术形式推广、移植、应用到行政决策领域，从而实现行政决策技术的发展。在符合公共行政的特殊规定性的前提

---

① 《马克思恩格斯选集》（第4卷），人民出版社1995年版，第732页。

下，行政决策主体将其他社会领域的技术形式移植于行政决策领域，不仅拓展了这些技术形式的使用范围，而且实现了这些技术形式与行政决策活动的有机结合，推动了行政决策技术的发展。例如，将企业管理领域中的平衡计分卡技术、全面质量管理技术、标杆管理技术移植到行政决策领域中来，有力地推动了公共行政领域的战略决策技术、人事决策技术的发展和完善。

所谓"纵向深化路径"，是指行政决策主体针对行政决策领域原有的技术形式提出新的技术构想、技术设计，进行技术研制、实验和开发，从而实现行政决策技术的完善与更新。与横向移植不同，纵向深化路径所依赖的思想资源来自于行政决策活动本身，是针对公共行政领域中的已有技术形式作出的调整和变更。纵向深化包括量变与质变两种形式。行政决策技术的量变是在同一技术规范指导下的技术发展，是通过对原有技术的修正、调整和完善，实现其性能与水平的提升。行政决策技术的质变则是对原有技术规范予以变革的技术发展，是用全新的技术方案来替代原有的技术方案，是行政决策技术的结构性更新。

（3）行政决策技术发展的过程

作为工具性、实践性的知识体系，行政决策技术总是起源于主体的决策活动的感性经验，随着技术经验的累积和技术形态的变迁，最终发展为规范化的、结构化的、可重复使用的技术规则。所以，任何一门具体的行政决策技术发展的过程必须经历如下三个阶段。

第一，经验形态的行政决策技术阶段。经验形态的行政决策技术是主体在长期的行政决策活动中萌生的对某项技术问题的特殊能力。在这一阶段，行政决策技术以一种技艺、技能、技巧等感性经验形式而存在。尽管这些感性经验由于缺乏理论化概括和结构化加工而难以推广，只能以个人化的、局部化的形式存在，但是这些感性经验的积累却是行政决策技术发展的最初萌芽。

第二，理论形态的行政决策技术阶段。理论形态的行政决策技术是行政决策主体对技术经验予以加工，从而形成的关于某一技术形式的理论概括。行政决策主体将大量分散的技术经验事实归并为一些技术经验定律，将较特殊的技术经验定律归并为较一般的技术经验定律，从而逐步发现了技术经验事实中隐含的内在机制。通过将这一隐含于技术经验中的内在机制予以提炼、归并、综合，行政决策主体便获得了对于行政决策技术的理论概括。自此，行政决策技术也就获得了能够予以推广的普适性品格，行政决策技术不再以个人化、局部化的形式而存在。

第三，规则形态的行政决策技术阶段。规则形态的行政决策技术是行政决策主体将技术理论以明确的标准予以规定，从而形成模式化的技术规范。理论形态的行政决策技术虽具有普适性品格，但由于缺乏规范主体行为的强制力，因而这一形态的行政决策技术缺乏予以推广的执行力。将理论形态的行政决策技术予以结构化、模式化使之固化为规则形态，实质上反映了行政决策系统向行政决策技术的操作者提出了未来行为的约定，即对在一定的条件下做还是不做、如何做提出了明确的技术标准。自此，行政决策技术不仅具有了理论上的普适性品格，更具有了执行上的强制性品格，一种对行政决策活动具有普遍性执行功能和推广价值的行政技术得以发展成熟。

6.5　本章小结

根据前文的研究结论，为了有效地避免行政决策中的各种非理性行为，本章从建立和完善科学的行政决策制度、营造良好的行政决策氛围、促进行政伦理的内化、科学地运用行政决策技术四个方面提出了实现理性因素与非理性因素的功能耦合的基本路径。

第 7 章

总结与展望

就研究活动的思维结构而言，对行政决策非理性维度的研究实质上是要解决三个紧密相关的基本问题：其一，本研究的论题是否成立的问题，即作为人类有计划、有目的地安排行政生活的有效途径，行政决策是否存在着非理性因素与非理性行为？其二，研究对象的现实状态问题，即如果能够确定行政决策非理性的真实存在，行政决策非理性的活动规律与价值究竟如何？其三，研究成果的实践运用问题，即为了最大化地发挥其积极功能、规避其消极后果，应当如何对行政决策中的非理性因素和非理性行为予以调适？本书的研究就是力图获得以上三个问题的解答。

7.1　研究结论

本文以唯物辩证法为基本方法论原则，以对全面理性行政决策模式的批判与反思为全文研究的逻辑起点，以行政决策主体内隐的非理性因素和外显的非理性行为作为本文研究的基本对象，在实证分析的基础上，从决策制度、行政伦理、组织氛围、决策技术等层面全面地提出了合理调适行政决策非理性的基本路径。经过假说、分析、论证等研究步骤，本文主要完成了如下几个方面的研究工作。

1. 尝试性地提出了"行政决策的非理性维度的研究"这一研究课题，论证了这一研究的必要性和可行性

对本研究的必要性的理解，不仅应当着眼于全面理性行政决策模式的固有缺陷，而且应当看到本研究是对行政决策的理性维度研究的重要补充作用。在弥补理性维度研究不足的基础上，行政决策的非理性维度研究为理性备选方案的设计提供了重要的评价尺度和分析变量，提供了全新的研究方法和决策方

法。行政决策学、哲学认识论、心理学、前景理论等领域的研究成果为本研究提供了丰富的思想资源和重要的方法指导，不仅对本研究具有重要的启示意义，而且为全文的研究奠定了坚实的理论基础，因而使得本研究具有了可行性。

2. 全面地批判和反思了全面理性行政决策模式的理论缺陷

全面理性行政决策模式的"理论硬核"包括三个方面：客观世界决定论的思维方式、经济人的人性假设、收益最大化的决策目标。事实上，行政决策主体所面临的决策环境是确定性与不确定性的统一，经济人假设中的自利假设、理性假设、一致性假设难以描述、解释、代替现实中行政决策主体的人性，而收益最大化的决策目标不仅面临着界定的困难，而且这一目标的实现存在着多方面的现实障碍。所以，本文通过对全面理性行政决策模式的批判与反思，阐明了行政决策过程中理性与非理性之间的不可分割性，从反面揭示了行政决策非理性维度研究的必要性。

3. 客观地描述了行政决策主体非理性因素的存在形式和功能形态

自组织是主体的各种非理性因素的现实存在形式。由于具备开放性、远离平衡态、非线性机制、随机涨落等条件，各种非理性因素必然会依据彼此之间的相关性、协同性而结成各种具有不自觉性、非逻辑性、情绪性特征的各种非理性心理现象，如高峰体验、偏见心理、倦怠心理等。行政决策主体的非理性因素的功能形态包括理想形态和不理想形态两种。在理想形态下，由于非理性因素与理性因素之间实现了良好的功能耦合，非理性因素的作用符合行政决策的科学化、民主化、法制化的价值要求，对行政决策的过程和结果具有积极的、正面的功能，行政决策主体的有限理性得以充分实现。在不理想形态下，非理性因素与理性因素之间存在着功能不耦合，它包括过热非理性和过冷非理性两种状态。此时，非理性因素的作用不符合行政决策的科学化、民主化、法制化的价值要求，对行政决策的过程和结果具有消极的、负面的功能。非理性因素与理性因素之间的功能不耦合是导致各种非理性行为的心理根源。

4. 深入地分析了行政决策主体非理性行为的本质属性和结构类型

由于概念之间的逻辑关系，界定非理性行为的内涵离不开对理性行为的内涵的阐释。理性行政决策行为兼具价值理性层面和工具理性层面的规定性，前者是指行政决策主体在价值选择、目标规划、道德考量时能够遵循一定的原则予以恰当的权衡，后者是指行政决策主体与行政决策环境之间实现了拟合，是行政决策主体在具备对环境信息的必要的敏锐性和推理能力的基础上，依据环境的结构和特点采取了与之相适应、相协调的行为方式。所以，所谓非理性行政决策行为，或者是主体没有对行政决策的价值目标予以恰当权衡的行为，或者是主体没有实现与行政决策环境拟合的行为。对非理性行政决策行为的分析可以从个体和群体两个层面来分析：在决策个体层面，非理性行政决策行为表现为决策陷阱、行为过度、损失厌恶、情境依赖、情绪决策等行为现象；在决策群体层面，群体层面的非理性行政决策行为具有个性潜隐、群体盲思、群体极化等方面的特征。群体层面的非理性行政决策行为的生成，实质上就是决策群体中大多数成员的个体理性被群体无意识所取代、个体思考为群体心理所操控。

5. 初步展开了对行政决策非理性的实证分析

为了检验前景理论在我国的适用性，前景理论的实验结果在行政决策情境中是否成立，在行政决策中是否存在确定性效应、反射效应和分离效应等非理性行为，本书通过实验研究方法，检验了前景理论在行政决策领域的适用性。接着，本书对行政决策主体的各种认知偏差进行了检验，对行政决策主体的动机模式和行为方式进行了调查分析。通过对行政决策非理性展开实证分析，不仅证明了前景理论在行政决策领域的适用性，而且证明了各种非理性因素和非理性行为在现实的行政决策活动中是一个不能忽视的客观存在。

6. 系统地构建了对行政决策非理性予以合理调适的行动路径

要使得理性因素与非理性因素在行政决策过程中相互依赖、相互渗透、相互作用、相互促进，就必须综合运用决策制度、组织氛围、行政伦理、决策技术等多种手段，引导、规范、感染行政决策主体。在决策制度上，应进一步完善行政决策的组织体系、权力分配方式，大力加强关于行政决策程序的立法工作。在心理环境上，应努力在行政组织中营造宽容、信任、认同的良好组织氛围。在行政伦理上，应采取晓之以理、动之以情、导之以行相结合的行政伦理教育模式，努力促成行政决策主体内化行政伦理，生成行政职业义务的自觉意识、行政职业荣誉的追求意识、行政职业节操的坚守意识。在决策技术上，应当正确地定位行政决策技术的功能，应坚持"硬性"的行政决策技术与"软性"行政决策技术相结合的技术使用思路，应当努力探索行政决策技术的发展规律，不断推进行政决策技术的完善。

7.2　研究存在的不足以及进一步研究的方向

由于行政决策的非理性维度研究仍然处于起步阶段，各方面的研究文献和现实材料的缺乏，在加上笔者研究功底的薄弱，导致本书存在着诸多不足，主要表现为：

对行政决策环境、行政决策非理性特性的分析不够全面和深入。在研究中，笔者越来越直观地发现，经济决策环境与行政决策环境之间存在着明显的不同。例如，人们在作出经济决策时往往由决策者自身来承担决策的后果，而人们在作出行政决策时其后果往往不是由决策者来承担的。因此，笔者初步认为，这样一种差别导致了行政决策领域更可能产生各种非理性行为。但是，这样的一个结论既缺乏严密的理论论证，又需要丰富的实证材料作为佐证。因此，这一问题的研究将来有可能成为行政决策非理性维度研究的重要突破口。

对行政决策非理性的实证研究有待于进一步推进。本书研究的调查对象大多为副科级、正科级公务员，他们处于职务序列的较低层次。因为研究条件的限制，本书研究并未涉及到高级别的公务员。因此，本书的实证研究存在的漏洞是，对于级别较高的行政领导、对于这些领导在大型的决策活动中是否存在非理性行为，本书并不能提供令人信服的实证材料。

个别概念之间存在着一定程度的交叉和混淆。在本书罗列的四种调适行政决策非理性的途径中，行政伦理实质上是行政决策制度的重要形式，而行政决策技术又必然会包括一定的制度规则。本书研究过程中，曾试图对这些概念作出较为清晰的区分，但没有取得令人满意的效果，有待于今后作出更进一步的探索。

参考文献

一、中文文献

1. 中文专著

［1］车文博:《心理学原理》,黑龙江人民出版社1986年版。

［2］陈庆云:《公共政策分析》,中国经济出版社1996年版。

［3］陈振明:《政策科学》,中国人民大学出版社1999年版。

［4］陈振明:《公共政策学——政策分析的理论、方法和技术》,中国人民大学出版社2004年版。

［5］《邓小平文选》(第二卷),人民出版社1994年版。

［6］丁煌:《西方行政学理论概要》,中国人民大学出版社2005年版。

［7］郭秀艳:《实验心理学》,人民教育出版社2004年版。

［8］冯玉珍:《理性的悲哀与欢乐——理性非理性批判》,人民出版社1993年版。

［9］何大安:《选择行为的理性与非理性融合》,上海三联书店、上海人民出版社2006年版。

［10］何颖:《非理性及其价值研究》,中国社会科学出版社2003年版。

［11］胡敏中:《理性的彼岸——人的非理性因素研究》,北京师范大学出版社1994年版。

［12］胡象明:《公共部门决策的理论与方法》,高等教育出版社2007年版。

［13］黄孟藩、王凤彬:《决策行为与决策心理》,机械工业出版社1995年版。

［14］兰秉洁、刁田丁:《政策学》,中国统计出版社1994年版。

［15］李伯文:《现代领导知识手册》,黑龙江人民出版社1989年版。

［16］李爱梅:《心理账户与非理性决策行为研究》,经济科学出版社2007年版。

［17］李连科:《价值哲学引论》,商务印书馆1999年版。

［18］李秀林、王于、李淮春:《辩证唯物主义和历史唯物主义原理》,中国人民大学出版社1995年版。

［19］刘金平、王金娥:《公务员决策心理学》,南开大学出版社2008年版。

［20］刘少杰：《经济社会学的新视野——理性选择与感性选择》，社会科学文献出版社 2005 年版。

［21］《刘少奇选集》（下卷），人民出版社 1985 年版。

［22］路杰：《决策——定战略的胆与识》，中国发展出版社 2007 年版。

［23］马涛：《理性崇拜与缺憾——经济认识论批判》，上海社会科学院出版社 2000 年版。

［24］马振清：《中国公民政治社会化问题研究》，黑龙江人民出版社 2001 年版。

［25］《毛泽东选集》，人民出版社 1991 年版。

［26］孟宪平：《领导者心理问题特别调查与解读》，中共中央党校出版社 2009 年版。

［27］庞元正：《系统论、控制论、信息论经典文献选编》，求是出版社 1989 年版。

［28］彭聃龄、张必隐：《认知心理学》，浙江教育出版社 2004 年版。

［29］彭国甫：《行政组织学》，湖南师范大学出版社 1990 年版。

［30］浦兴祖：《中华人民共和国政治制度》，上海人民出版社 1999 年版。

［31］浦兴祖、竺乾威：《当代中国行政》，复旦大学出版社 1995 年版。

［32］全增嘏：《西方哲学史》，上海人民出版社 1985 年版。

［33］饶育蕾、张轮：《行为金融学》，复旦大学出版社 2005 年版。

［34］沙莲香：《社会心理学》，中国人民大学大学出版社 2002 年版。

［35］时蓉华：《社会心理学》，浙江教育出版社 1998 年版。

［36］孙多勇：《突发事件与行为决策》，社会科学文献出版社 2007 年版。

［37］孙绍荣等：《理性行为与非理性行为——从诺贝尔经济学奖获奖理论看行为管理研究的进展》，上海财经大学出版社 2007 年版。

［38］孙正聿：《属人的世界》，吉林人民出版社 2007 年版。

［39］汪丁丁、叶航：《理性的追问——关于经济学理性主义的对话》，广西师范大学出版社 2003 年版。

［40］王春福：《有限理性利益人与公共政策》，中国社会科学出版社 2008 年版。

［41］吴宁：《社会历史中的非理性》，华中理工大学出版社 2000 年版。

［42］夏军：《非理性的世界》，上海三联书店 1993 年版。

［43］项保华与李绪红：《管理决策行为——偏好构建与判断选择过程》，复旦大学出版社 2005 年版。

［44］徐玖平、陈建中：《群决策理论与方法及实现》，清华大学出版社 2009 年版。

［45］薛求知等：《行为经济学——理论与应用》，复旦大学出版社 2003 年版。

［46］颜佳华：《行政哲学研究》，湘潭大学出版社 2009 年版。

［47］颜佳华：《当代中国社会转型期政府权力运行机制重塑研究》，湖南人民出版社 2009 年版。

［48］俞国良、戴斌荣：《基础心理学》，武汉大学出版社2007年版。

［49］俞文钊：《当代经济心理学》，上海教育出版社2004年版。

［50］吴彤：《自组织方法论研究》，清华大学出版社2001年版。

［51］湛垦华：《普里高津与耗散结构理论》，陕西科学出版社1982年版。

［52］张成福：《大变革——中国行政改革的目标与行为选择》，改革出版社1993年版。

［53］张金马：《政策科学导论》，中国人民大学出版社1992年版。

［54］张康之：《行政伦理的观念与视野》，中国人民大学出版社2008年版。

［55］张康之、李传军：《行政伦理学教程》，中国人民大学出版社2009年版。

［56］张维迎：《博弈论与信息经济学》，上海三联书店、上海人民出版社2004年版。

［57］张小乔：《普通心理学应用教程》，中国人民大学出版社1989年版。

［59］张雄：《市场经济中的非理性世界》，立信会计出版社1995年版。

［60］郑丽勇：《广告决策的理性与非理性》，社会科学文献出版社2007年版。

［61］周菲：《管理心理学》，清华大学出版社、北京交通大学出版社2005年版。

［62］朱宝荣：《心理哲学》，复旦大学出版社2005年版。

［63］朱凤阳等：《政治哲学关键词》，江苏人民出版社2006年版

［64］庄锦英：《决策心理学》，上海教育出版社2006年版。

2. 中文译著

［63］［法］爱弥儿·涂尔干：《道德教育》，陈光金等译，上海人民出版社2001年版。

［64］［英］安东尼·吉登斯：《现代性的后果》，田禾译，译林出版社2000年版。

［65］［奥］安德鲁·肖特：《社会制度的经济理论》，陆铭、陈钊译，上海财经大学出版社2003年版。

［66］［美］B. 盖伊·彼得斯：《官僚政治（第五版）》，聂露等译，中国人民大学出版社2006年版。

［67］［美］巴纳德：《经理人员的职能》，王永贵译，机械工业出版社2007年版。

［68］［法］保罗·阿尔布：《经济心理学》，符锦勇译，上海译文出版社1992年版。

［69］［美］彼得·F. 杜拉克：《有效的管理者》，钟少光译，新世纪出版社1986年版。

［70］［美］伯格：《人格心理学》，陈会昌等译，中国轻工业出版社2004年版。

［71］［美］查尔斯·林德布洛姆：《决策过程》，竺乾威、胡君芳译，上海译文出版社1988年版。

［72］［英］大卫·马什、格里·斯托克：《政治科学的理论与方法（第二版）》，景跃进等译，中国人民大学出版社2006年版。

［73］［美］戴维·迈尔斯：《社会心理学》（第八版），侯玉波等译，人民邮电出版社2006年版。

[74]［美］戴尔·米勒：《社会心理学的邀请》，汪丽华译，北京大学出版社 2008年版。

[75]［美］戴维·约翰·法默尔：《公共行政的语言——官僚制、现代性和后现代性》，吴琼译，中国人民大学出版社 2005 年版，第 147 页。

[76]《反杜林论》，人民出版社 1956 年版。

[77]［美］道格拉斯·C. 诺斯：《经济史上的结构和变迁》，陈郁、罗华平等译，上海三联书店 2003 年版。

[78]［德］歌德·吉戈伦尔等：《简捷启发式——让我们更精明》，刘永芳译，华东师范大学出版 2002 年版。

[79]［法］古斯塔夫·勒庞：《乌合之众——大众心理研究》，冯克利译，中央编译出版社 2005 年版。

[80]［法］古斯塔夫·勒庞：《心理操控术》，周婷译，新世界出版社 2009 年版。

[81]［美］菲利普·津巴多、迈克尔·利佩：《态度改变与社会影响》，邓宇等译，人民邮电出版社 2007 年版。

[82]［德］费尔巴哈：《费尔巴哈哲学著作选读》（下卷），三联书店 1959 年版。

[83]［法］福柯：《规训与惩罚》，刘北成、杨远婴译，生活·读书·新知三联书店 1999 年版。

[84]［奥］弗洛伊德：《精神分析引论新编》，高觉敷译，商务印书馆 1987 年版。

[85]［英］格雷厄姆·沃拉斯：《政治中的人性》，朱曾汶译，商务印书馆 1995 年版。

[86]［美］格林、沙皮罗：《理性选择理论的病变——政治学应用批判》，徐湘林、袁瑞军译，广西师范大学出版社 2004 年版。

[87]［美］房龙：《论宽容》，马晓晗、冶晓梅译，中国民族摄影艺术出版社 2003年版。

[88]［美］弗洛姆：《弗洛姆文集》，冯川等译，改革出版社 1997 年版。

[89]［美］弗洛姆：《逃避自由》，刘林海译，国际文化出版公司 2007 年版。

[90]［德］海德格尔：《海德格尔选集》，孙周兴译，上海三联书店 1996 年版。

[91]［加］豪利特等：《公共政策研究：政策循环与政策子系统》，庞诗等译，三联书店 2006 年版。

[92]［美］赫伯特·A. 西蒙：《管理行为》，詹正茂译，机械工业出版社 2007 年版。

[93]［美］赫伯特·A. 西蒙：《西蒙选集——诺贝尔经济学奖获奖者学术精品自选集》，黄涛译，首都经济贸易大学出版社 2002 年版。

[94]［德］黑格尔：《精神现象学》，贺麟等译，商务印书馆 1979 年版。

[95]［美］亨利·罗伯特：《罗伯特议事规则（第 10 版)》，袁天鹏、孙涤译，格致出版社、上海人民出版社 2008 年版。

[96] [德] 胡塞尔：《胡塞尔选集》（上册），倪梁康选编，上海三联书店1997年版。

[97] [美] 怀特：《行政学概论》，刘世传译，商务印书馆1947年版。

[98] [英] 卡尔·波普尔：《猜想与反驳》，傅寄重等译，上海译文出版社2001年版。

[99] [德] 康德：《纯粹理性批判》，蓝公武译，商务印书馆1960年版。

[100] [德] 柯武刚、史漫飞：《制度经济学——社会秩序与公共政策》，韩朝华译，商务印书馆2000年版。

[101] [德] 库尔特·勒温：《拓扑心理学原理》，高觉敷译，商务印书馆2003年版。

[102] 《列宁全集》（第二十卷），人民出版社1958年版。

[103] 《列宁全集》（第三十八卷），人民出版社1959年版。

[104] 《列宁全集》（第五十五卷），人民出版社1990年版。

[105] 《列宁选集》，人民出版社1995年版。

[106] [美] 罗宾斯等：《管理学原理：第6版》，毛蕴诗主译，中国人民大学出版社2008年版。

[107] 《马克思恩格斯全集》（第一卷），人民出版社1956年版。

[108] 《马克思恩格斯全集》（第二十卷），人民出版社1971年版。

[109] 《马克思恩格斯全集》（第二十一卷），人民出版社1965年版。

[110] 《马克思恩格斯全集》（第四十二卷），人民出版社1979年版。

[111] 《马克思恩格斯全集》（第四十七卷），人民出版社1965年版

[112] 《马克思恩格斯选集》，人民出版社1995年版。

[113] [德] 马克思·韦伯：《经济与社会》，林荣远译，商务印书馆1997年版。

[114] [德] 马克思·韦伯：《新教伦理与资本主义精神》，康乐、简惠美译，广西师范大学2007年版。

[115] [美] 曼瑟尔·奥尔森：《集体行动的逻辑》，陈郁等译，上海人民出版社1995年版。

[116] [法] 孟德斯鸠：《论法的精神》，张雁深译，商务印书馆1961年版。

[117] [美] 尼古拉斯·亨利：《公共行政与公共事务》，项龙译，华夏出版社2002年版。

[118] [意] 皮亚泰利—帕尔马里尼：《不可避免的错觉：理性的错误如何控制我们的思维》，欧阳绛译，中央编译出版社2005年版。

[119] [瑞士] 皮亚杰：《发生认识论原理》，王宪钿等译，商务印书馆1997年版。

[120] [美] 乔治·弗雷德里克森：《公共行政的精神》，张成福等译，中国人民大学出版社2003年版。

[121] [美] 乔治·H.米德：《心灵、自我与社会》，赵月瑟译，上海译文出版社2008年版。

[122]［瑞士］荣格等：《潜意识与心灵成长》，张月译，上海三联书店 2009 年版。

[123]［英］斯蒂文·库克、尼蔑尔·斯莱克：《制定管理决策教程》，邸乐辉等译，华夏出版社 2000 年版。

[124]［美］斯科特·普劳斯：《决策与判断》，施俊琦等译，人民邮电出版社 2004 年版。

[125]［美］特里·L. 库珀：《行政伦理学——实现行政责任的途径》，张秀琴译，中国人民大学出版社 2010 年版。

[126]［美］托马斯·本德·凡勃伦：《有闲阶级论——关于制度的经济研究》，蔡受百译，商务印书馆 1981 年版。

[127]［美］托马斯·R. 戴伊：《理解公共政策》，彭勃等译，华夏出版社 2004 年版。

[128]［美］威尔逊：《行政学研究》，载彭和平、竹立家等编译的《国外公共行政理论精选》，中共中央党校出版社 1997 年版。

[129]［美］文森特·奥斯特罗姆：《复合共和制的政治理论》，毛寿龙译，上海三联书店 1999 年版。

[130]［英］休谟：《人性论》（下册），关文运译，商务印书馆 1980 年版。

[131]［美］亚伯拉罕·马斯洛：《自我实现的人》，许金声等译，三联书店 1987 年版。

[132]［美］亚伯拉罕·马斯洛：《动机与人格（第三版）》，许金声等译，中国人民大学出版社 2007 年版。

[133]［英］亚当·斯密：《国富论》，唐日松等译，华夏出版社 2005 年版。

[134]《1844 年经济学哲学手稿》，人民出版社 2000 年版。

[135]［美］约翰·彼洛克、乔·克拉兹：《当代知识论》，陈真译，复旦大学出版社。

[136]［美］约翰·赛尔：《心灵导论》，徐英瑾译，上海人民出版社 2008 年版。

[137]［美］约翰·W. 金登：《议程、备选方案与公共政策》（第二版），丁煌、方兴译，中国人民大学出版社 2004 年版。

[138]［美］詹姆斯·M. 布坎南、戈登·塔洛克：《同意的计算——立宪民主的逻辑基础》，陈光金译，中国社会科学出版社 2000 版。

[139]《资本论》，人民出版社 2004 年版。

3. 中文论文

[140]陈建斌、邓红艳、姬鹏超：《行政人格概念辨析》，湘潭大学学报（哲学社会科学版），2010 年第 2 期。

[141]陈绍芳：《公共政策决策中的非理性因素》，《中国行政管理》2001 年第 2 期。

[142]何大安：《理性选择向非理性选择转化的行为分析》，《经济研究》2005 年第

8 期。

[143] 何大安：《个体和群体的理性与非理性选择》，《浙江社会科学》2007 年第 2 期。

[144] 胡敏中：《论非理性的三层含义》，《社会科学辑刊》1993 年第 2 期。

[145] 胡敏中：《非理性辨正》，《学术月刊》1999 年第 6 期。

[146] 罗凤英：《情绪与理性共同影响下的领导决策研究》，《上海行政学院学报》2010 年第 5 期。

[147] 饶俪琳、梁竹苑、李纾：《行为决策中的后悔》，《心理科学》2008 年第 5 期。

[148] 苏曦凌：《政治认同的生成机制分析——基于政治心理学的研究路径》，《学术论坛》2010 年第 2 期。

[149] 夏飞、李成智：《前景理论及其对政府决策的启示》，《现代管理科学》2005 年第 3 期。

[150] 薛晓东、许宣伟：《创造性思维的自组织机制探析》，《电子科技大学学报》（社科版）2008 年第 2 期。

[151] 颜佳华：《充分发挥非理性因素在行政决策中的作用》，《江西行政学院学报》1999 年第 1 期。

[152] 颜佳华、苏曦凌：《非理性因素影响行政决策的作用机制分析——以理性因素与非理性因素的功能耦合为视角》，《中国行政管理》2010 年第 4 期。

[153] 颜佳华、苏曦凌：《行政理性论》，《湘潭大学学报（哲学社会科学版)》2010 年第 5 期。

[154] 王军：《健全我国行政决策机制的若干问题》，《中共中央党校学报》2006 年第 1 期。

[155] 王雪峰：《剖析公共行政系统中的形式主义》，《中国行政管理》2002 年第 12 期。

[156] 张立荣：《论有中国特色的国家行政制度》，中国社会科学出版社 2003 年版。

[157] 张明仓：《论意志在人的活动中的作用》，《东岳论丛》2001 年第 2 期。

[158] 张雪峰：《论管理中的理性与非理性》，《中国劳动关系学院学报》2005 年第 5 期。

[159] 邹顺宏：《直觉思维探析》，《哈尔滨学院学报》2004 年第 3 期。

二、英文文献

[160] Allais, M. The Behavior of Rational Man in Risk Situtions：A Critique of the Axioms and Postulates of the American School. Econometrica, 1953（21）.

[161] Arkes, H. R. & Blumer, C. The Psychology of Sunk Cost. Organizational Behavior and Human Decision Process, 1985（35）.

［162］Asch, S. E. Effect of Group Pressure upon the Modification and Distortion of Judgment. In H. Guetzkow (Eds.), Groups, Leadership and Men. Pittsburgh: Carnegie Press. 1951.

［163］Bruner, J. S. Actual Minds, Possible Worlds. Cambridge, MA: Havard University Press, 1986.

［164］Charles E. Lindblom. The Policy – Making Process. Englewood Cliff, NJ: Prentice – Hall Inc. , 1968.

［165］Chet Miller, R. Duane Ireland. Intuition in Strategic Decision – Making Friend or Foe in the Fast – Paced 21s' Century. Academy of Management Exexutive , 2005 (1) .

［166］Ellsberg, D. Risk, Ambiguity and the Savage Axioms. Quarterly Journal of Economics, 1961 (75) .

［167］Epstein, S. Intuition from the Perspective of Cognitive – Experiential Self – Theory ［A］. In 5th Heidelberg Meeting on Judgement and Decision Processes, 2004.

［168］Fischhoff, B. , & Beyth – Marom, R. Hypothesis Evaluation from a Bayesian Perspective. Psychological Revew, 1983 (90) .

［169］Hammond, K. R. Human Judgement and Social Policy: Irreducible Uncertainty, Inevitable Error, Unavoidable Injustice. New York: Oxford University Press, 1996.

［170］Herbert A. Simon. Making Management Decision: the Role of Intuition and Emotion. Academy of Management Executive, 1987 (2) .

［171］Herbert J. Freudenberger: Staff Burnout, Journal of Social Issues, 1974 (30) .

［172］Hogarh, R. M. Judgement and Choice: The Psychology of Decision (2nded.) . Chichester, UK: Wiley, 1987.

［173］Hwang, C. L. & Lin, M. L. Group Decision Making Under Multiple Criteria. Spring – Verlag, 1987.

［174］James Madison: Federalist No. 51, February 8, 1788.

［175］Janis , I. L. Group Think: Psychological Studies of Policy Decisions And Fiascoes (2nd ed.) . Boston: Houghton Mifflin. 1982.

［176］Kahneman, D. & Tversky, A. Prospect Theory: An Analysis of Decision under Risk. Econometrica, 1979 (47) .

［177］Kahneman, D. , Slovic, P. &Tversky, A. Judgement under Uncertainty: Heuristics and Bias. Cambridge University Press, 1982.

［178］Kahneman, D. & Tversky, A. Choices, Values and Frames. American Psychologist, 1984 (39) .

［179］Lichtenstein, S. & Slovic, P. Reversals of Preference between Bids and Choices in Gambling Decisions. Journal of Experimental Psychology, 1971 (89) .

［180］Loewenstein, G. F. , Weber, E. u. , Hsee, C. K. & Welch, E. S. Risk as Feelings ［J］. Psychological Bulletin, 2001（2）.

［181］Looms, g. & Sugden, R. Regret Theory: An Alternative of Rational Choice under Uncertainty. Economic Journal, 1982（92）.

［182］Mellers, B. A. , Schwartz, A. , K. & Ritov, I. Elation and Disappointment: Emotional Responses to Risky Options. Psychological Science , 1997（8）.

［183］Peter A. Hall, Rosemary C. R. Taylor. Political Science and Three New Institutionalisms. Political Studies, 1996（XLIV）.

［184］Roth A, V Prasnikar, M Fujiwara, S Zamir. Bargaining and Market Behavior in Jerusalem, Pittsburgh and Tokyo. American Economic Review, 1991（81）.

［185］Savage L J. The Foudations of Statistics. New York: Wiley, 1954.

［186］Stoner, J. A. F. A Comparison of Individual and Group Decisions Involving Risk. Unpublished master' s thesis, Masachusetts Institute of Technology, 1961.

［187］Sue E. S. Crawford, Elnior Ostrom: A Grammar of Institutions. American Political Science Review, 1995（3）.

［188］Taylor, S. E. , Peplau, L. A. , & Sears, D. O. Social Psychology（8th ed. ）. Prentice Hall Inc（1994）.

［189］Thaler, R. Toward a Positive Theory of Consumer Choice. Journal of Economic Behavior and Organization, 1980（1）.

［190］U. Neisser. Cognitive Psychology. New York: Appleton – Century – Crofts, 1967.

［191］Von Neumann J. Morgenstern O. Theories of Games and Economic behavior . Priceton: Priceton University press, 1947.

附　录

行政决策行为调查问卷

您正在参与一项关于行政决策行为的研究，需要您设想您如若面临这些情景您如何作出选择。任何选择都没有对错之分。我们向您郑重承诺：您所提供的信息不会给您带来任何不利的影响。

我们希望得到您的承诺：所有选择都代表您真实的想法。

A. 我承诺（　　） B. 我不承诺（　　）

您的年龄是（　　）岁，您已经在党政机关从事行政工作（　　）年。

第一组问题：

某镇爆发了严重的洪涝灾害，人民群众的生命财产遭受到了严重的威胁。作为该镇的镇长，需要您在有关专家的协助下选择科学可行的救援方案，最大限度地挽救人民群众的生命。

问题 1. 如果专家给您提供了如下两套救援方案，您会选择（　　）方案。

A 方案：33% 的机会挽救 2500 人的生命，66% 的机会挽救 2400 人的生命，1% 的机会挽救不了任何人的生命。

B 方案：绝对（100% 的机会）可以挽救 2400 人的生命。

问题 2. 如果专家给您提供了如下两套救援方案，您会选择（　　）方案。

A 方案：33% 的机会挽救 2500 人的生命，67% 的机会挽救不了任何人的生命。

B 方案：34% 的机会挽救 2400 人的生命，66% 的机会挽救不了任何人的生命。

问题 3. 如果专家给您提供了如下两套救援方案，您会选择（　　）方案。

A 方案：80% 的机会挽救 4000 人的生命，20% 的机会挽救不了任何人的生命。

B 方案：绝对（100%的机会）可以挽救 3000 人的生命。

问题 3′. 如果专家给您提供了如下两套救援方案，您会选择（ ）方案。

A 方案：80%的机会失去 4000 人的生命，20%的机会不会失去任何人的生命。

B 方案：绝对（100%的机会）失去 3000 人的生命。

问题 4. 如果专家给您提供了如下两套救援方案，您会选择（ ）方案。

A 方案：20%的机会挽救 4000 人的生命，80%的机会挽救不了任何人的生命。

B 方案：25%的机会挽救 3000 人的生命，75%的机会挽救不了任何人的生命。

问题 4′. 如果专家给您提供了如下两套救援方案，您会选择（ ）方案。

A 方案：20%的机会失去 4000 人的生命，80%的机会不会失去任何人的生命。

B 方案：25%的机会失去 3000 人的生命，75%的机会不会失去任何人的生命。

问题 5. 如果专家给您提供了如下两套救援方案，您会选择（ ）方案。

A 方案：45%的机会挽救 6000 人的生命，55%的机会挽救不了任何人的生命。

B 方案：90%的机会挽救 3000 人的生命，10%的机会挽救不了任何人的生命。

问题 5′. 如果专家给您提供了如下两套救援方案，您会选择（ ）方案。

A 方案：45%的机会失去 6000 人的生命，55%的机会不会失去任何人的生命。

B 方案：90%的机会失去 3000 人的生命，10%的机会不会失去任何人的生命。

问题 6. 如果专家给您提供了如下两套救援方案，您会选择（ ）方案。

A 方案：0.1%的机会挽救 6000 人的生命，99.9%的机会挽救不了任何人的生命。

B 方案：0.2%的机会挽救 3000 人的生命，99.8%的机会挽救不了任何人的生命。

问题 6′. 如果专家给您提供了如下两套救援方案，您会选择（ ）方案。

A 方案：0.1% 的机会失去 6000 人的生命，99.9% 的机会失去不了任何人的生命。

B 方案：0.2% 的机会失去 3000 人的生命，99.8% 的机会失去不了任何人的生命。

问题 7. 专家为您设计了一个分为两个阶段的援救方案。在第一阶段，有 75% 的机会挽救不了任何人的生命，有 25% 的机会可以进入救援工作的下一阶段。当进入到第二阶段时，可以采取如下两种救援方案。这时您会选择（ ）方案。

A 方案：80% 的机会挽救 4000 人的生命，20% 的机会挽救不了任何人的生命。

B 方案：绝对（100% 的机会）可以挽救 3000 人的生命。

第二组问题：

1. 我国的房价在经历了 2008 年的短暂低谷后，于 2009 年年初至 2010 年 4 月又经历了一轮爆发式上涨的行情。在 2008 年时，您是怎样预测房价的？（ ）。

A 我当时就认为房价必然会上涨。

B 我当时认为房价上涨的可能性很大。

C 我当时认为房价上涨的可能性很小。

D 我当时认为房价不可能上涨。

E 我当时不知道房价是上涨还是下跌。

2. 在实际的行政工作中，您认为为了制定可行的决策方案，（ ）最重要。

A 丰富的实践经验　　B 充足的决策信息　　C 充分的专业分析

3. 回想一下你身边的同事，您认为您自己的作出决策时的能力（ ）。

A 高于同事们的一般水平

B 低于同事们的一般水平

C 和同事们的一般水平差不多

4. 依据您在党政机关从事行政工作的经验，您认为（ ）。

A 保持融洽的人际关系比干好本职工作更重要

B 干好本职工作比保持融洽的人际关系更重要

5. 有关于某种疾病即将流行的传闻，已经在您的朋友和同事中传开一断时间了。现在您听说少数民族的某种草药可能抵御这一疾病，您对此消息的第一反应是（ ）。

A 完全相信　　　　B 大部分相信　　　C 半信半疑

D 有的不相信　　　E 完全不相信

6. 有关于某种疾病即将流行的传闻，已经在您的朋友和同事中传开一断时间了。现在您听说少数民族的某种草药可能抵御这一疾病。这时您可能采取的行动是（ ）。

A 大量购买这一草药　　　　B 少量购买这一草药

C 看看再说　　　　　　　　D 不能确定

7. 目前有一种未知的传染性疾病正在流行，预计将会导致 600 人死亡。现有两种抗击疾病的方案，请您作出选择（ ）。

方案 A：将有 200 人获救

方案 B：1/3 的可能性 200 人获救，2/3 的可能性无人获救

7′. 目前有一种未知的传染性疾病正在流行，预计将会导致 600 人死亡。现有两种抗击疾病的方案，请您作出选择（ ）。

方案 A：将有 400 人死亡

方案 B：1/3 的可能性无人死亡，2/3 的可能性 600 人死亡

8. 在您所经历的实际工作中，（ ）将最终决定行政决策方案的选择。

A 权威领导的倾向性意见　　　　B 一般与会人员的共识

9. 您认为，采取不记名投票对于实现行政决策活动的民主化（ ）。

A 具有很大的作用　　　B 具有一定的作用　　　C 没有什么作用

10. 在针对某一问题召开的决策会议中，当您的意见与大多数人的意见不一致时，您会（ ）。

A 据理力争，明确地表明自己的态度和观点。

B 表面附和大家的观点，内心并不认同这些观点。

10′. 在针对某一问题召开的决策会议中，这一问题与您的利益密切相关，当您的意见与大多数人的意见不一致时，您会（ ）。

A 据理力争，明确地表明自己的态度和观点

B 表面附和大家的观点，内心并不认同这些观点。

11. 贵单位在决策中主要采用了下列哪种方法（ ）。

A 公众参与　　　B 专家论证　　　C 成本效益分析

D 决策程序公开　E 决策者的经验把握

12. 贵单位在作出重大决策时，通常采用下列哪种做法（　）。

A 领导班子集体表决

B 领导班子集体讨论后由首长决定

C 首长个人决定

D 首长请示上级后决定

E 说不清楚